EDUCAR
PARA A VERDADE E PARA A
ESPERANÇA

LIVRO:
EDUCAR PARA A VERDADE
AUTOR:
JARES.

LIVRO:
EDUCAR PARA A VERDADE
AUTOR:
JARES.

PREÇO: R$ 46,00
VALOR 10% DE DESC.: R$ 42,00

J37e   Jares, Xesús R.
           Educar para a verdade e para a esperança: em tempos de globalização, guerra preventiva e terrorismos / Xesús R. Jares; trad. Daisy Vaz de Moraes. – Porto Alegre : Artmed, 2005.

           ISBN 85-363-0519-3

           1. Educação – Paz. I. Título.

                              CDU 37.014.53

Catalogação na publicação: Mônica Ballejo Canto – CRB 10/1023

EDUCAR
PARA A VERDADE E PARA A ESPERANÇA

EM TEMPOS DE GLOBALIZAÇÃO, GUERRA PREVENTIVA E TERRORISMOS

Xesús R. Jares

Tradução:
Daisy Vaz de Moraes

Consultoria, supervisão e revisão técnica desta edição:
Ivam Martins de Martins
Pedagogo pela UFRGS.
Mestre em Ensino e Currículo pela UFRGS.

2005

© Artmed Editora S.A., 2005

Capa
Gustavo Demarchi

Preparação de originais:
Maria Rita Quintella

Leitura final:
Aline Pereira

Supervisão editorial
Mônica Ballejo Canto

Projeto e editoração
Armazém Digital Editoração Eletrônica – rcmv

Reservados todos os direitos de publicação, em língua portuguesa, exceto para Portugal, à ARTMED® EDITORA S.A.
Av. Jerônimo de Ornelas, 670 – Santana
90040-340 Porto Alegre RS
Fone: (51) 3027-7000 Fax: (51) 3027-7070

É proibida a duplicação ou reprodução deste volume, no todo ou em parte, sob quaisquer formas ou por quaisquer meios (eletrônico, mecânico, gravação, fotocópia, distribuição na Web e outros), sem permissão expressa da Editora.

SÃO PAULO
Av. Angélica, 1091 – Higienópolis
01227-100 São Paulo SP
Fone: (11) 3667-1100 Fax: (11) 3667-1333

SAC 0800 703-3444

IMPRESSO NO BRASIL
PRINTED IN BRAZIL

Para Paz, minha companheira, e Sira, minha filha.
Para meus irmãos Pepi e Eliseo.
Para os que levam o mar guardado em seus olhos.[1]
Em homenagem emocionada aos voluntários e voluntárias
que vieram à Galícia de lugares bem diferentes da Espanha
e de outros países para lutar contra a maré negra do *Prestige*.
Com seu gesto escreveram uma das páginas mais bonitas em um
dos livros mais importantes da humanidade, o da solidariedade.
Em memória das vítimas do 11-M em Madri – e de todas as vítimas
de todas as formas de terrorismo em qualquer parte do mundo.
Para os milhões de espanhóis e espanholas por sua resposta
emocionada e solidária diante dos brutais atentados de 11-M em Madri.
Também por seu comportamento cívico e democrático
exemplar diante da manipulação e das mentiras.
Para os professores e as professoras que fazem de sua profissão
um exercício apaixonado de compromisso com a
verdade e a esperança.

---

[1] *Para los que llevan el mar prendido em sus ojos.* A frase é um verso do poema em galego "Os que querem a paz" de Miguel Anxo Fernán-Vello, no livro Jares, X. R. (1996a): *Construir a paz. Cultura para a paz.* Vigo, Xerais, p. 237.

Sumário

Introdução 11

1. O contexto da disputa global: a globalização neoliberal 21

    Características da globalização neoliberal 23
        É um processo socialmente construído 23
        É um processo econômico-político excludente e dominante 24
        É um processo ideológico 26
        É um processo que atenta contra o Estado de Bem-estar 28

    Conseqüências da globalização neoliberal 29
        A precarização do trabalho e, com ela, a economia
        e a cultura da incerteza 29
        O progressivo aumento da exclusão social 31
        O aumento vertiginoso da dívida externa 33
        O aumento da pobreza 34
        O aumento da distância entre o Norte e o Sul do planeta 35
        O paulatino retrocesso da ajuda ao desenvolvimento 36
        O enfraquecimento da democracia 39

    As conseqüências da globalização neoliberal na educação:
    da educação como direito à educação como mercadoria 39

2. Unilateralismo, guerra preventiva e terrorismos 51

    Os atentados de 11 de setembro e a instituição do unilateralismo 52
        A recuperação da ideologia dualista e maniqueísta
        da guerra fria 52
        O medo da população e sua instrumentalização para
        favorecer a militarização da sociedade e a aprovação
        de novos investimentos militares 53
        A perda de determinadas liberdades e o corte e a
        violação de determinados direitos humanos 56
        A imposição de uma visão neo-imperial do mundo, frente ao
        reforço da hegemonia mundial dos Estados Unidos e ao
        enfraquecimento das Nações Unidas 61

O conceito de guerra preventiva 66
    O que é e quando se formula? 66
    Argumentos para a rejeição 70

Os terrorismos 73
    A dificuldade para definir o que é terrorismo 75
    As chaves do terrorismo global 78
    A luta contra os terrorismos 81

3. Princípios e conteúdos educativos a partir dos quais devemos enfrentar a nova situação 89

Enfatizar o valor da vida humana, da dignidade de todas as pessoas e da cultura da não-violência, da paz e da solidariedade 94
    Educar para a vida a partir da dignidade humana 94
    Educar a partir da rejeição da violência e principalmente do terrorismo 96
    Educar para a extinção da pena de morte 99
    Educar para a solidariedade e para a erradicação da pobreza 99

Sensibilizar sobre o valor da justiça e da rejeição da vingança e do ódio 101
    Educar no valor da justiça 103
    Educar a partir da rejeição e da prevenção do ódio 105
    Educar na crítica dos maniqueísmos e da construção do inimigo 110

Combater o medo 113

Insistir no valor da democracia e na necessidade da globalização dos direitos humanos 118

4. Educar a partir *da* e *para a* verdade 127

Fomentar o compromisso com a busca da verdade 128

Conteúdos e estratégias educativas 132
    Analisar a história 132
    Procurar as causas dos problemas 135
    Analisar o conceito de terrorismo 137
    Questionar os fundamentalismos 138
    Compreender os atentados de antes e depois do 11 de setembro 145
    Lutar contra a manipulação da informação e a institucionalização da mentira 146

5. Educar a partir *da* e *para a* esperança 175
　A esperança como necessidade 176
　Sem esperança não há educação 187
　Estratégias educativas para construir e desenvolver a esperança 196

Referências 211

Introdução

> A luta para recriar continuamente os princípios de verdade, justiça, liberdade, beleza e generosidade marca o caminho do progresso e da convivência. (Emilio Lledó, 1998, p.149)

> Eu gostaria de que não cedessem quando disserem que a inteligência não é necessária, quando quiserem demonstrar que é permitido mentir para ter êxito. Gostaria de que não cedessem nem à astúcia, nem à violência, nem à falta de vontade. (Albert Camus, 2002, p.72)

> Quem não consegue se preocupar com o que está à sua volta e não vive de forma apaixonada os problemas de sua época, não é um verdadeiro educador. (Bruno Ciari, 1979, p.39)

Educar é uma tarefa nobre, necessária e atraente, porém cada dia mais complexa, difícil e delicada. Constatação que nos parece cada vez mais clara conforme vamos adquirindo mais idade e, talvez, mais conhecimento. Basta uma simples olhada na bibliografia dos últimos anos para notar que, diferentemente das propostas simplificadoras, como é o caso das propostas "técnicas" ou "eficientistas", tanto os fundamentos como os âmbitos de estudo e de atuação tornaram-se cada dia mais amplos, intrincados e diversificados.[1] A crescente complexidade social, o aumento da incerteza, as contínuas mudanças sociais, a presença de uma maior diversidade cultural nas salas de aula, as novas exigências feitas ao sistema educativo – em muitos casos, para dar uma resposta educativa a processos sociais problemáticos como o são os fundamentalismos, as guerras, os terrorismos, a manipulação da informação, etc. – são alguns dos fatos que abonam o que dizemos. E essa maior complexidade e dificuldade é tanto para os professores como para as mães e os pais, aliados naturais do processo educativo.[2]

Por outro lado, uma das funções que tradicionalmente se designou ao sistema educacional desde sua criação é a de dotar os estudantes de conhecimentos e instrumentos para que possam compreender as chaves do mundo em que vivem. Isso significa que a educação, por sua própria natureza e por sua finalidade, deve estar conectada com as realidades econômicas, sociais, culturais e políticas nas quais se situa e para as quais intervém. Portanto, não podemos separar essas dimensões. Fazer isso seria cair em uma das visões tecnicistas que caracterizaram os estudos em educação no passado recente e que hoje, atreladas às políticas educativas conservadoras, voltam a ter presença e reconhecimento jurídico em diversos países por meio de propostas como escolas eficazes, organização empresarial das escolas, ensino técnico e leigo, avaliação objetiva, etc. Na Espanha, a polêmica Lei Orgânica da Qualidade Educativa (LOCE), do anterior governo conservador, é um bom exemplo do que estamos dizendo.

Partindo dessas considerações, entendo que dois dos processos que estão definindo mais nosso tempo, e conseqüentemente a educação, são as diferentes formas de *globalização*, principalmente sua acepção neoliberal dominante, assim como a *nova estratégia neo-imperial norte-americana*, na qual os conceitos de *unilateralismo e guerra preventiva* têm um papel importantíssimo. Os dois processos, embora tenham sua autonomia e âmbitos de atuação próprios, estão estreitamente ligados. Primeiro porque, conforme já foi dito, um não pode existir sem o outro.[3] E, além disso, o próprio conceito de guerra preventiva não é outra coisa senão a aplicação dos critérios de penetração econômicos capitalistas no mundo à doutrina militar, os quais no campo político se integrariam em uma nova versão do imperialismo. A globalização neoliberal significa inviolabilidade do mercado e liberdade absoluta de movimentos para o capital, tanto para penetrar em determinados mercados ou esferas de produção como também para deslocar-se. Essa liberdade sem limites é o que está presente nos conceitos de unilateralismo e guerra preventiva do poder norte-americano atual: eles decidem onde, em que momento e com que meios intervêm militarmente para anular determinados "inimigos", que também são decididos unilateralmente e sem nenhum tipo de controle externo.

Esses processos sociopolíticos têm tal penetração social que, gostemos ou não, estão afetando de diferentes formas o processo educacional, tanto em sua organização como em seus conteúdos. A questão então é compreendê-los para depois dar uma resposta educativa que, em nosso caso, propomos seja feita a partir dos valores da não-violência e da cultura da paz. De qualquer modo, tanto por sua importância como por afetar diretamente nossas vidas e por ter uma inequívoca influência educativa, devem ser objeto de estudo preferencial em nossas escolas.[4] Por essas razões, ambas as realidades constituem a análise central de partida deste livro – e sobre elas construímos nossa proposta educativa para, precisamente, compreender o mundo em que vivemos. Compreender para agir de modo reflexivo, compreender para poder decidir livremente e com autonomia, compreender para banir as interpretações mágicas da realidade, compreender para afugentar os fundamentalismos e o pensamento único, compreender para não temer o futuro, compreender para resistir à manipulação e se comprometer com a busca da verdade, compreender para eliminar as guerras e todo tipo de terrorismo, compreender para facilitar o desenvolvimento, compreender para compartilhar o conhecimento e as novas tecnologias, compreender para alimentar a esperança.

A importância atribuída aos dois processos assinalados aparece na estrutura e nos conteúdos do livro. Assim, os dois primeiros capítulos foram elaborados para se pesquisar nos conceitos as características e conseqüências que os definem, enquanto que nos três seguintes analisamos as conseqüências e as alternativas educativas que propomos diante deles. Cabe destacar que em cada um dos cinco capítulos do livro tentamos conjugar a reflexão sociológica e pedagógica com as propostas didáticas mais concretas, embora, logicamente, estas últimas predominem mais nos três últimos capítulos. Na realidade, desde o primeiro capítulo, introduzimos exemplos, reflexões e propostas que podem ser utilizados diretamente em nossas aulas. Com isso, pretendemos dar um passo a mais na indissolúvel relação teoria-prática, exemplificando a teoria e refletindo sobre a prática; como duas faces da mesma moeda mutuamente constitutivas e dialeticamente relacionadas.

No Capítulo 1, abordamos o significado e as conseqüências da globalização neoliberal dominante. Esse contexto social, econômico e político em que vivemos deve ser estudado em nossas escolas, tanto para conhecer a realidade de nossos dias como para decifrar os mitos e as ideologias construídas sobre ele. Também deve servir para conhecer os terríveis processos sociais que está gerando. Por outro lado, um aspecto positivo da globalização é a construção de uma opinião pública mundial cada dia mais consciente do poder ou do contrapoder que pode ter no presente e no futuro. Aspecto que já havia sido destacado por intelectuais comprometidos com a causa da paz desde os anos de 1960 na luta contra a dinâmica bipolar da guerra fria,[5] e que somente com a irrupção da atual fase da globalização – na realidade, a história da humanidade é um contínuo processo de globalização e mestiçagem –, realmente toma corpo em setores significativos da cidadania em diferentes países de todos os continentes.

Participar dessa tarefa é um desafio apaixonante, em que o sistema educacional, longe de ficar de fora ou se auto-excluir, deve ter um papel essencial: por vocação – conhecer e explicar a realidade atual – e por necessidade – dar sentido a uma demanda social: a crescente globalização exige respostas igualmente globalizadas. Nesse último sentido, a maior presença da análise das relações internacionais e o esforço em formar uma consciência universal a partir do respeito à dignidade humana e à diversidade, que não significa desigualdade, são conseqüências educativas que deveriam estar refletidas no currículo escolar.

Esse primeiro capítulo termina com um item dedicado à análise das conseqüências específicas da globalização neoliberal em educação, principalmente em relação ao perigoso processo de transformação da educação como direito em educação como mercadoria. De fato, o processo dominante da globalização neoliberal que estamos vivendo afeta o ato educativo, tanto em sua dimensão de política educativa – transformando a educação em uma grande possibilidade de mercado e de controle ideológico – como em sua dimensão didática e organizativa – priorizando a economia e a sujeição da educação às necessidades empresariais. Esse modelo também introduz a organização empresarial como modelo organizativo a ser seguido pelas escolas, a liberdade de escolha de escolas e a livre competição entre elas. Em suma, aplica na educação as mesmas leis do mercado.

O Capítulo 2 dedica-se a analisar a política neo-imperialista norte-americana por meio do unilateralismo e do conceito denominado de guerra preventiva. Os fatos e conceitos que analisamos nesse capítulo, enquanto processos que marcam a realidade que estamos vivendo, devem ser examinados a partir do sistema educacional, como espaço de reflexão e formação específico da sociedade, e ao mesmo tempo deve servir para facilitar aos estudantes sua compreensão e sua conseqüente tomada de posição a respeito.

Nossa análise começa a partir dos atentados de 11 de setembro de 2001 (11-S) nos Estados Unidos da América e a conseqüente proclamação da doutrina do unilateralismo. Um aspecto importante desses fatos é a apresentação das quatro conseqüências sociais e políticas que eles estão tendo: a recuperação da ideologia dual e maniqueísta da guerra fria, a instrumentalização política do medo, a perda de determinadas liberdades e violação de determinados direitos e, quarto lugar, a imposição de uma visão neo-liberal do mundo.

Em segundo lugar analisamos o conceito de guerra preventiva, recorrendo com especial atenção aos discursos do presidente norte-americano George W. Bush. No segundo item argumentamos as razões da rejeição desse conceito. Além disso, no Capítulo 4, "Educar a partir *da* e *para* a verdade", dedicamos um longo item intitulado "Lutar contra a manipulação da informação e a institucionalização da mentira", para desmontar a manipulação da informação e as mentiras ditas pela administração norte-americana e pelo anterior governo conservador espanhol em relação à guerra do Iraque, guerra iniciada em março de 2003, preparada e difundida pela administração norte-americana poucos meses depois do 11-S e que teve seu final decretado um mês e meio depois de seu início; porém, mesmo um ano e meio depois de seu início, ainda sofremos suas dramáticas conseqüências com mortos, destruição do país, aumento do preço do petróleo, maior instabilidade, terrorismo sem controle, etc., e sem saber muito bem como essa lamentável guerra irá terminar.

Ulrich Beck, em seu livro *La sociedad del riesgo global* (2002), nos previne sobre três grandes ameaças globais que nos espreitam e que configuram essa sociedade de risco global: a destruição ecológica, a pobreza e as armas de destruição em massa. Esta última não se refere somente ao seu possível uso entre estados, mas também como ameaça do fundamentalismo ou do terrorismo privado. No entanto, achamos que é preciso acrescentar uma quarta muito importante, que se refere ao campo da cultura e mais especificamente ao das ideologias e das religiões. Não podemos omitir que determinadas culturas, ideologias e religiões justificam a violência como forma de resolver os conflitos ou conseguir seus objetivos. Esse perigo está sendo canalizado por ideologias totalitárias, fundamentalistas, imperialistas, etc., que, em muitos casos, trazem junto com elas diferentes formas de terrorismo. E é precisamente sobre essas ideologias, formas culturais e religiosas apoiadas nas culturas do ódio, do domínio, da violência e dos dogmas que os educadores podem e devem intervir.

Em terceiro lugar, penetramos no fenômeno poliédrico e escorregadio do terrorismo e suas diferentes formas e causas; por isso a necessidade de falar de terrorismos no plural. As diferentes formas de terrorismo, principalmente o terrorismo do ETA e o denominado terrorismo global, estão muito presentes em todo o livro, não só no item "Os terrorismos" deste Capítulo 2, mas também nos três primeiros itens do Capítulo 3:

- ao abordar a necessidade de educar a partir do valor da vida humana;
- na educação para a justiça e na rejeição da vingança e do ódio;
- e na necessidade de combater o medo.

Do mesmo modo no item "Analisar o conceito de terrorismo" do Capítulo 4 se propõe a necessidade educativa de analisar o conceito de terrorismo como estratégia para educar a partir *da* e *para a* verdade, e também está presente no Capítulo 5 ao apresentar e desenvolver a proposta de educar a partir *da* e *para a* esperança.

Se prestarmos atenção nas respostas mais habituais que foram e que continuam sendo dadas na área educativa para os atentados terroristas de 11 de setembro de 2001 (11-S) nos Estados Unidos e os de 11 de março de 2004 (11-M) em Madri ou para os atentados do ETA, podemos ver que elas foram, pelo que conhecemos, de condenação e de preocupação sobre a capacidade de sua compreensão pelas crianças pequenas, assim como pelas possíveis conseqüências psicológicas nesse grupo populacional – ambas as demandas formuladas, sem dúvida, pela especial incidência midiática que tiveram os atentados. Apesar de serem absolutamente necessárias, consideramos que essas duas respostas são claramente insuficientes, pois deixam a instituição educativa em uma situação de precariedade no processo de compreensão tanto das causas como das possíveis conseqüências dos atentados e das políticas que foram estabelecidas em virtude deles. Precisamos de outras reflexões e propostas didáticas com base mais sociológica que levem em conta o conjunto da população.

Nesse sentido, no Capítulo 3 formulamos seis objetivos e conteúdos educativos que nos parecem necessários e imprescindíveis para encarar esse "novo" cenário internacional. São diferentes objetivos que estão estreitamente inter-relacionados e que, na prática, são dificilmente separáveis. Objetivos que fundamentamos a partir de diferentes disciplinas – como a reflexão sociológica, psicológica, filosófica e as propostas educativas –, mas com as chaves comuns da cultura da não-violência, da paz e da solidariedade que precisamos. Dos seis, abordamos quatro nesse capítulo, enquanto que os outros dois, a busca da verdade e o educar para a esperança, pela especial relevância que damos a eles nesses tempos difíceis em que vivemos, são analisados no quarto e no quinto capítulos, respectivamente.

Dos quatro objetivos que abordamos nesse capítulo, considero que o primeiro, a necessidade de educar a partir do valor da vida humana e da dignidade de todas as pessoas, dada a progressiva perda de valor da vida humana em muitas partes do planeta, deve adquirir uma nova importância, pois a vida é um bem maior, a partir do qual surgem todos os demais. Um objetivo que nega de forma clara e imoral a pobreza, a miséria e a falta de medicamentos básicos, até certo ponto produzidas pelos processos de globalização neoliberal, mas também a cultura do ódio por meio dos diferentes tipos de terrorismo, das redes de delinqüência organizada, do narcotráfico, etc.

Em segundo lugar, e estreitamente relacionado com o anterior, abordamos a sensibilização sobre o valor da justiça e a rejeição da vingança e do ódio. É um tema capital nesses tempos de guerra preventiva e de terrorismos e, sem dúvida, de trágica atualidade, tanto pela grande quantidade de perdas em vidas humanas como pela freqüência no número de atentados. Entre esses nos referimos aos atentados terroristas de 11 de março de 2004 em Madri (11-M), mas também aos atentados de outro tipo de terrorismo que existe na Espanha, cometidos pela organização terrorista ETA. Além de nossa condenação clara e categórica de todas as formas de terrorismo, defendemos a necessidade de introduzir essa temática no currículo escolar, tanto para serem analisados e favorecerem uma tomada de posição de condenação como para mostar solidariedade para com as vítimas e questionar as culturas do ódio e de criação do inimigo. Nossa atenção se volta principalmente para a abordagem educativa do ódio, pois ele anula nossa racionalidade e dignidade tornando igualmente irracionais e indignas nossas relações com os demais; estamos firmemente convencidos de seu caráter educável, como qualquer outro sentimento.

Em terceiro lugar, consideramos igualmente necessário tratar de forma educativa a necessidade de combater o medo e a desconfiança, processos que estão sendo utilizados politicamente em benefício de determinados interesses. Aspecto igualmente ligado à estratégia terrorista que pretende provocar medo e inibição nos cidadãos, e também a determinados interesses partidários que pretendem utilizar esse medo produzido pela violência terrorista. Nesse processo de construção social, não há dúvida de que a capacidade de informação e reflexão que tivermos sobre a realidade fará aumentar ou diminuir tanto o medo como o alarme social. E isso nos leva a ressaltar novamente a importância da educação.

Em quarto lugar, mostramos a imperiosa necessidade de educar nos valores da democracia, da paz e da necessidade de globalizar os direitos humanos. Conceitos que são, ao mesmo tempo, o âmbito em que devemos contextualizar nosso trabalho educativo e que constituem os grandes desafios de nosso tempo presente e futuro.

No Capítulo 4, abordamos a necessidade de educar a partir do compromisso com a busca da verdade. Para tanto, analisamos, em primeiro lugar, o sentido de tal busca para, em segundo, apresentar as principais conseqüências educativas desse princípio. Em seguida, mostramos três exemplos didáticos referentes aos três acontecimentos históricos violentos mais recentes[6] que deixaram, deixam e deixarão uma profunda marca histórica: os atentados terroristas de 11 de setembro nos Estados Unidos, as guerras desse país contra o Afeganistão e o Iraque e os atentados terroristas de 11 de março em Madri. Todos eles têm em comum, além do uso da violência e a morte de um número incalculável de pessoas inocentes, a institucionalização da manipulação midiática e da mentira como práticas de estado. E como processo cultural e político deve ser abordada a partir do sistema educativo.

Os cidadãos em geral, e principalmente os educadores, devem ser beligerantes com esse tipo de práticas. Entre outras coisas, porque se aceitarmos a mentira como prática social e política todos nós desapareceremos, a sociedade civil desaparecerá, assim como a democracia, a cultura e a educação. Somente com a verdade é possível fazer desenvolver e crescer uma verdadeira sociedade, uma verdadeira cultura e uma verdadeira educação. Aspecto igualmente ligado à estratégia terrorista que pretende provocar medo e inibição nos cidadãos, e também a determinados interesses partidários que pretendem utilizar esse medo produzido pela violência terrorista. Nesse processo de construção social, não há dúvida de que a capacidade de informação e reflexão que tivermos sobre a realidade fará aumentar ou diminuir tanto o medo como o alarme social. E isso nos leva a ressaltar novamente a importância da educação.

As guerras e os terrorismos estão adquirindo tal importância na prática política de nossas sociedades que é imprescindível analisar atentamente o que se diz e aquilo que se esconde atrás de uns e de outros, e essa será uma das funções-chave do sistema educacional no futuro, ao menos para nós, educadores críticos, que não queremos ser cabos de transmissão dos grandes trustes da informação e de determinadas estratégias políticas. Por isso, tarefas como confrontar a informação, ir aos fatos, examinar minuciosamente os interesses particulares disfarçados em interesses públicos, rever a história, dar voz aos sem-voz, guiar-se pelos critérios de justiça e igualdade, utilizar as novas tecnologias da informação, etc., serão algumas das estratégias que muitas vezes teremos de utilizar para construir a verdade que, de qualquer modo, sempre será imperfeita, e, como tal, sujeita à revisão. A ignorância, assim como a indiferença, não é boa conselheira para abordar os problemas sociais, e muito menos esses tão complexos e perigosos como as novas e velhas guerras, os novos e velhos terrorismos.

No Capítulo 5, desenvolvemos uma temática que nos parece cada dia mais importante e cativante: educar a partir *da* e *para a* esperança. Especialmente necessária e relevante nesses tempos de incerteza, de precarização material e espiritual, de vandalização das relações sociais, de institucionalização crescente na vida política da mentira e do desencanto, do uso do medo como estratégia política, de questionamento do papel da educação. Fazer frente a tais desafios e ameaças de todo tipo que pairam sobre nós é uma de nossas tarefas profissionais irrenunciáveis. Desafios que exigem uma aposta firme em favor da educação e o repensar do próprio ato de educar a partir da esperança. Assim como Ernst Bloch em seu *Principio esperanza* apresentava a necessidade de "trazer a filosofia para a esperança" (2004, p. 29) nós também propomos trazer a pedagogia para a esperança e esta para aquela, pois são realidades estreitamente inter-relacionadas. Não pode haver esperança sem pedagogia nem pedagogia sem esperança. Parafraseando Bloch em relação à filosofia (2004, p. 30), a pedagogia terá de ter consciência moral do amanhã, tomar partido a favor do futuro, conhecer a esperança, ou não terá conhecimento algum.

Estamos profundamente convencidos e confiantes de que esse é o seu papel, e mesmo sabendo que não é a panacéia que irá resolver todos os problemas sociais, nós também sabemos que sem sua colaboração não há futuro possível. E nesse sentido, não é apenas no primeiro item desse capítulo que pensamos na esperança como necessidade humana – somos o único ser vivo que sente esperança –, também desenvolvemos no segundo item a íntima conexão que estabelecemos entre esperança e educação; como duas faces de uma mesma moeda, como duas realidades intrinsicamente inter-reacionadas. Também ressaltamos o caráter educativo e educável da esperança, principalmente nesses tempos difíceis em que proliferam as ideologias pessimistas. No terceiro item do capítulo apresentamos diferentes estratégias educativas para construir e desenvolver a esperança.

Como diz Paulo Freire, "se a educação sozinha não transforma a sociedade, sem ela também não muda" (2001). A educação, os profissionais da educação, têm um papel preponderante, mesmo que alguns setores queiram subvalorizá-lo. A educação é a "força do futuro", porque ela representa um "dos instrumentos mais poderosos para realizar a mudança" (Morin, 2001, p.13-14).[7] Então, se isso está correto, e é nisso que nós acreditamos, exigiria que a sociedade em seu conjunto reavaliasse sua relação com o sistema educativo, que tomasse consciência de seu papel e que utilizasse os meios para acabar, ou pelo menos reduzir, a enorme distância em contínua expansão entre o desenvolvimento material e o cultural, entre os avanços científicos e os morais.

Antes de finalizar esta introdução, não posso deixar de chamar a atenção sobre a difícil situação que a humanidade está vivendo. Os atentados de 11 de setembro de 2001 em Nova York e Washington, as guerras do Afeganistão e do Iraque, os atentados de 11 de março de 2004, em Madri, o progressivo aumento da distância entre o Norte e o Sul do planeta, a pobreza – o grande genocídio silencioso[8] –, o aumento dos fundamentalismos e o enfraquecimento das democracias e dos sistemas de proteção dos direitos humanos revitalizaram novamente o debate sobre o papel da educação diante desses grandes desafios. Nós bem sabemos que a resolução desse problemas passa pelo filtro econômico e político, mas também pelo cultural e educativo. Sem dúvida, a dramaticidade desses acontecimentos aumenta ainda mais a necessidade de implementar e desenvolver programas sociais e educativos de educação para a paz e para o desenvolvimento que, a partir da educação infantil até a universidade, abordem esses temas para sensibilizar a favor de seu desaparecimento. E para atingirmos esse objetivo é extremamente importante a construção de uma cidadania global que tenha uma participação ativa nos problemas sociais, políticos e ambientais. A humanidade tem diante de si desafios de grandes proporções que, dependendo de como forem resolvidos, condicionarão futuros bem diferentes.

Meu desejo e esperança, amigo leitor ou leitora, é que este livro seja um meio a mais para incentivar a indagação e o compromisso com os princípios de verdade, justiça, liberdade, beleza e generosidade que nos mostra Emilio Lledó em uma das citações que abrem esta introdução. Tomara que encontre argumentos para não ceder diante da mentira e da violência. E que saiba transmiti-los, vivê-los e compartilhá-los com todas aquelas pessoas com as quais convive, em especial com aquelas com as quais possui uma relação de educador-educando. Por isso precisamos de um professorado bem-informado, esperançoso e feliz com sua profissão e com os princípios assinalados. Por isso precisamos de pais e de mães responsáveis que eduquem dando exemplo de compromisso com a verdade e com a esperança. Por isso precisamos de uma cidadania alerta e sensível com a verdade e com a esperança.

Diante desses tempos incertos e difíceis em que vivemos é fácil ceder ao desespero, mas, como Albert Camus diz de maneira tão acertada, "o verdadeiro desespero não nasce diante de uma pequena adversidade, nem no cansaço de uma luta desigual. Ele surge porque já não conhecemos as razões para lutar e nem se, na verdade, é preciso lutar. As páginas que seguem dizem simplesmente que, embora a luta seja difícil, ao menos as razões para lutar continuam sendo claras" (2002, p.14). E, claro, para mim também.

NOTAS

1. Nessa evolução, como não poderia ser de outra forma, foi preciso enfrentar inúmeros conflitos e controvérsias de toda espécie e profundidade que marcaram e marcam o devir tanto do conhecimento e dos progressos ou retrocessos sociais como da teoria e da prática educativa. Também não faltaram, nem faltam, as manipulações conceituais, a ideologização e a sacralização de determinados vocábulos, os diferentes interesses políticos, sociais e culturais defendidos na área educativa, social e política.
2. Mesmo que alguns setores pretendam criar distâncias ao mesmo tempo desnecessárias e interessadas. O que também não significa negar as distâncias e os conflitos existentes em muitos casos.
3. Nas palavras de Thomas Friedman, ideólogo "implacável" do neoliberalismo e conselheiro da ex-secretária de Estado Madeleine Albright, no artigo publicado no *New York Times Magazine* em março de 1999, "a mão invisível do mercado não funcionará jamais sem um punho invisível. O MacDonald's não pode expandir sem McDonnell Douglas, o fabricante do F-15. O punho invisível que garante a segurança mundial das tecnologias do Silicom Valley é o Exército, a força aérea, a

força naval e o corpo de fuzileiros navais dos Estados Unidos" (citado por Taibo, 2002a, p.238).
4. Junto com eles, conforme propomos no livro, também devem ser objeto de estudo suas alternativas; entre elas, a análise das políticas e culturas de paz deve ocupar um lugar privilegiado, por sua importância nas relações sociais, por sua atualidade e por sua necessidade ética, política, social e educativa.
5. Entre eles Bertrand Russell, Herbert Marcuse, Edward P. Thonsom, Dominique Pire, Petra Kelly, Noam Chomsky, etc.
6. Mas isso não significa deixar de lado as "guerras esquecidas", especialmente em solo africano.
7. Os relatórios do final do século XX, assim como os que foram feitos no início deste ainda novo século XXI, já insistiam no protagonismo da educação como uma das chaves para evitar as guerras e as principais penúrias que espreitam a humanidade.
8. Diversas fontes constataram que a prioridade da "guerra contra o terror" está desviando os recursos e a atenção internacional que os países do Terceiro Mundo precisam para sair de sua longa crise. Assim, já se está chamando a atenção para o fato de que, se não houver uma mudança na política internacional, dificilmente se poderá conseguir as metas estabelecidas pelas Nações Unidas na Declaração do Milênio.

1
O contexto da disputa global: a globalização neoliberal

> Quem ignora a complexidade e os conflitos da vida, e cria para si uma realidade totalmente idílica e despreocupada, expõe a si mesmo e aos outros ao abuso e ao engano, e acaba sendo vítima ou cúmplice incauto daqueles que abusam vergonhosamente de seu poder, porque não percebe que abusam. (Claudio Magris, 2001, p.120)

> A era planetária precisa situar tudo no contexto e na complexidade planetária. O conhecimento do mundo, enquanto mundo, é uma necessidade ao mesmo tempo intelectual e vital. (Edgar Morin, 2001, p.43)

A palavra globalização está presente em todos os debates atuais. E também no campo educacional, no qual, certamente, conta com uma rica tradição em seu uso, embora com diferentes significados. O atual conceito sociológico de globalização surge no final da década de 1980 e início da de 1990 para designar o processo de internacionalização da economia, especialmente a financeira, sob a proteção ideológica do neoliberalismo e a cobertura das novas tecnologias. Esse novo cenário põe fim ao período da guerra fria, simbolizado pela queda do muro de Berlim, e abre uma nova ordem internacional caracterizada pela primazia do econômico sobre o político, e dentro do mundo econômico a primazia do capital financeiro sobre o industrial ou comercial, a hegemonia dos Estados Unidos como única superpotência, a perda do papel tradicional dos estados e a generalização da internet no mundo desenvolvido. Esse tipo de globalização, que é a dominante nos tempos em que vivemos, deveria ser denominada de, para usar um termo mais preciso, globalização neoliberal, coincidindo nesse sentido com outros autores (Beck, 2001; Estefanía, 2002; Taibo, 2002a). De fato, diante da globalização dominante não podemos esquecer outras com característica bem diferente, como é o caso, por exemplo, da luta pela globalização dos direitos humanos e da instauração de um tribunal penal internacional para julgar crimes contra a humanidade, ou a globalização da solidariedade (Fuentes, 2002, p.113).

A primazia do financeiro[1] e as novas tecnologias criam um novo tipo de economia virtual, também denominada capitalismo de cassino, que atua com uma inusitada autonomia e cuja única função é, nas palavras de Viviane

Forrester, "propiciar a especulação e seus benefícios provenientes de 'produtos derivados', impalpáveis, em que se negocia o que não existe... Uma economia anárquica, mafiosa, que se expande e se fixa por meio de um pretexto: o da competitividade" (2001, p.19). Como assinala Joaquín Estefanía, "trata-se de um mercado planetário e instantâneo em que, por exemplo, três grandes fundos de pensões americanos mobilizam dólares por um valor 10 vezes superior ao das reservas dos sete países mais ricos do mundo. Diante da especulação dos mercados, as autoridades desses últimos podem apenas resistir aos ataques especulativos" (2002, p.104). As conseqüências dessa nova ordem econômica internacional são sintetizadas, rápida, mas muito claramente, por Manuel Castells: "os mercados desregulados, carentes de instituições e regulações dignas de confiança, equivalem à pilhagem, à especulação, à apropriação privada abusiva e, no último extremo, ao caos" (1998, p.371).

Nesse mesmo sentido pronunciam-se diferentes autores, assinalando a incerteza, a instabilidade e a volatilidade como conseqüências que geram a liberdade do dinheiro. É por isso que Carlos Taibo afirma que esse tipo de economia na realidade transforma o planeta em um "gigantesco paraíso fiscal em que ninguém precisa prestar conta de seu comportamento" (2002a, p.52). Esse cenário produz, conforme dissemos, uma perda paulatina da cidadania para ir progressivamente nos transformando em clientes mais do que em cidadãos e onde o próprio direito à educação, assim como a outros serviços sociais, transforma-se em um bem de consumo, tal como desenvolvemos no item "O progressivo aumento da exclusão social" deste capítulo.

Em sua vertente ideológica, a globalização neoliberal também é apresentada como o estágio "natural", "inevitável" e "espontâneo" da evolução da humanidade; a nova fase na escalada evolutiva do progresso da humanidade. No entanto, os dados e os sucessivos relatórios realizados sobre a situação socioeconômica mundial comprovam, conforme veremos, uma realidade cercada pela vida paupérrima e o aumento da exclusão social, não só no denominado Terceiro Mundo, como também nos países do Primeiro.

A globalização neoliberal como processo econômico, social, cultural e ideológico está respaldada por três organismos internacionais: o Banco Mundial, a Organização Mundial do Comércio (OMC) e o Fundo Monetário Internacional (FMI). Organismos caracterizados como o "autêntico eixo do mal" nas palavras de Ignacio Ramonet (2002).[2] A OMC tem como objetivo central "ajudar o comércio a se movimentar o mais livremente possível" (Casals, 2001, p.26), isto é, liberalizar totalmente o comércio, sem considerar os efeitos sociais e ambientais. Além disso, "existem dados suficientes para afirmar que, de fato, a OMC é claramente controlada pelas grandes empresas transnacionais, e isso apesar de que estas, como tais, não possam se apresentar à frente da organização e devam exercer suas pressões por meio dos estados correspondentes" (Taibo, 2002a, p.67).

CARACTERÍSTICAS DA GLOBALIZAÇÃO NEOLIBERAL

Além do que foi dito, a seguir deixamos mais claras as principais características desse processo, principalmente no que se refere ao seu caráter socioeconômico e ideológico.

É um processo socialmente construído

A *globalização neoliberal, como todo processo social, é fruto da ação do ser humano*. Portanto, ela não é, conforme seus defensores pretendem apresentar, a evolução natural e inevitável da humanidade, e, menos ainda, o estágio mais avançado a que chegamos. Claro que essa característica tem algumas repercussões muito importantes do ponto de vista educativo. Esse processo socioeconômico e político está amparado por um potente discurso ideológico divulgado por meio de uma avassaladora maquinaria midiática,[3] que apresenta o capitalismo neoliberal não só como o sistema mais desenvolvido, o sistema vitorioso, mas também como o único possível, como a evolução natural da humanidade. "Já não há o que discutir; se o capitalismo triunfa em todas as partes, será que isso não acontece porque ele vem ao encontro da 'natureza profunda' do homem?" (Brune, 1998, p.19). Conforme afirma o prêmio Nobel de economia Amartya Sen, "a impressão que se tem é que qualquer indicação dos defeitos do mecanismo do mercado é, no clima atual, estranhamente antiquada e contrária à cultura moderna (como pôr um disco antigo de 78 rpm com música dos anos de 1920). Alguns preconceitos deram passagem a outras idéias preconcebidas contrárias. A fé irrefletida de ontem transformou-se hoje em heresia, e a heresia de ontem, hoje é uma nova superstição" (2000, p.142). É assim que aparecem os discursos sobre o fim da história[4] ou a morte das ideologias (Fukuyama, 1992) ou o choque das civilizações (Huntington, 1997).

Mas, além disso, *é um processo social construído por uma minoria*. Não é um processo pensado ou elaborado por todos os humanos ou por uma maioria, nem sequer por uma minoria relativa. Também não é um processo que foi discutido, votado ou decidido por nós. Mas um processo imposto a partir das áreas restritas de poder de determinadas corporações multinacionais de países do G-8[*] e dos organismos já citados. Por isso, é um processo que nos torna propensos a criar obstáculos para nossa participação como cidadãos que ridiculariza o valor do público e do coletivo, sacralizando unicamente o benefício individual.

---

[*] N. de R. Os países que constituem o G-8 são Alemanha, Canadá, Estados Unidos, França, Grã-Bretanha, Itália, Japão e Rússia.

É um processo econômico-político excludente e dominante

O *Fundo Monetário Internacional* (FMI) define a globalização como "a interdependência econômica crescente do conjunto dos países do mundo, provocada pelo aumento do volume e da variedade das transações de bens e serviços, assim como dos fluxos internacionais de capitais, e ao mesmo tempo pela difusão acelerada e generalizada da tecnologia" (citado por Estefanía, 2002, p.28). Devemos extrair dessa definição quatro aspectos importantes:

- *A globalização fica reduzida aos intercâmbios econômicos e à difusão da tecnologia*, deixando explicitamente de lado seus condicionantes ideológicos, culturais e sociais, tal como expomos no item "É um processo ideológico".
- *Os fluxos econômicos entre todos os países do mundo são tidos como certos*. Quando, na realidade, 80% desses fluxos ocorrem entre os países desenvolvidos. Isto é, por mais que seja denominado de global é um processo que se refere especialmente ao mundo desenvolvido. Na verdade, a globalização ou mundialização não ocorre dessa forma, pois tanto no plano econômico como no tecnológico está quase que totalmente centrada nos países do Norte. Processo claramente vinculado aos Estados Unidos, seguido da União Européia e do Japão, os três grandes núcleos do poder capitalista.[5] No decênio dos anos de 1980, 80% dos fluxos de capital corriam entre esses membros. Em 1997, metade das ações do planeta encontrava-se nas mãos de 1% de sua população, e 90% delas em 10% dos habitantes mais ricos do mundo. Um dado significativo para considerar esse processo é a análise de concentração de capital nas multinacionais do Norte. O Quadro 1.1 mostra como a maioria das multinacionais mais potentes do mundo é dos Estados Unidos, da União Européia e do Japão (Tortosa, 2001a, p.84).
- *Esses intercâmbios econômicos são mascarados a partir do pressuposto da interdependência quando, na realidade, são processos ligados a uma relação de busca de benefício que estão gerando um aumento da desigualdade*, conforme destacaremos posteriormente. "O termo globalização traz junto com ele uma imagem ilusória de integração e homogeneidade. Essa imagem nada tem a ver com os processos de fragmentação e desintegração social que mobiliza" (Del Pino, 2000, p.74). Globalização e fragmentação são processos que aparecem estreitamente inter-relacionados. Aplicando a linguagem e os conceitos da resolução de conflitos é possível dizer que a globalização neoliberal está agravando a polarização social entre países ricos e pobres, e dentro deles entre os ricos e os pobres. Diferentes estudos e analistas concordam nesse sentido. Citamos como exemplo as palavras de Leonardo Boff (2003, p.31-32): "Na teoria, esse processo é feito de relações de interdependência; só que, na realidade, são autênticas dependências

Quadro 1.1
Nacionalidade das mil primeiras empresas em capitalização no mercado (1999)

País	Nº
Alemanha	38
Austrália	17
Áustria	2
Bélgica	13
Canadá	25
Dinamarca	5
Espanha	10
Estados Unidos	492
Finlândia	6
França	45
Holanda	22
Hong Kong	15
Irlanda	4
Itália	23
Japão	135
Noruega	1
Nova Zelândia	1
Portugal	3
Reino Unido	108
Singapura	8
Suécia	16
Suíça	20

em relação aos grandes conglomerados globais e aos capitais especulativos que dominam as economias periféricas, desestabilizando-as em função de seus interesses particulares, sem a menor preocupação com o bem-estar dos povos e com a sustentabilidade do planeta, produzindo milhões e milhões de excluídos".

– *Podemos dizer o mesmo em relação à difusão da tecnologia, que fica muito mais restrita aos países avançados,* tal como aparece no Relatório sobre o desenvolvimento do PNUD (2001, p.3): "O mapa mundial das conquistas tecnológicas apresentado neste Relatório indica enormes desigualdades entre diferentes países, não só no que se refere à inovação e ao acesso, como também no tocante à educação e às aptidões necessárias para aproveitar de forma eficiente a tecnologia (...), difundida de maneira desigual. Os países-membros da OCDE têm 80% dos usuários da internet em todo o mundo. A expansão da rede para a América Latina é, por sua vez, em linhas gerais equivalente à da cidade de Seul (República da Coréia). E, embora 90% dos lares americanos possam arcar com uma despesa média de 30 dólares mensais de conexão com a internet, somente 2% dos lares da Índia podem se permitir esse gasto. Tais disparidades não deveriam causar surpresa. Além disso, a geração de energia elétrica e sua distribuição mediante redes se desenvolveram pela primeira vez em 1831, mas ainda não estão à disposição de um terço dos habitantes do mundo. Existem cerca de 2 bilhões de pessoas que continuam não tendo acesso a medicamentos essenciais básicos de baixo custo (como a penicilina), que foram desenvolvidos, em sua maioria, há vários decênios. A metade das crianças africanas de um ano não foi imunizada contra a difteria, a coqueluche, o tétano, a poliomielite e o sarampo. E a terapia de reidratação oral, um tratamento que salva vidas, não é utilizada em quase 40% dos casos de diarréia em países em desenvolvimento".

É um processo ideológico

Como dissemos, a globalização neoliberal também é um processo ideológico estruturado em uma série de dogmas ou princípios.[6] Para J. Félix Angulo Rasco (1999, p.23), "o neoliberalismo é hoje uma ideologia forte porque impregna mais profundamente do que podemos imaginar a cultura social de um setor majoritário da sociedade civil, bem como a cultura política das elites governantes, dos administradores, dos funcionários e dos técnicos qualificados".[7]

Sua premissa ideológica fundamental apóia-se na opção clássica do liberalismo da desregulação do estado em favor da iniciativa privada, radicalizando esse discurso até transformar o mercado no único garantidor das regras sociais. Os hagiógrafos desse modelo de globalização pretendem desmantelar o aparelho e as tarefas estatais em benefício da "utopia do anarquismo mercantil" (Beck, 2001, p.17). Sua aposta na busca da eficácia fundamenta-se, exatamente, na desregulação e no império do mercado. Com o predomínio deste sobre qualquer outra consideração, ocorre uma mutação muito importante: mais do que em cidadãos, querem nos transformar em meros consumidores. As palavras de Alain Minc podem ilustrar esse pensamento: "O capitalismo não pode perder a força, é o estado natural da sociedade. A democracia não é o estado natural da sociedade. O mercado, sim" (citado por Ramonet, 1998, p.16).

Pierre Bordieu (2001, p.31) sintetiza em três os postulados do neoliberalismo (que são apresentados como proposições fundamentadas na teoria e comprovadas na realidade): "Primeiro postulado: a economia seria um âmbito separado, governado por leis naturais e universais que os governos não devem contrariar; segundo postulado: o mercado seria a melhor maneira de organizar a produção e os intercâmbios de maneira eficaz e justa nas sociedades democráticas; terceiro postulado: a 'globalização' exigiria a redução dos gastos estatais, sobretudo no âmbito dos direitos sociais em matéria de emprego e segurança social considerados ao mesmo tempo onerosos e inoperantes".

A economia, então, por meio do mercado, passa a ser ao mesmo tempo objeto e sujeito principal de nossas vidas. Conforme assinala Bauman (2000, p.48), com esta "segunda modernidade", modernidade de consumidores, "a primeira e imperiosa obrigação é ser consumidor; depois, pensar em se transformar em outra coisa qualquer". Partindo dessa ótica, o Estado de Bem-estar é visto como um obstáculo, sendo igualmente atacado o direito ao trabalho. "A estética do consumo hoje domina onde antes dominava a ética do trabalho... O trabalho perdeu seu lugar de privilégio, sua condição de eixo ao redor do qual giravam todos os esforços para que a pessoa pudesse crescer e construir sua própria identidade" (Bauman, 2000, p.56-57). Tanto é assim que o modelo do homem vencedor graças ao seu trabalho foi substituído pelo culto à riqueza em si mesma. Nesse sentido Bauman conclui: "O 'crescimento econômico' e o aumento do emprego encontram-se, portanto, em confronto" (2000, p.102).

É o que se denominou "a demissão do estado" (Bordieu, 1999), o "Estado mínimo" (Beck, 2001; Del Pino, 2000) ou, nas palavras de Susan Strange (2001), "o declínio da autoridade dos Estados" ou a "retirada do Estado". O Estado mínimo concretiza-se na drástica redução dos gastos sociais e na privatização dos serviços sociais, passando estes a ser um produto a mais do mercado e submetidos às leis do mesmo. "A autoridade dos governos de todos os Estados, grandes e pequenos, fortes e fracos, debilitou-se como conseqüência da mudança tecnológica e financeira, assim como da integração acelerada das economias nacionais em uma única economia de mercado global. Sua incapacidade para dirigir a economia nacional, para manter o emprego e o crescimento econômico, para evitar desajustes na balança de pagamentos com outros estados, para controlar o tipo de investimento e o tipo de câmbio, etc. não é uma questão de incompetência técnica, nem de indignidade moral, nem de inabilidade política. Em nenhum caso é culpa direta deles nem de outros. Não cabe culpar por essa incapacidade nem outros países nem outros governos. Eles são, pura e simplesmente, vítimas da economia de mercado" (Strange, 2001, p.35).

A vertente ideológica da globalização neoliberal equivale ao conceito de *pensamento único*, assim denominado por Ignacio Ramonet (1995; 1998). Para esse autor, o pensamento único foi formulado e definido a partir de 1994 nos acordos de Brenton Woods e consiste na "tradução em termos ideológicos, com pretensão universal, dos interesses de um conjunto de forças econômicas, principalmente as do capital internacional" (1998, p.15). É um tipo de pensamento que pode ser definido pelas seguintes características: a primazia do econômico sobre o político; o monopólio do mercado, cuja mão invisível corrige as arestas do capitalismo; a hegemonia dos mercados financeiros na economia; a competitividade como razão essencial do que se faz; o livre intercâmbio sem limites; a mundialização; a divisão internacional do trabalho que modera as reivindicações dos sindicatos e barateia os custos salariais; a liberalização, as privatizações, etc.

Também não convém esquecer que esse tipo de pensamento foi analisado muitos anos antes como um dos perigos dos regimes ditatoriais. De fato, por sua própria natureza, as ditaduras representam a forma mais nítida do pensamento único, tal como, por exemplo, viveu a Espanha com a ditadura do general Franco. Entre os autores que foram precursores na crítica a esse pensamento cito um filósofo e um romancista. No primeiro caso, o livro de Herbet Marcuse, escrito em 1954, *El hombre unidimensional* (Marcuse, 1985); no segundo, o romance *1984*, de George Orwell (Orwell, 1984), do final dos anos de 1940. Ambos os casos, um a partir de ensaio filosófico e outro de literatura, descrevem os perigos dos estados totalitários e sua imposição de um tipo de pensamento para o conjunto da população, até mesmo nas esferas mais íntimas dos sentimentos. Conforme assinalou José Manuel Naredo (1998, p.33), a diferença entre o anunciado e o denunciado pelos autores citados está no fato de que hoje a razão econômica é a razão suprema, "sendo o predomínio do econômico sobre o político uma novidade relevante nas mensagens do mencionado 'pensamento único'". Hoje, como ontem, a análise de Marcuse continua válida; apresentar como racional o que se caracteriza como irracional é uma denúncia obrigatória nos tempos em que vivemos. Determinadas conseqüências do modelo dominante de progresso ou desenvolvimento, bem como em relação à deterioração da democracia, devem servir de exemplo.

É um processo que atenta contra o Estado de Bem-estar

Por sua própria natureza, a proposta neoliberal é um completo ataque às conquistas do Estado de Bem-estar. "Os traços mais visíveis são o aumento das greves e a manutenção de um elevado volume de desemprego, o elevado crescimento do emprego precário, o corte ou a paralisação do gasto social e dos benefícios e direitos sociais. Tudo isso supõe um aumento substancial da desigualdade social, da segmentação e da dualização social, do aumento de grandes bolsões de pobreza e de novas dinâmicas de marginalização e de exclusão social" (Antón, 2000, p.10).

Todos os estudos confirmam que depois de 1980 a distribuição mundial de renda piorou, criando-se o termo de sociedade 20/80 (Martín e Schumann, 1998), na qual 20% da população são os privilegiados, enquanto os 80% restantes destinam-se à pobreza e não têm futuro. Isto é, a separação entre o Norte e o Sul aumentou ao mesmo tempo em que as desigualdades sociais no interior dos países foram globalizadas. O Relatório do ano de 2002 do PNUD mostra essa tendência de uma maior fragmentação "entre ricos e pobres, poderosos e impotentes, assim como entre aqueles que se beneficiam com a nova economia mundial e outros que pedem que um caminho diferente seja tomado" (PNUD, 2002, p.1 e 13).

Esse processo socioeconômico, político e ideológico traz junto com ele a mercantilização das relações sociais e a busca do benefício nas mesmas. O público privatiza-se e os interesses privados tentam se generalizar como se fossem públicos. A desregulação do mercado de trabalho, a destruição do compromisso capital-trabalho, a precariedade e a flexibilidade trabalhista (como bem destacam os sindicatos, quando se fala de flexibilidade na verdade está se falando de demissão livre), o desalojamento industrial, etc., passam a ser os novos referentes. Nesse sentido, Samí Naïr (2002b, p.16-17) propõe defender "o interesse geral" acima dos interesses privados: "Regular a economia mundial significa, sobretudo, distinguir o que depende do comércio e o que corresponde ao interesse geral e não pode ser submetido aos interesses privados. É preciso definir setores estratégicos cuja gestão não deve, de forma alguma, ser deixada nas mãos da mercantilização generalizada. Desse modo, a saúde, a educação, a água, a cultura e os recursos não-renováveis devem permanecer com o setor público não-comercial, pois constituem o núcleo do interesse geral e da igualdade de oportunidades. Tais setores hoje estão ameaçados pelo Acordo Geral sobre o Comércio de Serviços (AGCS), cujo princípio de extensão, proposto pelos Estados Unidos, foi avalizado pela União Européia em Doha".

CONSEQÜÊNCIAS DA GLOBALIZAÇÃO NEOLIBERAL

Embora já tenhamos destacado várias conseqüências ao pesquisar em suas características, principalmente quanto à sua ruptura com o Estado de Bem-estar, neste item, para realizar um tratamento mais didático, abordamos os principais resultados ou efeitos negativos que tal processo está gerando no mundo. Conseqüências que supõem um retrocesso das condições econômicas e sociais de grande parte da humanidade, motivo que levou François Houtart a afirmar que a globalização[8] é o tipo de sociedade "mais desigual de toda a história da humanidade" (2001, p.89).

A precarização do trabalho e, com ela, a economia e a cultura da incerteza

O livre mercado, e com ele a flexibilidade ou o "mercado de trabalho flexível" exigido pela globalização neoliberal, apresenta como conseqüência a precariedade das condições de trabalho e do próprio trabalho. É o que Ulrich Beck denomina "o abrasileiramento do ocidente": "Estamos assistindo à irrupção do precário, descontínuo, impreciso e informal nesse fortim que é a sociedade do pleno emprego no Ocidente. Com outras palavras: a multiplicidade, a complexidade e a insegurança no trabalho, assim como o modo de vida do sul em geral, estão se estendendo aos centros nevrálgicos do mundo ocidental" (Beck, 2000, p.9). Como disse Pierre Bourdieu, "a precariedade está em todas as partes". Os grandes e poderosos de nossa época "elevaram à categoria de mérito supremo os atributos da mobilidade e da flexibilidade" (Bauman, 2001, p.23). Dessa forma, os novos empresários não querem se ver presos a nenhum tipo de contrato de longo prazo, nem ter nenhum tipo de vigilância e controle. Assim, calcula-se que um jovem americano com um nível médio de educação mudará de emprego ao menos 11 vezes durante sua vida de trabalho, "aquele que começa sua carreira na Microsoft não tem nem idéia de onde irá finalizá-la. Começar sua carreira na Ford ou na Renault significaria, ao contrário, a quase certeza de terminá-la no mesmo lugar" (Cohen, 1997, p.84).

A flexibilidade é a aposta neoliberal, e isso faz com que, como assinalamos, a vida do trabalho esteja saturada de incerteza, e esta, por sua vez, se converte em uma poderosa força individualizadora. Divide em vez de unir" (Bawman, 2001, p. 35). É o que o autor denomina "economia política da incerteza". Esse tipo de economia, e as relações sociais que ela gera, fundamentalmente de obediência e de falta de resistência, deixam uma inequívoca marca na educação, conforme abordaremos no Capítulo 3 sobre os efeitos da incerteza e do medo.

Conforme assinala esse autor, da mesma forma que Pierre Bourdieu havia feito, a "economia política da incerteza" inibe as perspectivas de mudança. Sem dúvida, a flexibilidade e a conseqüente precariedade trazem junto com elas a formação de pessoas dóceis, submissas.[9] A precariedade é a "nova justificativa para a submissão" (Bauman, 2001, p.22). Noam Chomsky também constata esse fenômeno quando analisa as conseqüências da globalização neoliberal: "Os trabalhadores sentem-se intimidados para pedir aumento de salário: essa é uma das coisas maravilhosas da 'globalização'. E quando os trabalhadores sentem medo – quando vão dormir sem saber se terão trabalho no dia seguinte – isso melhora muito a saúde da economia" (2002b, p.42).

E tem mais: Pierre Bourdieu estabelece uma relação entre a decadência do compromisso político e social e a falta de segurança no futuro pela incerteza do mercado do trabalho. A situação de precariedade anula a esperança no futuro e a capacidade de se rebelar até mesmo diante de situações insuportáveis. Dito com suas palavras, "ao tornar todo o porvir incerto, a precariedade impede toda previsão do racional e, especialmente, esse mínimo de crença e de esperança no porvir que é preciso ter para se rebelar, sobretudo coletivamente, contra o presente, e até mesmo contra o mais intolerável" (1999, p.96-97). Por isso, conclui: "a capacidade de fazer previsões para o futuro é a condição de toda conduta considerada racional (...) Para imaginar um projeto revolucionário, isto é, para ter uma intenção bem pensada de transformar o presente em um futuro previsto, precisamos de um domínio mínimo sobre o presente" (Bourdieu, 1999, p.97).

Como destacou Cornelius Castoriadis, quando as pessoas aceitam sua impotência, elas e a sociedade deixam de ser autônomas e, com isso, perdem a capacidade de autodirigir-se. A sociedade então se torna heterônoma, isto é, dirigida por outros, e mais do que navegar vai à deriva. Ademais, as pessoas que vão a bordo aceitam tranqüilamente seu destino e abandonam toda esperança de determinar o itinerário da embarcação. Entramos na "época da resignação universalizada" (Castoriadis, 1999).[10] *Perder a esperança nas possibilidades de transformação social é um dos fatores mais negativos que a ideologia neoliberal está gerando,* e que, em inúmeras ocasiões, constatamos nas aulas com nossos universitários e nos cursos com o professorado. Aspectos que desenvolveremos no Capítulo 5, dedicado, precisamente, a abordar a esperança como elemento consubstancial do ato de educar.

Essa situação acaba atacando o próprio conceito de direitos humanos em sua vertente de direitos econômicos e sociais, e, com isso, conforme dissemos anteriormente, o conceito de "Estado de Bem-estar". Ideólogos e políticos de diferentes tendências se encarregam ciclicamente de vir a público para cumprir seu dever.[11] Chomsky (2002b, p.29) lembra-nos que "os Estados Unidos rejeitam abertamente a categoria dos direitos socioeconômicos como se estes não tivessem nenhum *status*". Da mesma forma, María José Añón (2000, p.150) repete as "críticas aos direitos sociais no âmbito jurídico-político, tanto em sua discussão como autênticos direitos como aos obstáculos para seu exercício e aos valores e princípios que os fundamentam: princípio da satisfação de necessidades básicas, liberdade, igualdade e solidariedade". No entanto, a idéia de dignidade humana está no centro do conceito de direitos humanos (Jares, 1999), e não se refere somente aos direitos cívicos e políticos, mas também precisa do cumprimento dos direitos econômicos, sociais e culturais. Não podemos separar a noção de dignidade da de cidadania.

O progressivo aumento da exclusão social

O conceito de exclusão social está cada dia mais presente em nossas sociedades. Ser uma pessoa socialmente incluída ou excluída irá depender, fundamentalmente, da situação de trabalho. Portanto, conforme vimos, se uma das características principais que definem a globalização neoliberal é a precariedade de trabalho, não resta dúvida de que essa situação, junto com aqueles que se encontram em situação de desemprego, irá acarretar bolsões de vulnerabilidade, marginalização e exclusão social. Diferentes autores (Ramón Castell, 1992; Joaquín García Roca, 1993 e 1996; Víctor Renes, 1997) referiram-se a três cenários possíveis em função de nossa relação com o trabalho e os significados e práticas sociais que isso comporta: a *zona de coesão*, a *zona da vulnerabilidade* e a *zona da exclusão,* que se "mostram como um *continuum* que vai desde o trabalho fixo, os vínculos estáveis e os significados plenos (zona da coesão) até o desemprego, a ruptura dos vínculos e a falta de sentido das motivações (zona da exclusão), passando pela zona intermediária da *vulnerabilidade,* na qual o trabalho, as relações sociais e as significações vitais são realizadas de maneira precária, instável e frágil" (García Roca, 1996, p.92).

Há consenso em destacar o fato de existir um trabalho estável remunerado como a característica que define a zona de coesão. Com ele virá o consumo e a proteção social. Por isso, somente uma política capaz de conseguir o pleno emprego, de ampliar o consumo a todas as camadas sociais e de generalizar a proteção está em condições de tornar a sociedade *coesa.* Conforme assinalou Hannah Arent (1993, p.38), a questão essencial do discurso sobre a pobreza é, hoje, a existência de trabalhadores sem trabalho.

Os dados recentes mostram que "houve uma redução das pessoas empregadas na indústria nos países da Comunidade Européia, entre 1970 e 1994, de 30 para 20%, e de 28 para 16% nos Estados Unidos. Durante o mesmo período, a produtividade industrial aumentou, em média, cerca de 2,5% ao ano" (Bauman, 2000, p.45). No caso da Espanha, García Roca (1996) já contabilizou em 35% o emprego precário, de modo que o contrato de trabalho indefinido está a ponto de perder sua hegemonia, e o trabalho em tempo parcial[12] começa a adquirir maior vigência. A diversidade e a descontinuidade nas formas de emprego estão a ponto de suplantar o paradigma do emprego homogêneo e estável. É como se a precarização do emprego estivesse inscrita na dinâmica atual da modernização, como conseqüência quase inevitável das novas tecnologias, da reestruturação industrial e da luta pela competitividade. A maior taxa de desemprego e, portanto, do primeiro elemento da vulnerabilidade ocorre entre os grupos mais jovens, já que mais de 50% dos jovens ativos entre 16 e 19 anos estão desempregados. Durante o mesmo período ocorre a feminização do desemprego, pois as mulheres representam mais da metade dos desempregados. O número de famílias em que todos os seus membros ativos estão desempregados aproxima-se do milhão.

Os processos de exclusão social foram sendo materializados em uma intensa geografia social que engloba diferentes subgrupos, dando lugar ao que se denominou de quarto mundo ou de terceiro mundo em casa: favelização oficial, dependência de drogas, delinqüência como meio, prostituição, vida nas ruas (os sem-teto), etc., em muitos casos escondidos atrás da invisibilidade social. Segundo os dados da Memória de 2003 da Fundação RAIS de Madri, na União Européia existem 3 milhões de pessoas sem-teto (cerca de 1% da população total) e 18 milhões vivem em submoradias ou em casas pré-fabricadas sem as condições mínimas de habitabilidade. Na Espanha, a Fundação apresenta um número entre 20.000 e 30.000 pessoas "que estão literalmente nas ruas" (Fundação RAIS, 2004).

Como assinala Bauman, "existe um traço que todos compartilham: as demais pessoas não encontram razão para que eles existam; possivelmente imaginam que estariam melhores se não existissem. Atiram-se as pessoas à marginalidade porque são consideradas definitivamente inúteis, algo com o qual todos viveríamos sem problemas. Os marginalizados enfeiam uma paisagem que, sem eles, seria bonita; são como erva daninha, desagradável e esfomeada, que não acrescenta nada à harmoniosa beleza do jardim, mas priva as plantas cultivadas do alimento que merecem. Todos seríamos beneficiados se desaparecessem" (2000, p.104). Dito em poucas palavras e parafraseando o próprio Bauman, "ser pobre é um crime". Essa situação provocou a reivindicação de um novo direito, o *direito de inserção* (García Roca, 1995; Rosanvallón, 1996). A luta contra a exclusão convida a explorar um terceiro tipo de direito que articula *ajuda econômica, participação social e envolvimento pessoal*. O direito de inserção representa um novo tipo de direito social que ocupa uma posição intermediária entre direito (é acessível a todos) e contrato (com a participação dos excluídos, vinculada a uma contrapartida por meio de seu compromisso pessoal). Esse compromisso pessoal vai da formação à participação em atividades de interesse geral, dos esforços pessoais de reabilitação à promoção de organizações sociais.[13]

O aumento vertiginoso da dívida externa

A dívida externa, em vez de diminuir, aumentou espetacularmente, multiplicando-se por 16 no período entre 1970 e 1997, de tal forma que em 1997 os países do sul pagaram, por conta disso, 200 bilhões de dólares, enquanto que o total da ajuda ao desenvolvimento recebida era tão-somente de 45 bilhões de dólares. Vejamos alguns dados:

- Na América Latina, que é a região onde ocorre o maior grau de desigualdade na distribuição da renda do mundo, em 1970 a dívida externa era de 60 bilhões de dólares, em 1980 subiu para 200 bilhões, em 1990 era de 433 bilhões e em 1999 chegava a 700 bilhões de dólares. "Entre 1982 e 1996, o subcontinente viu-se obrigado a transferir para os estados ricos do Norte do planeta nada menos que 740 bilhões de dólares" (Chomsky, 2000, citado por Taibo, 2002a, p.98).
- No Brasil, a dívida era de 115 bilhões de dólares em 1989 e passou a 212 bilhões em 1999. Entre 1989 e 1997, pagou 216 bilhões de dólares de serviço da dívida. Na Argentina, a dívida externa alcançava 8 bilhões de dólares em 1976, subindo para 45 bilhões em 1983 e chegando a 115 bilhões em 1999 (Houtart, 2001, p.136).
- A dívida externa africana era de aproximadamente 30,6% do produto nacional bruto africano em 1980, subiu nada menos que 78,7% em 1994, percentagem que cresce de modo sensível se considerarmos os países especialmente afundados no poço da miséria: em 1990 a dívida externa representava 384,5% do PNB de Moçambique, 282% na Tanzânia, 276% na Somália, 261% na Zâmbia, 226% na Mauritânia,

203% no Congo... Esses dados explicam a redução considerável do produto nacional bruto *per capita* africano nos dois últimos decênios do século XX.

O aumento da pobreza

Relacionada com o item anterior, a pobreza aumentou de forma sensível em números absolutos, aumentando a distância entre os países desenvolvidos e os do denominado Terceiro Mundo:

- Segundo o Relatório do PNUD do ano 2002,[14] 1,151 bilhão de pessoas vivem em uma pobreza extrema, com menos de um dólar diário, enquanto 2,8 bilhões de pessoas vivem com menos de dois dólares diários (1998). Embora a proporção de pessoas que passam fome tenha diminuído no total, a explosão demográfica mundial fez com que o número total de desnutridos não tenha diminuído. No decênio de 1990 houve somente uma redução de seis milhões de pessoas ao ano; "nesse ritmo, levará mais de 130 anos para se erradicar a fome no mundo" (PNUD, 2002, p.21).
- Os 5% mais ricos da população mundial têm rendimentos 114 vezes maiores que os dos 5% mais pobres (PNUD, 2002, p.10 e 19).
- O Relatório do PNUD de 2001 assinala que 163 milhões de crianças menores de 5 anos de idade vivem com peso insuficiente (1998), enquanto 11 milhões de crianças menores de 5 anos morrem anualmente por causas que poderiam ser prevenidas (1998).
- Quarenta mil pessoas morrem diariamente por causas ligadas à fome e às doenças que podem ser evitadas, enquanto que o planeta dispõe dos recursos e das capacidades suficientes para eliminar a fome do mundo. Delas, 30.000 são meninos e meninas (PNUD, 2002, p.11).
- Conforme assinalamos, também é preciso ressaltar o aumento da pobreza e dos processos de exclusão nos países ricos:
    - Em 1999, 19,9% das crianças norte-americanas viviam na pobreza, chegando a 46 milhões o número de norte-americanos em tais condições. "A percentagem de pessoas que vivem com um dólar por dia nos Estados Unidos continua sendo a mesma, (47%) tanto no final como no início do decênio de 1990" (PNUD, 2002, p.13).
    - Nesse mesmo ano, 50 milhões de pessoas viviam na União Européia abaixo do patamar da pobreza (PNUD, 2001), embora outras fontes aumentem esse número para 60 milhões (Ayala Cañón e Martínez López, 1999, p.639).
    - Na Itália, a percentagem da população que vive abaixo da linha da pobreza é de 13% (1995), 12% na Austrália (1994), 11% no Canadá (1994) e 11% no Reino Unido (1995) (PNUD, 2000, p.34).

– Na Espanha, depois de um período de diminuição constante da pobreza desde a metade do século XX, a partir da década de 1990 essa tendência é freada, tendo início um importante crescimento das taxas de pobreza, tal como mostram diferentes estudos (Ayala Cañón e Martínez López, 1999, p.647). Segundo esses autores, a taxa de pobreza passa de 14,5% da população em 1990 para 15% cinco anos depois. Embora seja preciso fazer constar que, se pegarmos para comparação os índices de pobreza severa, o aumento é sensivelmente superior, com essas taxas sendo duplicadas no mesmo período (Ayala Cañón e Martínez López, 1999, p.648).
– Na Galícia,[15] fala-se de aproximadamente 600.000 pessoas que vivem na pobreza, o que supõe quase 22% da população, um pouco mais do que uma em cada cinco pessoas (González Avión, 2000, p.5).
– Nos Estados Unidos os excluídos dos benefícios do sistema superam os 40 milhões de pessoas.
– A União Européia tem 20 milhões de desempregados, 50 milhões de pobres e cinco milhões de pessoas sem-teto. Enquanto os países da UE tornaram-se mais ricos nos últimos 20 anos em uma percentagem que oscila entre 50 e 70% (Beck, 2001, p.21).
– Nos países da OCDE cerca de 100 milhões de pessoas são pobres em termos de rendas; aproximadamente 37 milhões não têm emprego; 8% das crianças vivem abaixo do limite da pobreza de rendas; mais de 100 milhões de pessoas não têm um lar (Martínez Román, 2001, p.69).[16]

O aumento da distância entre o Norte e o Sul do planeta

Em vez de essa distância diminuir, os dados mostram que ela não pára de crescer:

- "As diferenças em termos de rendas entre os 20% mais ricos da população mundial e os 20% mais mal-instalados haviam crescido espetacularmente: eram de 30 por 1 em 1960, de 60 por 1 em 1990 e de 74 por 1 em 1997. Enquanto isso, as 200 pessoas mais ricas podiam ver como suas fortunas duplicavam-se entre 1995 e 1998" (Passet, 2001, p.160-1).
- Devemos ressaltar que a concentração de capital nas grandes multinacionais não é dividida entre o conjunto da população. Assim, "a primeira potência econômica mundial também é, entre os países industrializados, a primeira no que se refere à taxa de pobreza de sua população" (Forrester, 2001, p.60).
- A permanência da exploração do trabalho infantil: 250 milhões de crianças, cerca de 15 a 20% do total entre os 5 e os 14 anos, trabalham; destas, 120 milhões trabalham em tempo integral. Nos conti-

nentes, calcula-se que 41% das crianças estão na África, 21% na Ásia, 17% na América Latina e 10% na Oceania.
- Segundo o Relatório do PNUD de 2002, "as poucas provas disponíveis demonstram que, mundialmente, a desigualdade de rendas dentro dos países aumentou gradualmente durante os últimos 30 anos. Dos 73 países dos quais se dispõe de dados (e que têm 80% da população mundial), 48 acusaram um aumento da desigualdade a partir da década de 1950, 16 deles não acusaram tendência nenhuma e somente nove (com somente 4% da população mundial) acusaram redução" (PNUD, 2002, p.20).
- Um dado muito revelador para contrastar as diferenças entre os diferentes países e seu nível de desenvolvimento são os indicadores sobre a *expectativa de vida* ao nascer. Assim, dos três grupos de países que estabelece o PNUD, com claras diferenças entre eles, no período 1995 a 2000, a expectativa de vida média para as nações com elevado desenvolvimento humano é de 77 anos; de 66,5 anos para os países de desenvolvimento humano médio e de somente 52,2 para os países de desenvolvimento humano baixo (PNUD, 2001, p.173). Isto é, nada menos do que 25 anos de diferença entre os primeiros e os últimos. Na África subsaariana, a terça parte da população não chega aos 40 anos e a expectativa de vida ao nascer é de 48,8 anos.
- Da mesma forma, a *taxa de mortalidade* de crianças menores de 5 anos (por 1.000 nascidos vivos) em 1999 foi de oito para os países com elevado desenvolvimento humano, de 62 para os países de desenvolvimento humano médio e de 156 para os países de desenvolvimento humano baixo (PNUD, 2001, p.173).
- Das 4,6 bilhões de pessoas que vivem no ano 2000 nos países em desenvolvimento, 850 milhões de adultos são analfabetos; destes, 543 milhões são mulheres. "A taxa mundial de matrícula melhorou, com um aumento de 80% em 1990 para 84% em 1998. No entanto, isso implica que, dos 680 milhões de crianças em idade de freqüentar uma escola de ensino fundamental em todo o mundo, 113 milhões não estão matriculadas,[17] 97% delas em países em desenvolvimento" (PNUD, 2002, p.21), sendo que 60% das crianças que não freqüentam o ensino fundamental, em todo o mundo, é composto de meninas (PNUD, 2002, p.11).

O paulatino retrocesso da ajuda ao desenvolvimento

A distância entre ricos e pobres não está só aumentando, mas provocando um *paulatino retrocesso da ajuda ao desenvolvimento*, como também reconhece o Relatório do PNUD de 2002 (p.30),[18] desde o início da década de 1990. "No período de 1992 a 1998 os 20 países que fazem parte do Comitê de ajuda ao desenvolvimento da OCDE diminuíram seu nível de ajuda real em 20%, ao mesmo tempo em que decresciam, sensivelmente, os níveis de ajuda pública, que caíram de 50 para 15% do total. Assim, somente a Dinamarca, a Holanda, a Noruega e a Suécia pareciam ir além do 0,7% de seu produto interno bruto em ajuda ao desenvolvimento, em um cenário no qual os países mais ricos, que destinavam 15% desse montante para a proteção social de seus cidadãos, destinavam, em contrapartida, 0,3% daquela ajuda para os 1,3 bilhão de pobres do planeta" (Passett, 2001, p.277).

Aos países citados temos de acrescentar Luxemburgo. Conforme destaca o Relatório da Intermon-Oxfam – *La Realidad de la Ayuda 2001-2002* –, "o conjunto de membros do Comitê de Ajuda ao Desenvolvimento (CAD, grupo de doadores dentro da OCDE) destinou para a AOD um total de 53,1 bilhões de dólares em 2000, o que supõe uma queda de 6% (1,6% em termos reais) em relação a 1999 (56,4 bilhões de dólares). Em conjunto, a média ponderada da AOD nesse grupo de países significou 0,22% de seu PNB (0,24% em 1999), sua percentagem mais baixa de todos os tempos, que também foi alcançada em 1997. Portanto, e apesar dos titulares do CAD, os países doadores cada dia mais ricos ("considerável crescimento geral na OCDE no último ano") mostram-se cada dia menos dispostos a redistribuir sua riqueza. Em conjunto, os anos de 1990 marcaram uma tendência muito preocupante para a queda nos recursos da AOD. Em 1990, a média percentual sobre o PNB estava em 0,33%, o que significa que o 0,22% atual supõe a redução de um terço do esforço nos últimos anos" (Fanjul, 2001, p.9).

Como aparece no Relatório do PNUD de 2002, "se compararmos a assistência oficial atual para o desenvolvimento que oferecem os países desenvolvidos – cerca de 56 bilhões de dólares anuais[19] –, fica claro que é preciso duplicar essa assistência, e isso representaria aproximadamente 0,5% do PNB dos países do Comitê de Assistência para o Desenvolvimento (CAD) da OCDE, bem menos que o 0,7% acordado pela Assembléia-Geral das Nações Unidas de 1970" (PNUD, 2002, p.30).

Quanto à ajuda oficial espanhola, o citado relatório da Intermón qualifica o governo da Espanha como "pior do que nunca": "O ano de 2000 significou um importante retrocesso para a AOD espanhola. De acordo com os dados preliminares, a ajuda espanhola havia ficado em torno das 200 bilhões de pesetas (20 bilhões menos do que em 1999), o que faria cair a percentagem sobre o PNB para 0,19 a 0,20%, o número mais baixo desde 1990" (Fanjul, 2001, p.10).

Em maio de 2002 foi realizada em Monterrey (México) a *Conferência Intergovernamental sobre Financiamento para o Desenvolvimento*, convocada pelas Nações Unidas a fim de cumprir o acordo da Cúpula do Milênio, realizada em setembro de 2000.[20] Mas essa cúpula de Monterrey nada mais foi do que uma nova e cínica encenação, na qual tanto os objetivos determinados pelas Nações Unidas e pelo próprio Banco Mundial não foram atingidos, quanto, além disso, a administração norte-americana impôs como critérios aos países receptores as seguintes condições: livre comércio, governo justo (isto é, amigo dos Estados Unidos), impulso às privatizações, investimento adequado em saúde e educação – único item realmente interessante – e, a pérola das condições, fomentar os valores do capitalismo. Mas, além disso, os programas de ajuda seriam colocados em prática não pelos Estados, mas pelas sociedades e organizações contratadas pelos doadores. Isto é, menos ajuda, mais controle ideológico e mais interesse em tirar partido das doações. Nas palavras de José Vidal-Beneyto, é o desenvolvimento como negócio (2002, p.4). Nessa mesma direção segue José Antonio Alonso (2002, p.14) quando afirma que "o documento conhecido como Consenso de Monterrey confirmará que a comunidade internacional está mais inclinada à formulação de declarações do que à adoção de compromissos. Mas transformar a realidade exige um pouco mais do que boas intenções. Assim entendeu o Banco Mundial, que avaliou entre 40 e 60 bilhões de dólares anuais os recursos adicionais de ajuda necessários para viabilizar os objetivos da Declaração do Milênio. Isso significaria dobrar a quantia da ajuda ao desenvolvimento até situá-la, em média, em torno de 0,5% do PIB para os países doadores. Não há nada no documento de Monterrey que garanta semelhante objetivo. Enquanto isso, a União Européia considera-se satisfeita em conseguir uma ajuda equivalente a 0,39% do PIB, em média, no ano de 2006. E mesmo quando semelhante iniciativa merece aplausos, é bom lembrar que os países comunitários, no início dos anos de 1990, mantinham um coeficiente de AOD sobre o PIB de 0,44%, notavelmente acima do que agora é apresentado como expressão de generosidade".

Essa mesma linha crítica foi seguida pelas 700 ONGs reunidas no fórum paralelo a essa Conferência. Elas consideraram que o documento aprovado na cúpula "não serve para nada" e não contribuirá para atingir os objetivos fixados pela ONU, em sua Declaração do Milênio, de reduzir a pobreza no mundo pela metade antes de 2015 e atingir os objetivos semelhantes no acesso à educação e à saúde entre a população mais pobre. Segundo as ONGs, o documento final analisado pelos 150 delegados e 63 chefes de Estado ou de Governo presentes na Conferência, conhecido como "Consenso de Monterrey", é confuso, "reflete o interesse dos governos e não o dos povos" e tampouco estabelece qualquer compromisso concreto para os países mais ricos, enquanto dos pobres ele exige responsabilidade, políticas macroeconômicas saneadas e instituições estáveis para poder receber ajuda. Para a Intermón-Oxfam, o encontro de Monterrey foi "uma oportunidade perdida". As ONGs européias acreditam que já é hora de criar uma aliança contra a pobreza, embora considerem que falta vontade política para tanto. A prova é que demorou somente um mês para a criação da chamada "aliança contra o terrorismo".[21]

Com esses antecedentes, desconfiamos, e tomara que estejamos errados, que os objetivos da Declaração do Milênio das Nações Unidas a favor do desenvolvimento e da erradicação da pobreza irão ficar, mais uma vez, na mera retórica, tal como já aparece no Relatório de 2002 do PNUD. Nele se reconhece que, embora tenham ocorrido progressos em alguns países "em grande parte do mundo, geralmente nas regiões mais pobres, não há muitas esperanças de conseguir os objetivos" (PNUD, 2002, p.17). E isso apesar de que a erradicação da pobreza não tenha sido considerada somente como uma meta de desenvolvimento, mas declarada como a *tarefa central dos direitos humanos no século XXI* (Relatório do PNUD de 2000).

O enfraquecimento da democracia

Conforme vimos, uma das conseqüências das propostas neoliberais e de suas práticas socioeconômicas e políticas é a situação de precarização dos direitos humanos, tanto os relacionados com os direitos socioeconômicos quanto os direitos políticos, estes últimos principalmente em virtude dos atentados de 11-S. A globalização neoliberal vai além do âmbito da economia para deixar sua influência nas relações sociais e políticas. E, mais do que isso, com a extensão da globalização houve um progressivo enfraquecimento dos sistemas democráticos, tanto pela dependência do poder político ao poder econômico como pela perda de nossa participação como cidadãos nos assuntos políticos de nosso interesse. É o que Ulrich Beck assinala como o perigo do "autoritarismo democrático". Nas palavras de François Houtart (2001, p.92), "durante o período neoliberal, que começa em meados de 1970, assiste-se a uma lenta decadência do exercício da democracia: menos controles democráticos sobre a área econômica e uma acentuada despolitização".

No Capítulo 2 analiso a importante e preocupante deterioração da democracia em muitos países, assim como nas relações internacionais, em virtude dos atentados de 11 de setembro nos Estados Unidos, aspectos que, conforme abordamos no Capítulo 3, deixam sua inequívoca marca nos sistemas educativos.

AS CONSEQÜÊNCIAS DA GLOBALIZAÇÃO NEOLIBERAL NA EDUCAÇÃO: DA EDUCAÇÃO COMO DIREITO À EDUCAÇÃO COMO MERCADORIA

A globalização neoliberal exerce uma influência evidente nos processos educativos em um duplo sentido. Por um lado, como é uma das realidades que está marcando de forma predominante nossa própria realidade, ela deve ser objeto de estudo nas escolas. Por outro, a globalização neoliberal afeta diretamente a educação na medida em que reflete e traça de uma determinada forma a ação educativa, tanto em sua dimensão política educativa quanto em sua dimensão didática e organizacional. Nesse sentido, o neoliberalismo aplicado à educação significa, fundamentalmente, priorizar a economia no currículo, e isso traz o estabelecimento da prioridade da economia nos objetivos e conteúdos do sistema educativo. A eficácia produtiva deve estar no centro da sociedade e a escola deve servir a tal objetivo. Esse pensamento supõe transformar e aplicar no sistema educativo as leis do mercado, estimulando a competitividade entre as escolas, a liberdade dos "consumidores" de selecionar a escola e o gerenciamento das mesmas a partir de parâmetros empresariais. Também não podemos esquecer que as formas dominantes de produzir, de consumir e de se relacionar geram determinados modelos de socialização que podem entrar em conflito com os pressupostos educativos de uma cultura de paz, estruturada na plena democratização e no cumprimento dos direitos humanos. Conflito que não podemos evitar nas escolas e sobre o qual é preciso ter uma boa formação.

Conforme destacamos (Jares, 2003a), consideramos que o principal flanco de ataque da ideologia neoliberal no âmbito educativo é a tentativa de converter *a educação em um bem de consumo a mais, em vez de ser um direito*. No entanto, a educação é um direito fundamental, reconhecido como tal na Declaração Universal dos Direitos Humanos em seu artigo 26.1. Direito que, hoje em dia, não é cumprido para um setor importante da população mundial, como mostra o Relatório do PNUD de 2002: 850 milhões de adultos não sabem ler e escrever, dos quais as duas terças partes são mulheres, e 113 milhões de meninos e meninas não estão escolarizados.

Contudo, os critérios de eficácia econômica não são mimeticamente transferíveis ao campo dos direitos, mas isso não significa que não seja necessário racionalizar e priorizar gastos diante de recursos escassos. Além disso, o mercado não é o espaço idôneo para tomar decisões em educação. O direito à educação é um direito humano e, como tal, tão essencial como o direito ao ar e à água. "O mundo gasta anualmente 800 bilhões de dólares em armamento, mas não pode juntar os 6 bilhões ao ano necessários para dar escola a todas as crianças do mundo no ano 2010" (Fuentes, 2002, p.64).

O projeto de transformar a educação como direito em educação como mercadoria tem dois impedimentos fundamentais. Em primeiro lugar, como já afirmamos, aplicar à área educativa os princípios econômicos neoliberais que, por sua vez, dividem-se em dois grandes interesses: submissão das escolas ao mundo da economia e, por outro, dar total liberdade aos grandes interesses econômicos de empresas, congregações religiosas, etc. ligadas à área educativa. Em segundo lugar, servir aos interesses ideológicos do neoliberalismo, sob o amparo da liberdade de escolher a escola e a educação mais idônea para as famílias. Assim, os direitos, nesse caso o direito à educação, não podem estar submetidos às oscilações do mercado, nem podem se transformar em um bem de consumo que fique à disposição daqueles que querem consumi-lo e que têm possibilidades econômicas para fazê-lo. Portanto, a natureza dos direitos é incompatível com a natureza do mercado. Os direitos devem estar garantidos para todas as pessoas, independentemente de sua origem social. Conforme foi dito em inúmeras ocasiões, os direitos não podem ser comprados nem vendidos. Pela ótica neoliberal, os alunos seriam os consumidores, com a prévia decisão de seus pais, o professorado seria o agente que satisfaria a demanda dos clientes, pais e estudantes, as escolas seriam as unidades de produção, como uma empresa a mais, e a educação seria o produto que seria ofertado no mercado. Tudo isso encoberto pela linguagem ideológica da excelência, da qualidade, da competitividade, da eficácia, de melhores resultados, etc.

Essa é, precisamente, uma das marcas perversas da globalização neoliberal, tal como já vimos: transformar o planeta em um grande hipermercado no qual tudo se compra ou se vende e no qual o Estado tenha um papel de testemunha. Conforme observamos, para a ideologia neoliberal o que importa é o mercado e a transformação dos processos educativos em produtos, e a educação passa a ser considerada como uma grande possibilidade de mercado, "o grande mercado do século vindouro", como afirmou o ex-ministro francês da Educação Claude Allègre, em vez de um bem público (Laval, 2004). Um bom exemplo disso podemos ter na ênfase da Lei Orgânica da Qualidade da Educação (LOCE), aprovada pelo governo conservador espanhol em dezembro de 2002, centrada nos resultados dos estudantes, no produto e na competitividade entre as escolas. Esse conflito é, precisamente, outro dos desafios fundamentais que deve fazer parte do currículo democrático de nossos estudantes.

Em suma, o sistema desregulado de mercado dará mais oportunidades àqueles que já possuem mais recursos e, portanto, maiores possibilidades de formação. Por isso fazemos nossas as palavras de Gimeno Sacristán (1998, p.318) quando conclui: "Em nome da democracia é preciso combater a linguagem e os mecanismos do mercado na educação" e defender o projeto da escola pública, pois ela deve continuar encarnando os ideais éticos de igualdade, cultura e solidariedade. De forma semelhante Jurjo Torres Santomé (1999, p.118) afirma: "Atacar o Estado enquanto garantidor de serviços públicos significa renunciar aos modelos de sociedade em que todos os homens e mulheres, independentemente de suas origens de classe social, gênero, religião e etnia, possam ter possibilidades e garantias de acesso à educação e à cultura, à saúde, a um salário mínimo e a uma velhice digna. Equivale a aumentar ainda mais as desigualdades, as distâncias entre aqueles que dispõem de recursos e aqueles que não dispõem".

Mais claramente, a transformação do direito à educação em um bem de consumo é realizada a partir de diversas estratégias que estão tendo conseqüências muito importantes e muito visíveis em nossas práticas e em nossos discursos pedagógicos nos últimos anos. Entre elas citamos:

– *A transformação das escolas em empresas*

O estabelecimento do mercado na educação supõe a consideração e a organização das escolas como empresas, sua subordinação ao mundo da economia e a aplicação das leis do mercado, a liberdade de empreendimento e a competitividade entre elas. Partindo dessa ótica, os alunos e seus pais já não são considerados membros de uma comunidade educativa, com direito a participar na gestão e na definição das marcas de identidade da escola, mas consumidores de um serviço sobre o qual têm direito de opinar como clientes, e, especialmente como tais, na decisão que se considera a mais importante, que é o direito de escolher a escola. "A escola deve ser administrada pela lógica do *marketing*, sendo obrigada a criar técnicas mercantis para atrair o cliente, deve desenvolver a inovação e esperar dela uma 'reconstrução da imagem' ou recomposição financeira, deve se vender e se posicionar no mercado, etc." (Laval, 2004, p.155-156).

Esse enfoque empresarial exige igualmente a chamada profissionalização do professorado e sobremaneira dos diretores, que são considerados como administradores e não como docentes. Há novas relações entre o grupo docente que trazem junto com elas uma maior hierarquização, dando um grande poder aos diretores(as) enquanto "chefes de empresa". Como afirma Christian Laval a respeito da formação dos diretores na França, a obsessão era formá-los como administradores: "O mais importante é a transformação dos novos diretores, que devem compreender, sobretudo, que já não são docentes. Desde o início da década de 1970, a orientação no sentido de empresa torna-se explícita nos programas de formação dos dirigentes da educação" (Laval, 2004, p.352). Algo parecido também ocorreu na Espanha: ainda que não tenham chegado ao extremo de propor institucionalmente a ruptura entre dirigentes e professorado, existem aqueles que a apregoam.

No entanto, pela natureza de suas funções as escolas nunca podem ser iguais ou equiparáveis a uma empresa. Essa natureza faz com que sua própria dinâmica organizacional interna seja diferente, o tipo de interações que se estabelecem sejam diferentes, os ritmos de trabalho, a concepção do espaço e do tempo, etc. sejam radicalmente diferentes. Da mesma forma, os parâmetros de avaliação também não podem ter a mesma finalidade – maior produtividade na área empresarial com o menor custo – nem as mesmas estratégias – em educação não se pode avaliar unicamente por meio de somas e subtrações. Miguel A. Santos Guerra (1999, p.92-93) apresenta diferentes razões para rejeitar o propósito de organizar a escola como uma empresa:[22]

- Em primeiro lugar, pela natureza de suas funções e de suas finalidades, o produto de trabalho da escola não é facilmente mensurável, a não ser que caiamos em simplificações enganosas e perversas que quase sempre são aplicadas em prejuízo dos mais desfavorecidos.
- A tipologia da autoridade: a especial natureza da autoridade educativa é bem diferente da que tem um gerente em uma empresa.
- As características das relações: as relações que se estabelecem nas escolas estão voltadas para a formação, para o conhecimento e o crescimento pessoal, enquanto que as relações hierárquicas das empresas estão voltadas para a busca do benefício.
- A peculiaridade dos profissionais: os profissionais da educação precisam se coordenar para realizar seu trabalho, enquanto que nas empresas são dirigidos a partir de pressupostos impositivos.

- O caráter de seu funcionamento: a natureza das funções de uma escola é radicalmente diferente de uma empresa.
- A idiossincrasia de seus "clientes": na escola trabalha-se com e sobre pessoas com vontades e sentimentos, pessoas com história, expectativas e responsabilidades, que não são equiparáveis aos produtos das empresas.

– *O mercado e a livre competição entre escolas como garantidores de qualidade e liberdade*

Essa mesma lógica empresarial aplica-se à desregulação do Estado[23] para que, por meio do discurso da autonomia das escolas e da "necessidade" de que o Estado corte os gastos com educação, obrigue-se as escolas a buscar financiamento. Uma porta não só para a entrada das empresas nas escolas, mas também para aumentar a desigualdade entre elas em função dos contextos sociais em que se situam. E isso significa que alguns "clientes" irão ganhar e outros, perder. A evidência empírica confirma que no mercado educativo desregulado os menos ricos e com menos recursos culturais não podem escolher as escolas de mais qualidade, seja porque não sabem ou porque não podem fazê-lo.

Uma conseqüência importante da ideologia do mercado na educação é o conflito entre essa posição e os valores da compreensibilidade.[24] Conflito vivido de forma muito clara na Espanha em virtude do debate sobre a polêmica Lei Orgânica da Qualidade da Educação (LOCE). Vejam no Quadro 1.2 algumas diferenças entre ambas as posições (Ball, 1994, p.146).

– *A volta aos pressupostos de neutralidade e objetividade*

Essa ideologia apóia-se na concepção técnica da educação desligada de seus contextos sociais e econômicos e a partir de uma retórica de neutralidade. Assim, as escolas e os professores dessas escolas são os responsáveis pelos "níveis educativos" que "objetivamente" serão medidos com "provas objetivas". Nesse sentido, será estabelecido um *ranking* de escolas em função dos resultados obtidos. A aplicação de provas e o restabelecimento da aprovação no final do ensino médio estabelecida pela nova Lei da Qualidade (LOCE) são um bom reflexo desse discurso. Essa ideologia e essa forma de agir trazem junto com elas uma série de efeitos perversos, alguns já citados e analisados, que algumas experiências no mundo anglo-saxão estão colocando sobre a mesa para serem analisadas. Assim, entre os efeitos perversos citados por Rea e Weiner (2001, p.41-43), vale a pena destacar que determinadas escolas situadas em regiões desfavorecidas não só não obtêm mais fundos para reequilibrar sua diferença de verba, como, também, está havendo um aumento das diferenças entre as escolas "boas" e "ruins", com a conseqüente desmoralização e impotência dos professores que trabalham nesse tipo de instituições.

Quadro 1.2
Comparação entre os valores da compreensibilidade e os valores do mercado

Valores da compreensibilidade	Valores do mercado
Atenção às necessidades individuais (da escola e dos estudantes)	Atenção às conquistas individuais (das escolas e dos estudantes)
Atenção à integração comunitária (aulas mistas, acesso dos estudantes sem diferenciar)	Atenção à diferenciação ou à hierarquia (localização, classificação, seleção, exclusão)
Ênfase em destinar os recursos para onde são mais necessários	Destinação de recursos segundo a lógica dos mais capazes
Cooperação entre escolas e estudantes	Competição entre escolas e estudantes
Avaliação ampla apoiada na variedade de qualidades	Avaliação restrita apoiada naquilo que contribui para alcançar lucros
Valorização da educação para todas as crianças em condições de igualdade	Valorização da educação em relação aos custos e rendimentos

– *A concepção utilitarista da qualidade e da eficácia*

A marca neoliberal da qualidade faz com que esta seja apresentada a partir do que interessa e é "vendido" no mercado. Aquilo que é vendido é bom e a qualidade fica, assim, condicionada aos interesses do mercado. Ao mesmo tempo, partindo dessa concepção ideológica da qualidade, tenta-se objetivá-la e universalizá-la como se só existisse uma única forma de concebê-la. O discurso pedagógico fica impregnado de vocábulos e parâmetros supostamente técnicos, deixando de lado qualquer debate sobre as funções que o sistema educativo deve desempenhar, sobre as causas do fracasso escolar, a formação para os valores defendidos pelos temas transversais, etc. Sobre essa questão, tão importante para a boa formação da cidadania, é muito eloqüente o silêncio da LOCE em relação à transversalidade.[25]

A obsessão pela eficácia como finalidade central tanto da vida social em seu conjunto como mais especificamente da vida educativa, confundindo eficácia com qualidade, leva a considerar que qualquer atividade humana deve ser regida pelos padrões de economia, chegando a justificar a utilização de qualquer meio para conseguir objetivos preestabelecidos.[26] Como foi dito, a qualidade humana não reside na eficácia e na economia, mas "no valor antropológico e ético dos processos e das interações em que se envolvem os sujeitos humanos" (Pérez Gómez, 1999, p.49). A eficácia deve, então, ser regida por seu próprio significado, eficácia para que e a quem beneficia. Nesse sentido, concordamos com diversos autores (Ball, 2001; Hamilton, 2001; Santos Guerra, 1999; Slee e Weiner, 2001), quando assinalam que a eficácia escolar é uma idéia epistemologicamente problemática e politicamente desordenada e maleável, além de ser simplista e, portanto, perigosa para a finalidade do sistema educativo.

Também é muito importante destacar o aparecimento da denominada cultura da culpa (Ball, 2001; Hargreaves, 1996; Rea e Weiner, 2001; Torres Santomé, 2001a), gerada nas escolas pela ideologia mercantilista com suas "vacas sagradas" de eficácia, excelência, competitividade, etc., submetendo-as a uma competitividade desligada de seus contextos econômicos, sociais e culturais. "Ao culpar as escolas individualmente por alguns rendimentos que estão abaixo da média, reafirma-se e se reforçam as razões para criar o mercado educativo e introduzir a competição entre elas. Não só se criou uma cultura de culpa, mas esta também se utilizou de base teórica para a dotação ou negação de recursos. Alguns bons efeitos da escola, destacam alguns, não têm preço: uma escola ruim custa o mesmo que uma boa" (Rea e Weiner, 2001, p.33).

– *O fomento do individualismo e do conformismo*

Esse valor da competitividade tem como efeito o reforço do individualismo, "no qual cada pessoa acaba vendo cada um dos outros seres humanos como um rival, como alguém a quem derrotar. No fundo, a vida seria vista como certos jogos olímpicos em que o êxito de cada atleta equivale ao fracasso daqueles com os quais compete. O outro é transformado sempre em rival a ser derrotado e não em ser humano com o qual colaborar, que nos ajuda e é ajudado por nós" (Torres Santomé, 2001a, p.61). As pessoas são consideradas de forma isolada e desconectadas do conjunto dos processos sociais em que vivem. Os problemas, aspirações, opções de futuro, explicações da realidade, etc. aparecem de forma individual. As prioridades e as preocupações que se pretende transferir para o conjunto da população vêm dadas de forma individual, de dietas alimentares a tratamentos estéticos ou psicológicos, assim como os próprios problemas educativos. O êxito ou o fracasso escolar é explicado unicamente de forma individual, isto é, pelas capacidades, pelo esforço – a denominada cultura do esforço na nova lei –, além das escolhas pessoais. Assim, também o êxito ou o fracasso social dependem igualmente, salvo exceções, dessas três circunstâncias individuais, deixando de lado as condições estruturais que condicionam, e em muitos casos determinam, as possibilidades de êxito.

Do mesmo modo, "a busca da identidade pessoal da maioria dos indivíduos da sociedade pós-moderna parece vinculada à competitividade profissional e à diferenciação pelo consumo como indicadores de *status*" (Pérez Gómez, 1999, p.42). Essa busca apresenta como resultado, do ponto de vista político, que "o indivíduo privado seja o eixo da definição social, não o cidadão que ativa e autonomamente participa naquilo que o afeta, isto é, na política tal como os gregos a entendiam" (Angulo Rasco, 1999, p.29). Essa primazia do individualismo como estratégia explicativa teve suas idas e vindas no campo educativo. Com a ascensão do processo de globalização neoliberal o individualismo recuperou sua grande força, explicando os processos educativos, como pode ser o caso do fracasso escolar, a partir de formas estritamente individuais.[27] Por isso a importância e o *revival* que estão tendo as perspectivas psicologistas que descontextualizam a realidade dos estudantes e das escolas. É o predomínio das denominadas teorias "psi" (Lipovetsky, 1998; Tadeus da Silva, 2000) e da psicologização das reformas educativas (Torres Santomé, 1991; Popkewitz, 1994; Varela, 1991) e, no geral, a aposta pós-moderna na "*psicologização* do social, do político, da cena pública em geral, na subjetivização de todas as atividades antes impessoais ou objetivas" (Lipovetsky, 1998, p.14). Esse tipo de análise indica que a centralidade do indivíduo e da psicologia nos estudos educativos, além de deixar de lado a natureza política da educação,[28] não leva a uma maior autonomia dos indivíduos. Nesse sentido, é muito pertinente e perspicaz a chamada de atenção realizada por Ángel I. Pérez Gómez (1999, p.46-47) quando diz "mas não podemos nos enganar, o mercado requer a individualização dos clientes, mesmo que de nenhum modo promova sua autonomia.[29] A individualização acomoda-se às exigências de diferenciação e de diversificação da oferta. A autonomia individual, ao contrário, pode significar um obstáculo porque o indivíduo autônomo pode se opor às orientações externas, denunciar a manipulação das aparências e propor alternativas aos modos atuais de produção, distribuição e consumo" .

Tudo o que foi dito carrega consigo um feroz ataque à escola pública e à criação interessada da crise da educação, como um processo que se desfaz por suas próprias fraquezas internas. "A resposta para a progressiva descoberta do fracasso escolar foi a evocação da crise e do pânico – morais, acadêmicos e culturais. Dizemos que é uma crise fabricada" (Slee e Weiner, 2001, p.11). Sem negar que existem aspectos que precisam ser realmente melhorados, como é no contexto espanhol a disciplina pendente de formação do docente, e muito especialmente o ensino médio e a universidade, concordo com Zigmund Bauman quando sugere que *a crise educativa não acontece somente pelas falhas da teoria pedagógica ou das práticas profissionais do professorado, mas, sim, pela impulsão corrosiva da ideologia neoliberal,* do *populismo educativo.* Dito com suas palavras: "Sugiro que o insuportável sentimento de crise experimentado pelos filósofos, teóricos e profissionais da educação, em maior ou menor grau, essa versão atual da sensação de 'viver em encruzilhadas', a busca febril de uma nova autodefinição e idealmente também de uma nova identidade, têm pouco a ver com as falhas ou erros ou a negligência dos pedagogos profissionais ou com os defeitos da teoria educativa, mas têm muito a ver com a fusão universal de identidades, com a desregulação e a privatização dos processos de formação da identidade, a dispersão das autoridades, a polifonia de mensagens de valor e o conseqüente caráter fragmentário que caracteriza o mundo em que vivemos, o mundo que prefiro chamar de 'pós-moderno'". (Bauman, 2001, p.147).

NOTAS

1. As transações financeiras diárias chegam a ser quantificadas em cerca de dois trilhões de dólares em média, equivalentes, por exemplo, à produção de bens e riquezas de um país como a França em um ano (Estefanía, 2002, p.45-46).
2. Ramonet contesta, assim, o presidente Bush quando em seu discurso sobre o estado da União de 29/01/02 referiu-se ao eixo do mal, formado pelo Iraque, Irã e Coréia do Norte.
3. Como diz Sami Naïr, "os meios de comunicação, nas mãos de temíveis potências financeiras, dedicam-se diariamente a produzir o consenso e a submissão diante do imenso engano. A manipulação política e cultural nunca foi tão grande como hoje" (2002b, p.14). Abordamos essa questão no Capítulo 4.
4. Como disse o escritor mexicano Carlos Fuentes, "longe de haver terminado, a história está mais viva do que nunca, mais conflituosa, mais desafiadora do que nunca" (2002, p.107).
5. Alain Touraine (2001) defende a tese de que em vez de globalização deveríamos falar de trilateralização, no sentido de que é nesses três espaços que ocorrem os intercâmbios econômicos.
6. Samí Naïr também destaca o caráter ideológico da "mundialização" baseado em "uma série de dogmas" (2002b, p.14).
7. Conforme abordamos no terceiro item deste capítulo, a dimensão ideológica é particularmente importante para a área educativa pelo tipo de valores com os quais o neoliberalismo pretende moldar a cultura e as relações sociais. Assim, a competitividade, a exaltação do triunfo e da riqueza – inclusive em alguns casos à custa de práticas corruptas –, a revalorização do individualismo, entre outros, são parte central desse modelo ideológico.
8. Na área francófona, como no caso desse autor, é costume empregar a palavra mundialização.
9. É óbvia e evidente a enorme importância educativa que têm as repercussões da precariedade, que abordamos com mais detalhe no item dedicado aos efeitos da globalização neoliberal na educação.
10. Castoriadis considera que estamos vivendo a época mais resignada da história moderna.
11. Por exemplo, Vaclav Claus, presidente da Câmara dos Deputados da República Checa e ex-primeiro ministro declarou, sem nenhum tipo de escrúpulo, que se dependesse dele "suprimiria o estado social conquistado na Europa" (*El País*, 14/3/2002).
12. No caso dos jovens, os sindicatos deram o número de 70% do total dos contratos como um argumento a mais na greve de 20-J de 2002.
13. Uma das iniciativas mais esperançosas que existe na Espanha contra a exclusão social é a que está sendo realizada pela Fundação RAIS, instituída em Madri em fevereiro de 1998 e presidida desde seu início por Carmen Sacristán. Hoje conta

com sedes em Valencia, Bilbao e San Sebastián. Para contatar: www.rais-tc.org. Telefone: 91725 54 18.

14. Conforme é mostrado nesse Relatório, em toda a década de 1990, embora o número total de pessoas que vivem na pobreza tenha diminuído um pouco, o que dá lugar a uma relativa esperança, os níveis continuam muito altos. Passou de 1,276 bilhão em 1990 para 1,151 bilhão em 1999 (PNUD, 2002, p.18).
15. Como acontece para os diferentes territórios, não existem coincidências nos dados apresentados pelos diferentes estudos. Assim, entre os dados apresentados pelo GES para a *Xunta de Galicia* e EDIS para FOESSA, fundação dependente da Caritas, há uma diferença de nove pontos percentuais. O primeiro fala de 13% de pobreza, enquanto que o segundo diz que chega a 22%. Este último é o que também dá González Avión (2000). A discrepância entre um e outro está no fato de que o primeiro usa como referência a renda média familiar da Galícia, enquanto o segundo, a renda média do conjunto da Espanha.
16. A dimensão desse fenômeno nos países avançados é tal que no Relatório de 1998 o PNUD incluiu um novo Índice de Desenvolvimento Humano, adaptado aos países industrializados que, além das dimensões de sobrevivência, conhecimentos e rendas, introduz uma quarta dimensão: a exclusão social, medida pela percentagem de pessoas que estão desempregadas há muito tempo.
17. No Relatório do ano anterior, 2001, aparecia o número de 335 milhões de crianças sem escolarização (PNUD, 2001).
18. Nesse sentido, o citado Relatório mostra que é preciso duplicar a Ajuda Oficial ao Desenvolvimento (AOD) para poder cumprir os objetivos de Desenvolvimento do Milênio.
19. Notem que os números não coincidem com os apresentados na citação anterior.
20. Nessa cúpula foi aprovada na Assembléia-Geral das Nações Unidas a denominada *"Declaração do Milênio"*, na qual os chefes de Estado e representantes de todos os países comprometeram-se com uma série de objetivos para o ano 2015, entre os quais reduzir à metade a proporção de habitantes do mundo que passam fome e conseguir a freqüência universal no ensino fundamental.
21. É preciso ressaltar que o documento final, Consenso de Monterrey, havia sido previamente aprovado por um Comitê preparatório em Washington em 25 de janeiro, e que, com ligeiras variações, foi oficialmente aprovado. Da mesma forma, a "dança dos números" e as expectativas que haviam sido criadas com a ajuda norte-americana ficou em um modesto aumento: diante do PIB dos Estados Unidos de cerca de 9,9 trilhões de dólares, os 15 bilhões de ajuda acrescentados representam 0,15%, isto é, um avanço de 0,05% a mais em relação ao ano de 2000, sensivelmente menor ao da União Européia (0,39% em média). Em resumo, e como já foi dito, outra ocasião perdida para abordar os verdadeiros problemas produzidos pela pobreza e propor as medidas para eliminá-la.
22. O que não significa, em nossa opinião, que não possa haver, e de fato há, vários aspectos comuns.
23. "O termo desregulação vem da economia política e designa a não-participação do Estado na organização da economia e do trabalho. Transferido para a educação, o conceito faz referência à falsa descentralização escolar, pela qual as escolas vêem-se obrigadas a assumir uma 'autonomia' em que não vêm assegurados nem uma cota constante de alunos, nem, o que é mais importante, recursos orçamentários e humanos. As escolas terão de competir por sua cota de mercado, oferecendo um

serviço determinado de acordo com os objetivos que devem cumprir e sob o controle de um sistema de avaliação externo" (Angulo Rasco, 1999, p.31).

24. Gimeno Sacristán define a compreensibilidade como "uma forma de organizar a escolarização em que, dentro de uma mesma faixa de idade, geralmente referente à educação obrigatória, os estudantes ingressam em um mesmo tipo de escola (não existe divisão, por exemplo, entre ensino profissional para uns e formação não-profissional para outros). Nessa forma de organização um mesmo currículo básico é trabalhado para todos" (1998, p.317).
25. Essa questão é analisada em Jares (2003c).
26. Esse pressuposto é, precisamente, o contrário do que defendemos a partir da educação para a paz: a plena coerência que deve existir entre os fins e os meios (ver Jares, 1999b).
27. Um exemplo claro disso é a Lei Orgânica da Qualidade do Ensino, impulsionada e aprovada pelo anterior governo conservador espanhol.
28. Como destaca Tomaz Tadeus da Silva, "a psicologização da educação implica, necessariamente, sua despolitização" (2000, p.18).
29. Aspecto reincidente nas propostas da educação crítica e especialmente enfatizado a partir da tradição não-violenta da educação para a paz.

2

Unilateralismo, guerra preventiva e terrorismos

> O terror nunca prepara o caminho para chegar à justiça, mas leva ao caminho mais curto para chegar ao inferno. (Mahmud Darwish et al., 2001)
>
> Digo que a semente do fanatismo sempre brota ao se adotar uma atitude de superioridade moral que impede de chegar a um acordo. (Amos Oz, 2002, p.21)

Vimos no Capítulo 1 as principais características e conseqüências da globalização neoliberal. Neste capítulo abordamos o segundo processo social que, conforme assinalamos na Introdução, está tendo uma maior influência na configuração da realidade atual: a política hegemônica ou neo-imperialista norte-americana. Política que, além das estratégias econômicas e culturais, configura-se no político por meio do unilateralismo e do denominado conceito de guerra preventiva. Por isso analisamos, em primeiro lugar, a instituição do unilateralismo a partir do 11-S e suas conseqüências sociais e políticas. Em segundo lugar, examinamos o conceito de guerra preventiva, mostrando, também, as razões para sua rejeição. Em terceiro, entramos no fenômeno sempre delicado e poliédrico do terrorismo, utilizando a expressão terrorismos para nos referirmos aos diferentes tipos de terrorismo, principalmente ao chamado "terrorismo global" e aos terrorismos locais ou nacionais, como é na Espanha o caso do terrorismo do ETA. Falamos, então, de "terrorismos" no plural porque, embora compartilhem o fato de serem ações violentas fundamentalmente contra civis, são de natureza e âmbitos diferentes. Para analisar essas realidades partimos dos atentados terroristas de 11 de setembro em Nova York e Washington, para continuar com as formas de terrorismo de Estado até chegar aos atentados terroristas de 11 de março em Madri.

Mas, antes de começar essa análise devemos deixar claro que o ponto de partida real do unilateralismo precisa ser situado na queda do muro de Berlim em 1989 e no desmembramento do grande bloco rival dos Estados Unidos, a extinta União Soviética, e no Pacto de Varsóvia, e não no 11 de setembro de 2001. Realmente, com o final da guerra fria, os Estados Unidos ficaram como o grande vencedor, a única hiperpotência política, econômica, tecnológica e militar do planeta, conscientes de que haviam ganhado essa guerra, talvez a vitória mais importante de toda a sua história. Por isso fala-se dos Estados Unidos como um novo tipo de império capaz de manter tudo sob controle graças ao seu potencial bélico e às suas tecnologias militares e informáticas em constante evolução.

Então, se isso é verdade, não há dúvida de que o dia 11 de setembro teve uma importância especial, não só por ter servido de pretexto para a instituição do unilateralismo e da doutrina da guerra preventiva como, também, pelos efeitos causados em relação à vulnerabilidade e às implicações emocionais, políticas e culturais que tiveram nos Estados Unidos e em outros países. Em outras palavras, se historicamente a dinâmica de promover as políticas do tipo imperialista surgiu muito antes do 11-S, também não podemos negar que esse fato histórico é o grande pretexto que utilizam para reafirmar e legitimar essas políticas.[1] Nesse sentido, damos importância ao 11-S por suas inequívocas conseqüências educativas.[2]

OS ATENTADOS DE 11 DE SETEMBRO E A INSTITUIÇÃO DO UNILATERALISMO

Não há dúvida de que os acontecimentos históricos que mais audiência tiveram neste novo século foram os execráveis atentados terroristas de Nova York e Washington em 11 de setembro de 2001. Alguns analistas chegaram inclusive a afirmar que o novo século começou nessa data; outros também a utilizaram para sinalizar o início da terceira guerra mundial. De qualquer modo, não resta dúvida de que esses acontecimentos e as políticas que se seguiram a eles tiveram e têm uma importância indiscutível, e nós estamos mergulhados em seus efeitos. Mas, além da morte e da destruição, quais as conseqüências provocadas pelos atentados de 11 de setembro? Em nossa opinião, foram ativados quatro tipos de processos sociais, estreitamente inter-relacionados, mas de modo algum novos, pois, na realidade, tais processos estavam presentes antes daquele dia. Em relação à guerra do Iraque, iniciada pelos Estados Unidos em março de 2003, embora preparada e difundida mais de um ano antes, diferentes autores apresentaram suas suspeitas de que a decisão já estava tomada antes dos atentados de 11-S.[3] A única coisa realmente nova é o fato de que os atentados terroristas ocorrem pela primeira vez em território norte-americano e, também, o medo desencadeado na população unido ao sentimento de vulnerabilidade.[4] Mas não há dúvida de que os atentados de 11 de setembro acentuaram quatro processos que explicamos a seguir, com claras e inequívocas repercussões sociais e educativas.

A recuperação da ideologia dualista e maniqueísta da guerra fria

Essa foi a primeira idéia que a administração conservadora do presidente George W. Bush se esforçou em divulgar de maneira insistente e contínua.

Idéia que chega até nossos dias. É a visão dualista, simples e preocupante do mundo: nós, os bons, diante do "império do mal",[5] "o eixo do mal", os "estados vândalos", etc. Recuperação dessa ideologia porque antes o malvado era o comunismo, enquanto que hoje é o Islã, o terrorismo muçulmano e até mesmo, conforme assinala Samí Naïr, o próprio muçulmano (1995, p.37).[6] Um exemplo ilustrativo dessa ideologia é o histórico discurso do presidente Bush em 29 de janeiro de 2002 sobre o estado da União em que situou o Iraque, o Irã e a Coréia do Norte como "países do eixo do mal", acusando-os de promoverem o terrorismo e desenvolver armas de destruição em massa. E quem disse isso foi o presidente do país que mais armas de destruição em massa tem e desenvolve, o presidente do país que em várias ocasiões rejeitou na Assembléia-Geral das Nações Unidas os acordos de desarmamento,[7] o presidente do único país do mundo que as usou, e contra a população civil![8] Nesse mesmo sentido R. D. Egan (2003, p.33) diz que "os Estados Unidos utilizaram repetidamente armas de destruição em massa, tanto se pensarmos no napalm usado no Vietnã, nas armas atômicas lançadas sobre o Japão, nas nem tão 'inteligentes' bombas no Iraque que mataram milhares de civis iraquianos inocentes, ou no embargo que se estima tenha custado a vida de cerca de um milhão de crianças no Iraque".

Essa simplificação e dualização da sociedade do tipo "aqueles que não estão comigo, estão contra mim" é um esquema conhecido e sofrido em várias partes do mundo, e também na Espanha em relação ao País Basco. É o reflexo fiel do *processo de polarização* que, suficientemente estudado, demonstrou ser um dos piores cenários a que se pode chegar para resolver um conflito. Entre outras coisas porque a polarização é responsável pela demonização do outro, nós, os bons diante dos outros, os maus. Esquema simples e perigoso que serve para justificar a existência do inimigo, e com isso as enormes cifras do complexo militar industrial. Pensamento que cultivou a administração norte-americana ao longo do mandato de George W. Bush, sendo insistentemente utilizado após os atentados de 11-S para justificar as posteriores guerras do Afeganistão e do Iraque. Na Espanha tem seu fiel representante no ex-presidente Aznar.

No Quadro 2.1 apresentamos dois exemplos ilustrativos dessa ideologia que podem ser utilizados em sala de aula. São fragmentos de dois discursos pronunciados pelo presidente dos Estados Unidos, George W. Bush: o histórico de 29 de janeiro de 2002 em que lançou a idéia do eixo do mal e o discurso diante da Assembléia-Geral das Nações Unidas, em 23 de setembro de 2003.

O medo da população e sua instrumentalização para favorecer a militarização da sociedade e a aprovação de novos investimentos militares

Os dias e meses posteriores a 11 de setembro foram utilizados pela maioria dos dirigentes e ideólogos da política norte-americana para empregar o

> **Quadro 2.1**
>
> Discursos de George W. Bush justificando a dualização e o maniqueísmo (fragmentos)
>
> Minha esperança é que todas as nações atendam ao nosso chamado e eliminem os parasitas terroristas que ameaçam os nossos e seus próprios países. Muitos países agem energicamente. O Paquistão agora reprime o terror e admiro a forte liderança do presidente Musharraf. Mas alguns governos são temerosos diante do terror. E que não fique dúvida alguma: se não agem, os Estados Unidos farão isso.
> Nosso segundo objetivo é prevenir que os regimes que respaldam o terror ameacem os Estados Unidos ou nossos amigos e aliados com armas de destruição em massa.
> Alguns desses regimes permaneceram bastante calados desde 11 de setembro. Mas conhecemos sua verdadeira natureza. A Coréia do Norte é um regime que está se armando com mísseis e armas de destruição em massa enquanto mata de fome seus cidadãos.
> O Irã anda obstinadamente à procura dessas armas e exporta o terror, enquanto alguns que não foram eleitos reprimem a esperança de liberdade do povo iraniano.
> O Iraque continua ostentando sua hostilidade para com os Estados Unidos e apoiando o terror. O regime iraquiano conspirou para desenvolver o antrax, o gás nervoso e as armas nucleares durante mais de uma década. Esse é um regime que já utilizou o gás venenoso para assassinar milhares de cidadãos de seu próprio país, deixando corpos de mães amontoados em volta de seus filhos mortos. Esse é um regime que aceitou as inspeções internacionais, depois expulsou os inspetores. Esse é um regime que tem algo a esconder do mundo civilizado. Estados como esses e seus aliados terroristas formam um eixo de maldade que se arma para ameaçar a paz do mundo. Ao tentar conseguir armas de destruição em massa, tais regimes representam um perigo grave e crescente. Poderiam oferecer essas armas aos terroristas, dar-lhes os meios equivalentes ao seu ódio. Poderiam atacar nossos aliados ou procurar extorquir os Estados Unidos. Em qualquer desses casos, o preço da indiferença poderia ser catastrófico" (Discurso sobre o estado da nação, 29 de janeiro de 2002).
>
> Os acontecimentos durante os dois anos anteriores colocaram diante de nossos olhos a mais clara divisão: entre aqueles que procuram a ordem e aqueles que disseminam o caos; entre aqueles que se dedicam às mudanças pacíficas e aqueles que adotam os métodos dos gângsteres; entre aqueles que respeitam os direitos do homem e aqueles que deliberadamente matam homens, mulheres e crianças, sem misericórdia nem vergonha.
> Entre essas alternativas não existe terreno neutro. Todos os governos que respaldam o terrorismo são cúmplices na guerra contra a civilização. Nenhum governo deveria ignorar a ameaça do terrorismo, porque desviar os olhos dá aos terroristas a oportunidade de se reorganizar, recrutar e se preparar. E todas as nações que combatem o terrorismo como se as vidas de seus próprios povos dependessem disso serão julgadas favoravelmente pela história" (Discurso diante da Assembléia Geral das Nações Unidas no dia 23 de setembro de 2003).

medo gerado pelos atentados em benefício das políticas armamentistas e belicosas, disfarçadas ou apoiadas na exaltação de um patriotismo cerceador da racionalidade e da compreensão. O medo e a "guerra contra o terrorismo" transformaram-se nos grandes pretextos para convencer a opinião pública norte-americana da suposta bondade das políticas repressivas, intervencionistas, autoritárias e discriminatórias. Nesse mesmo sentido concordam diferentes autores, como Mike Davis (2002) quando também fala da denominada "economia do medo", assim chamada pela imprensa financeira norte-americana para se referir às empresas militares e de segurança, "que se precipitaram em explorar a crise emocional nacional" (Davis, 2002, p.39). Tiziano Terzani também pensa o mesmo sobre essa análise quando diz que "a guerra contra o terrorismo hoje é usada para a militarização de nossas sociedades, para produzir novas armas, para gastar mais dinheiro com a defesa" (2002, p.156).

Realmente, depois de 11 de setembro e da declarada "guerra contra o terrorismo" acentuou-se, nos Estados Unidos, *a sacralização de tudo que é militar e a militarização de determinados âmbitos da sociedade*. Além da tentativa de instaurar o uso de tribunais militares para julgar os possíveis delitos de terrorismo cometidos por estrangeiros, não podemos esquecer a nomeação de militares para cargos-chave da segurança do Estado, até então ocupados por civis, e a doutrinação generalizada do conjunto da população nos rituais militares associados ao patriotismo norte-americano. Conforme destacou José Luis Sampedro (2003, p.55), "o terrorismo passa a ser o inimigo que faltava aos belicistas desde a derrocada da União das Repúblicas Socialistas Soviéticas, o terrorismo justifica o armamentismo e as intervenções militares onde forem mais convenientes, o terrorismo cria uma opinião submissa pelo medo geral que inspira, sobretudo por sua misteriosa invisibilidade, ameaçando das sombras qualquer pessoa e em qualquer parte".

Outra conseqüência dessa situação é o *grande aumento dos gastos militares*. A administração Bush aumentou sensivelmente o orçamento em gastos militares atendendo aos ditames do complexo militar-industrial, tal como se anunciava antes de 11 de setembro.[9] O próprio Bush já anunciava isso no primeiro discurso do estado da nação depois do 11-S: "Custa muito travar essa guerra. Gastamos mais de um bilhão de dólares por mês – mais de 30 milhões de dólares por dia – e devemos estar preparados para operações futuras. O Afeganistão demonstrou que as armas caras vencem o inimigo e salvam vidas inocentes, e precisamos de mais delas. Precisamos substituir as aeronaves velhas e tornar nossas forças armadas mais ágeis para colocar nossas tropas em qualquer lugar do mundo de forma rápida e segura. Nossos homens e mulheres de uniforme merecem as melhores armas, a melhor equipe e o melhor treinamento, assim como outro aumento de soldo. Meu orçamento inclui o maior aumento em gastos de defesa das duas últimas décadas, pois enquanto o preço da liberdade e da segurança é alto, nunca é excessivamente alto. Não importa o valor a ser pago para defender nosso país. Nós pagaremos" (discurso sobre o estado da nação em 29 de janeiro de 2002). Outro aspecto da irrefreável militarização é que as vozes críticas que existiam na política americana, com a revitalização da guerra das galáxias, e mais concretamente com o escudo antimísseis, desapareceram. A militarização do espaço será, então, relançada, levando o conjunto da humanidade a conseqüências imprevisíveis.

A perda de determinadas liberdades e o corte e a violação de determinados direitos humanos

Organizações como a Human Rights Watch ou a Anistia Internacional, entre outras, destacaram e avaliaram que desde a crise de 11 de setembro até hoje uma das vítimas é os direitos humanos, chegando mesmo a afirmar que desde 11-S eles sofreram o maior retrocesso desde sua proclamação. "O marco vigente do direito internacional e a ação multilateral estão experimentando atualmente o ataque mais forte desde seu estabelecimento há meio século" (Anistia Internacional, 2004, p.20). Realmente, em vários países do mundo, em nome da luta contra o terrorismo, foram adotadas, ou estão em processo de adoção, medidas que violam as garantias para a proteção dos direitos humanos, também no que se refere à liberdade de expressão.[10] No caso dos Estados Unidos, "as medidas processuais de exceção contra os estrangeiros não-residentes no território norte-americano supõem não só uma clara discriminação injustificada contra estes, proscrita por todos os tratados internacionais de direitos humanos, como também, e em tudo o que se refere às detenções de estrangeiros durante períodos de seis meses sem o adequado controle judicial, violam o direito à liberdade e, ao mesmo tempo, podem estimular a perpetração de torturas, tratamentos desumanos ou degradantes" (Gimeno Sendra, 2002, p.14).

Nessa mesma linha expressam-se outros autores como Carlos Taibo (2002b) ou Richard Falk (2003). O primeiro concorda com outros analistas que falam de uma "autêntica idade média das liberdades", sem dúvida exagerada, mas que, de qualquer modo, não esconde a coincidência em admitir a diminuição em termos de liberdade e em matéria de direitos humanos após o 11-S. Richard Falk relaciona essa perda de liberdades com uma cumplicidade por parte de um setor da cidadania e da geopolítica internacional. Concretamente, avalia esse processo a partir de três pontos de vista diferentes (Falk, 2003, p.85):

1. O 11 de setembro significou um duro golpe, e a evolução dos direitos humanos foi temporariamente paralisada. Durante os anos de 1990 o conceito de direitos humanos havia se aprofundado e seu alcance ampliado. A revolução experimentada no âmbito do direito internacional compreendia esse direito.
2. Os cidadãos manifestaram sua vontade de recusar certas garantias para proteger as liberdades constitucionais dentro de sua pátria. Considerando os temores provocados pelos ataques do terrorismo internacional, é possível dizer que essas liberdades passaram, sem dúvida, a ser vividas de maneira formal, passiva. Nesse contexto, o fervor patriótico acrítico contribuiu para aceitar qualquer medida que o governo decidisse adotar para tutelar a segurança e ir contra o terrorismo.

3. A nova geopolítica, com intenções imperialistas, promove alianças e submete os países a um jogo de poder e controle em escala global. As questões morais e éticas são deixadas de lado para privilegiar a luta contra "o mal", isto é, contra o terrorismo.

Também Mary Robinson, que foi alta comissionada da ONU para os Direitos Humanos, dizia o mesmo a respeito dessas reflexões em julho de 2002 quando falava sobre a necessidade de que as medidas adotadas pelos Estados Unidos para combater o terrorismo estivessem de acordo com os critérios internacionais dos direitos humanos:

"Em um artigo publicado em fevereiro passado, Michael Ignatieff,[11] diretor do Centro Carr de Política sobre Direitos Humanos, da Escola de Estudos Governamentais John F. Kennedy, de Harvard, disse de maneira categórica: 'O problema é saber se após o 11 de setembro a era dos direitos humanos chegou ao seu final'. Minha resposta é não. Na verdade, estamos encarando novas maneiras de dar uma resposta aos problemas muito profundos sobre a segurança humana em nosso mundo. Acredito que nos encontramos diante da enorme responsabilidade de manter rigorosamente os critérios de respeito aos direitos humanos, reconhecendo que eles também são o objetivo dos terroristas...

Apesar dos esforços para enquadrar a resposta contra o terrorismo dentro do direito penal nacional e internacional, após o 11 de setembro surgiu uma linguagem alternativa. Essa linguagem – que deu forma a uma resposta muito mais ampla em todos os níveis – utilizou a expressão 'guerra contra o terrorismo'. Isso provocou em muitas partes do mundo uma mudança sutil de destaque; a ordem e a segurança transformaram-se em prioridades absolutas, mesmo que o mundo tenha aprendido com o passado que insistir na ordem e na segurança nacionais tenha significado, com freqüência, uma restrição da democracia e dos direitos humanos" (2002).

Nessa estratégia de ataque aos direitos humanos, a *dicotomia ou dualidade que se estabelece entre segurança e liberdade* tem um papel essencial. Essa dicotomia não só é contraditória, como, além disso, é moralmente inaceitável. Os atentados contra a vida e a liberdade não podem ser combatidos com morte e com menos liberdade. Sem direitos humanos não pode haver segurança nem democracia. A defesa da segurança não pode acarretar mais insegurança para todos nem menos liberdade. É um contra-senso inaceitável que os atentados contra a liberdade tenham de ser combatidos com menos liberdade. Nesse sentido, as reflexões de Zygmund Bauman têm um significado especial quando dizem que o êxito ou o fracasso de uma sociedade democrática depende do equilíbrio entre liberdade e segurança. Por isso, ele considera que a democracia se enfraquece quando o equilíbrio tende a favor de algumas das duas condições, quando a liberdade ou a segurança é deficiente. "Em ambos os casos, o resultado é muito similar: um enfraquecimento das pressões democráticas, uma crescente incapacidade de atuar politicamente, uma retirada em massa da política e da cidadania responsável" (Bauman, 2001, p.69). Assim, por exemplo, foi possível constatar o aumento do racismo, especialmente em relação às comunidades árabes e à muçulmana em geral, e o cerceamento do princípio constitucional da igualdade, ao menos em relação ao princípio de não-discriminação por razões de crenças religiosas ou de origem de procedência. Os Estados Unidos e a Grã-Bretanha editaram medidas legislativas nesse sentido. No caso dos Estados Unidos, a "USA Patriot Act", de 26 de outubro de 2001, diz que o poder executivo pode intervir, sem autorização judicial, nas comunicações telefônicas e computadorizadas dos estrangeiros ou bloquear suas contas correntes durante 120 dias; também pode determinar sua detenção durante períodos renováveis de seis meses. Semelhantes condições tem a lei britânica: "Anti-terrorisme, Crime and Security Bill", de 14 de dezembro de 2001.

O norte-americano Gore Vidal é outro dos autores que com muita freqüência está denunciando a perda de liberdades nos Estados Unidos, ao mesmo tempo em que denuncia a utilização dos acontecimentos do 11-S como uma pressão a mais nesse corte de liberdades. Ele se atreveu, inclusive, a afirmar "o impressionante dano físico que Osama e companhia nos infligiram, a Terça Negra,[12] não é nada comparado com o baque contra nossas reduzidas liberdades... Uma vez alienado, um 'direito inalienável' corre o risco de se perder para sempre, e, nesse caso, já não seremos nem remotamente a última esperança da terra, mas pouco mais que um rasteiro Estado imperial..." (2002, p.329-330). Nesse mesmo sentido pronunciam-se outros norte-americanos: "Um dos acontecimentos mais chamativos após os atentados ao World Trade Center foi a eliminação quase que absoluta de qualquer voz discrepante e as impiedosas críticas dirigidas àqueles que divergiam da administração de Bush, ou até a linguagem utilizada para discutir os acontecimentos. Bill Maher, por exemplo, perdeu seu contrato com o programa de televisão *Politically Incorrect* (cujo próprio nome exige que seja exposta a opinião impopular) porque sugeriu que era mais covarde lançar mísseis a milhares de quilômetros de distância do que chocar um avião contra um edifício, e a congressista Bárbara Lee (democrata pela Califórnia) foi seriamente criticada por emitir o único voto contra conceder a George W. Bush permissão absoluta na resposta militar ao terrorismo" (Collins e Glover, 2003, p.23).

O *aumento do racismo* em relação aos estrangeiros, e sobretudo em relação à população muçulmana em geral e à árabe em particular, sem dúvida cresceu por causa do tipo de medidas jurídicas que comentamos, tal como denunciaram, entre outras organizações, a SOS racismo e a Anistia Internacional. Aumento que também se vê facilitado pelo desconhecimento que temos da cultura árabe e da muçulmana. Como disse Edward Said, mais do que um choque de culturas é um choque de ignorâncias (2001a), chamando nossa atenção sobre a desinformação e os estereótipos que estão sendo difundidos sobre os árabes e o Islã: "Na esfera pública, há muito pouco conhecimento positivo sobre os árabes e o Islã a que se recorrer para neutralizar essas imagens muito negativas que pairam por todas as partes: os estereótipos de um povo devasso, vingativo, violento, irracional e fanático persistem" (Said, 2001c, p.21). Estereótipos sobre os que, vários anos antes, ele já havia nos alertado sobre sua construção histórica no ocidente: "No cinema e na televisão, o árabe está ligado à lascívia e a uma desonestidade sanguinária. Aparece como um degenerado hipersexual, muito capaz, é certo, de tramar intrigas ardilosas, mas essencialmente sádico, traidor e vil. Comerciante de escravos, cameleiro, traficante, canalha obsceno: estes são alguns dos papéis tradicionais que os árabes desempenham no cinema. O líder árabe (líder de indesejáveis, de piratas e de "indígenas" insurgentes) com freqüência pode ser visto gritando com o herói ou com a loira, ambos ocidentais capturados (e cheios de santidade)... Por trás de todas essas imagens está a ameaça da Jihad; e sua conseqüência imediata é o temor de que os muçulmanos (ou árabes) invadam o mundo" (Said, 1990, p.338). E tem mais: Edwar Said chega a afirmar que se trata de "uma guerra cultural contra os árabes e o Islã" (1996) travada durante várias décadas na América do Norte: "as espantosas caricaturas racistas de árabes e muçulmanos sugerem que todos eles são ou terroristas ou xeiques, e que a região é uma grande extensão, árida e arruinada, apta somente para se tirar proveito dela ou para a guerra" (Said, 1996, p.463).

O Observatório europeu contra o racismo e a xenofobia tornou público um relatório em Bruxelas, oito meses depois dos atentados, em que constata o aumento do medo, da ansiedade e da desconfiança dos europeus em relação aos muçulmanos, tal como anteriormente ocorreu nos Estados Unidos. O Relatório também constata o avanço da extrema direita levantando a bandeira da islãfobia e do anti-semitismo. Constatação que também denunciava Mary Robinson (2002), "é especialmente preocupante que o ambiente criado após o 11 de setembro esteja afiançando na Europa uma mentalidade de fortaleza. Ao mesmo tempo em que os controles tornam-se mais rigorosos, ocorre um endurecimento do debate e da linguagem utilizada quando se fala dos solicitantes de asilo político e dos imigrantes. Isso, junto com o reaparecimento do anti-semitismo e o aumento da fobia ao Islã, são problemas que tanto os dirigentes quanto os cidadãos europeus devem deter" .

Na Espanha também foi possível constatar esse processo pelo aumento das agressões xenófobas contra os muçulmanos, conforme a denúncia de diferentes organizações, e pela criminalização do mundo muçulmano em virtude dos atentados de 11-S. E mais: o Relatório 2002 do SOS Racismo destaca que o discurso de prevenção e defesa em relação às comunidades muçulmanas "deixou de ser exclusivo dos partidos de extrema direita para se estender a todo o espectro social" (SOS Racismo, 2002, p.237), apesar de a população imigrante muçulmana na Espanha ser somente de 28% (310.643 pessoas). Destacam-se entre suas conclusões: "A islãfobia, propagada de forma explícita em alguns discursos públicos e de forma implícita nas políticas migratórias seletivas, é uma das dimensões do racismo que mais se acentua nos últimos tempos. Em alguns municípios, grupos de vizinhos organizam-se para impedir a instalação de mesquitas no bairro, muitas vezes com êxito, pois os responsáveis municipais cedem à pressão dos votos" (SOS Racismo, 2002, p.293). No último Relatório, correspondente ao ano de 2004, as mesmas críticas são reiteradas (SOS Racismo, 2004, p.255-259).

A constatação de que estamos tratando tem algumas conseqüências educativas evidentes, tanto no processo de análise dos materiais curriculares em relação à possível transmissão desses preconceitos e estereótipos quanto na necessidade de introduzir conteúdos sobre a cultura árabe, tal como propusemos anteriormente. Na Espanha, as pesquisas realizadas sobre livros didáticos concluíram afirmando que a maioria dos manuais reproduz preconceitos e expressa uma imagem negativa e distorcida do Islã. É o caso, por exemplo, da pesquisa coordenada por Joseph M. Navarro (1997), realizada com 217 livros de 32 editoras do Estado ligadas às áreas de ciências sociais, ética, filosofia, língua-literatura, música e religião, pertencentes a todas as etapas educativas. Concretamente destaca três conclusões:

a) "Um bom número de textos aventuram-se a desqualificar o Islã como fenômeno religioso, em virtude de expressar preconceitos que projetam uma imagem negativa do mesmo" (p.28). Entre eles, destacamos a associação que é feita em muitos textos entre Islã e violência, e também entre Islã e islamismo (p.31).
b) "A imensa maioria de nossos manuais escolares expressa idéias sobre o próprio conceito de Islã, que pouco ou nada têm a ver com a definição de Islã contemplada pelos próprios muçulmanos. Nenhum dos manuais estudados atém-se ao significado etimológico da palavra Islã. Ignoram, portanto, que esse termo árabe encerra em sua raiz o significado de 'ser/estar são', 'íntegro', sendo associado ao conceito de paz" (p.32-33). Os autores também questionam a equação Islã=submissão (p.34).
c) "Em nossos manuais escolares é relativamente freqüente o caso de uma errônea identificação do termo Islã com significados nitidamente extra-religiosos" (p.36).

E conclui,
"Em síntese: preconceitos, estereótipos, visões unilaterais, fragmentadas, muitas vezes errôneas, que se alimentam dos mais diversos clichês em uso. Na prática, todos os nossos manuais escolares pecam por algo tão elementar como dar uma visão do Islã apresentada pelos próprios muçulmanos. Uma visão em que se mostre o Islã por meio do Alcorão, livro sagrado dos muçulmanos. Uma visão do Islã que se beneficie de um tratamento histórico objetivo, rigoroso e científico que faça desaparecer os clichês e os estereótipos existentes que distorcem a realidade sobre esse fenômeno religioso" (p.38).

A imposição de uma visão neo-imperal do mundo, frente ao reforço da hegemonia mundial dos Estados Unidos e ao enfraquecimento das Nações Unidas

Conforme assinalamos, o unilateralismo norte-americano também não é uma novidade em sentido estrito, já que é uma estratégia desenvolvida há anos pelos Estados Unidos.[13] Lembrem-se, por exemplo, da recusa em assinar o protocolo de Kyoto contra o efeito estufa, da intenção de desrespeitar o tratado ABM (míssil antibalístico) e da conseqüente militarização do espaço, da retirada do representante norte-americano da Conferência de Durbam (África do Sul) em sinal de protesto, da pretensão de imunidade para suas tropas e da recusa em assinar o tratado da Corte Penal Internacional, etc. Conforme manifestou a embaixadora dos Estados Unidos nas Nações Unidas em 1993, a Sra. Albright, posteriormente secretária de Estado, "os Estados Unidos agirão multilateralmente quando for possível e unilateralmente quando for necessário". Diferentes dirigentes da atual administração norte-americana, ideólogos conservadores, etc., vêm enfatizando nos últimos anos sua opção pelo unilateralismo. Um dos documentos mais reveladores do unilateralismo norte-americano é o chamado Defense planning guidance for the fiscal years 1994-1999 (Diretriz de planejamento da defesa para os anos fiscais de 1994 a 1999), no qual deixa claro que os Estados Unidos não permitirão o aparecimento de um novo rival "no território da ex-União Soviética ou em outro lugar" e se autoproclamam o "xerife" mundial. Como afirma essa diretriz: "como a ordem planetária deve ser mantida, em último termo pelos Estados Unidos, este deve agir de forma independente quando não for possível articular uma ação coletiva, ou uma crise exigir uma resposta rápida" (citado em Taibo, 2002b, p.74).

Um dos ideólogos mais importantes da atual administração norte-americana, Robert Kagan (2003), deixa isso bem claro quando diz: "Antes do 11 de setembro os norte-americanos estavam aumentando e não diminuindo seu poderio militar. Na campanha para as eleições presidenciais de 2000, Bush e Gore prometeram aumentar o gasto com defesa" (p.139-140). Também reconhece que "o multilateralismo norte-americano durante a Guerra Fria foi mais instrumental do que idealista em suas motivações" (p.119). E com outras palavras sentencia de forma nítida: "O 11 de setembro não mudou os Estados Unidos, só o tornou *mais norte-americano*. No mais, o caminho que segue e seguiu o país também não é nenhum mistério..." (p.130). "A 'nova' estratégia do governo Bush era nada mais do que uma reafirmação das políticas norte-americanas de sempre" (p.142).

Política confirmada não só por diversos ideólogos e dirigentes norte-americanos em diversos fóruns e ocasiões, mas pela via dos fatos. Como assinalou Norman Mailer (2003b, p.67), "os Estados Unidos não são somente a única superpotência mundial, são uma hiperpotência cujo gasto militar em breve será igual ao do conjunto dos 15 países seguintes mais poderosos... são o único país que vigia o mundo mediante cinco comandos militares internacionais, mantém mais de um milhão de homens e mulheres armados em quatro continentes, usam navios de guerra para vigiarem todos os oceanos, garantem a sobrevivência de países como Israel ou a Coréia do Sul, controlam o comércio mundial e alimentam as mentes e os corações de todo um planeta com sonhos e desejos". Razões que levam diversos autores a irem além e a falarem claramente sobre imperialismo, como é o caso, entre outros, de Alí (2004), Chomsky (2001a e 2004), Mailer (2003a), Petras (2000 e 2002), Said (1996), Schlesinger Jr. (2003), Todorov (2003), Tortosa (2003), Touraine (2004), Zolo (2003) e Vidal (2002). Nas palavras de Tzvetan Todorov (2003), "a política exterior dos Estados Unidos não é nenhuma exceção a esse respeito, embora possua duas características peculiares. Em primeiro lugar, os Estados Unidos consideram que seus interesses estão em jogo em toda a superfície do planeta e, em segundo, estão dispostos a defendê-los recorrendo sem demora à força militar. É a conjunção desses dois traços que faz com que muitas vezes se acuse a política exterior dos Estados Unidos de ser uma política imperial" (p.49). Mais adiante acrescenta: "Seja qual for nossa interpretação do termo 'imperialista', a política dos Estados Unidos é indiscutivelmente imperial, visto que os dois traços mencionados estão claramente presentes nela. No entanto, nem todas as políticas imperiais se parecem" (Todorov, 2003, p.50).

Os fatos demonstram que desde o final da Segunda Guerra Mundial, e mais aproximadamente desde a queda do muro de Berlim, em 1989, os Estados Unidos têm intensificado de forma ostensiva seu papel de potência imperial – tanto no plano econômico, político, militar como cultural –, assumindo uma postura de grande gendarme mundial e, portanto, aumentando ainda mais seu autoproclamado direito de ingerência sem nenhum tipo de restrição e controle: os Estados Unidos decidem quando, contra quem e como realizar suas intervenções, sem prestar contas a ninguém.[14] As guerras norte-americanas contra o Iraque, tanto a de 1990 quanto a de 2003, são bons exemplos de guerras imperiais, embora não sejam os únicos. Conforme assinala gráfica e ironicamente José Luis Sampedro, "cabe dizer que o Direito Internacional Público aparece reduzido a um artigo único: os conflitos serão resolvidos conforme a disposição dos Estados Unidos" (2002, p.90). Também é muito ilustrativa a lista de ações bélicas unilaterais protagonizadas pelos Estados Unidos em sua história.

A política norte-americana tem como conseqüência não só o enfraquecimento interessado das Nações Unidas, como também uma escalada de desprezo e desconsideração para com essa instituição com efeitos dramáticos tanto para os Estados Unidos como para o conjunto da humanidade. De fato, entre as vítimas do 11-S também se contam os desejos de conseguir uma sociedade global governada por normas justas (Archibigi e Young, 2001, p.11). As autoridades norte-americanas não têm o mínimo pudor em proclamar sua visão unilateral ou imperialista e a defesa de seus interesses, mesmo que isso tenha como resultado o uso da força militar, diante do silêncio das próprias Nações Unidas e dos aliados da OTAN.[15] Essa doutrina foi reiterada pelo secretário de defesa norte-americano, Donald Rumsfeld, ao anunciar que as possíveis novas campanhas militares de seu país para combater o terrorismo não exigem a autorização prévia das Nações Unidas. O atual vice-presidente dos Estados Unidos, Dick Cheney, também reiterou essa posição ao afirmar: "O triunfo da liberdade e o futuro do mundo civilizado dependem agora de nós" (*El País*, 18/3/02).

Tal doutrina supõe uma forma de encarar a política e as relações internacionais sob uma perspectiva altamente problemática e conflituosa para a convivência pacífica entre as nações e que rompe com uma tradição multilateralista de respeito com as instituições internacionais que em parte foi seguida pelos Estados Unidos desde o fim da Segunda Guerra Mundial. Além disso, "a existência de uma só potência militar global que pretende fazer cumprir sua vontade é censurável em uma cultura democrática e um obstáculo para os esforços de promover a paz. Na última década, os Estados Unidos recorreram à força militar no Golfo Pérsico, na Somália, no Panamá, nos Bálcãs e em muitos outros lugares... A grandeza dos poderes militar e econômico norte-americanos, junto com sua vontade de fazer uso deles de forma assimétrica e só aparentemente multilateral, produz reações hostis em todo o mundo, e até mesmo entre seus aliados" (Archibigi e Young, 2002, p.10).

O ideólogo norte-americano, Robert Kagan, apresentado em seu último livro *Poder y debilidad. Europa y Estados Unidos en el nuevo orden mundial* (2003) como o terceiro vértice do triângulo que seria formado por Francis Fukuyama (1992) e Samuel P. Huntington (1997), argumenta sua posição de defesa da política unilateral dos Estados Unidos nas seguintes razões, que convém saber e divulgar:

  a) *"Naturalização" desse processo, dado que, segundo sua apreciação, as nações poderosas tendem ao unilateralismo, enquanto que as frágeis ao multilateralismo.* Para esse autor, os Estados Unidos da América do Norte são um exemplo do primeiro, enquanto que a Europa é um exemplo do segundo. Além disso, utiliza um argumento realmente surpreendente como é o da eficácia do unilateralismo em comparação com a ineficácia do multilateralismo, recorrendo para isso, incrivelmente, às experiências militares que "provam" que o multilateralismo e os "escrúpulos legalistas" impedem a eficácia militar. A tão desigual relação de poder entre os Estados Unidos e a Europa, que o autor analisa fundamentalmente no sentido militar, é a razão fundamental para explicar as diferenças entre a Europa e os Estados Unidos. Vejamos isso com a clareza de suas próprias palavras: "De certo modo, as diferentes percepções sobre o que é uma ameaça e como combatê-la melhor não são senão a manifestação superficial de outras diferenças mais fundamentais na visão de mundo que existe entre os poderosos Estados Unidos, por um lado, e a comparativamente mais fraca Europa, por outro. A questão não é que europeus e norte-americanos diferem na hora de abordar um problema específico como o do Iraque; é que não compartilham um mesmo ponto de vista sobre como governar o mundo, sobre o papel das instituições e do direito internacional ou, por fim, sobre o grau de equilíbrio mais conveniente entre recorrer à força e empregar a diplomacia nos assuntos de política internacional (...) Essas divergências têm alguma coisa a ver com a disparidade de poderes" (p.58-59).

Sob essa perspectiva, considera lógico que os europeus tendam ao multilateralismo e à defesa das Nações Unidas como substituto do poder do qual precisam. Com suas próprias palavras, "quando alguém não está em condições de agir unilateralmente, o natural é defender a implantação de mecanismos para controlar aqueles que podem fazê-lo" (p.63).

b) Um segundo apriorismo do qual parte é que *a ordem internacional não pode ser mantida sem recorrer à força, e isso somente os Estados Unidos podem fazer.* Apriorismo duplamente discutível. Conforme diz "também não podem imaginar uma ordem internacional que não seja defendida pela força, especificamente pela força dos Estados Unidos" (p.143). Isto é, anuncia-se o diagnóstico e ao mesmo tempo seu executor. Isso implica autoproclamação dos Estados Unidos como "xerife internacional" (*sic*) para impor a ordem e a justiça em todo o mundo, incluindo a Europa.

c) Em terceiro lugar, constata e defende a *"natural" imposição do modelo norte-americano para outros países,* recomendando a todo o mundo, principalmente aos europeus, que se adaptem "à nova realidade da hegemonia dos Estados Unidos" (p.147). Em outras palavras, podemos criticar ou louvar a posição excepcional dos Estados Unidos "e a convicção de que seus interesses e os do mundo se identificam" (p.134). Mas o fato irrefutável é que não "fizemos mais do que entrar na longa era da hegemonia dos Estados Unidos" (p.134).

d) Em quarto lugar, Kagan chama nossa atenção sobre *o "sacrifício" dos Estados Unidos pela segurança do mundo,* e mais especificamente pela segurança dos não-solidários europeus. Embora seja verdade que em determinadas ocasiões ele reconheça que os interesses norte-americanos também estão em jogo – "a 'generosidade' econômica e estratégica dos Estados Unidos, se é que podemos chamá-la assim, estava, claro, estreitamente relacionada com seus próprios interesses" (p.118). O raciocínio é muito útil. Os Estados Unidos vêem-se obrigados a manter as altas quantias de gastos militares e a realizar ações militares no mundo diante da falta de solidariedade dos europeus, que não estão dispostos a desembolsar tais cifras com esses gastos militares. Assim, a Europa, que tem sua segurança garantida pelo apoio dos Estados Unidos, gasta em necessidades sociais o que os Estados Unidos devem desembolsar em gastos militares para poderem manter a ordem e a segurança internacionais. "Isso significa que, embora os Estados Unidos tenham desempenhado e continuem desempenhando um papel crucial na viagem da Europa a esse paraíso kantiano, assim como na própria possibilidade de sua existência, os norte-americanos foram impedidos de entrar nele. Embora tenham construído os muros, não podem transpor o umbral. Apesar de seu imenso poder, os Estados Unidos continuam travados na história, relegados a ocuparem-se dos sadams, ayatolás, kim jong IIs e jiam zemins deste mundo, enquanto outros recolhem a maior parte dos benefícios" (p.115).

e) Finalmente, o argumento que fecha esse círculo é, nada mais, nada menos, do que *apresentar o multilateralismo como ataque à "soberania" dos Estados Unidos*. Sem nenhum acanhamento alerta-nos que "o que mudou foi a realidade objetiva, não o caráter norte-americano. A mudança nas circunstâncias internacionais depois da Guerra Fria preparou o caminho para aquelas forças políticas do Congresso – principal, embora não exclusivamente republicanas – que pretendiam rever velhos acordos multilaterais e fechar a porta a outros novos, liberando os Estados Unidos de obrigações contraídas em virtude de tratados que agora são considerados onerosos ou excessivamente invasores de sua soberania" (p.124-125).

Com todos esses elementos expostos que servem de fundamento para sua doutrina, muito parecidos com o simplismo de Fukuyama, é lógico que o autor conclua advertindo-nos que "se a evolução da situação internacional continua acentuando a tendência dos Estados Unidos ao unilateralismo em matéria de assuntos exteriores, isso não deveria surpreender nenhum observador objetivo" (p.115).

Além de Robert Kagan, outro dos mais significativos ideólogos do Pentágono é Richard Perle. Sua tese é ainda mais contundente: sendo direto e claro, o multilateralismo e a "fantasia" das Nações Unidas morreram, viva a ordem dos Estados Unidos e seus aliados que decidirão em cada momento o deve ser feito! E entre outras coisas que devem ser feitas Perle anuncia a necessidade de "levar a guerra aos territórios onde se inicia" (Perle, 2003), como fórmula para derrotar o terrorismo.[16] Pensamento que George W. Bush reproduziu em vários de seus discursos. Em síntese, "a agenda do atual governo dos Estados Unidos parece clara: procura reforçar a hegemonia mundial, resolver seus problemas econômicos por meio da militarização e, principalmente, o problema do abastecimento de petróleo. Nos últimos anos foram abertas novas bases militares no Equador, Bolívia, Brasil, Tadjiquistão, Afeganistão, Arábia Saudita, Qatar, Kuwait, Kosovo, Aruba e Filipinas. Atualmente, o Pentágono planeja estabelecer um novo 'comando' na ilha de São Tomé, o 'comando da Guiné', para proteger a exploração petroleira na Nigéria, Angola e Gabão" (Tortosa, 2003, p.96). Essa estratégia foi reforçada e a atual administração norte-americana deu o passo qualitativo mais importante ao adotar a doutrina da guerra preventiva, que analisamos no próximo item.

O CONCEITO DE GUERRA PREVENTIVA

O que é e quando se formula?

Podemos dizer que o conceito de guerra preventiva é a conseqüência ou o corolário do unilateralismo ou estratégia neo-imperial norte-americana na área da segurança, ou, mais especificamente, da estratégia militar. Supõe a globalização da guerra e a guerra contínua. Esse conceito foi criado pela administração norte-americana de George W. Bush como doutrina oficial de seu governo no documento intitulado "The National Security Strategy", de 20 de setembro de 2002. Contudo, é preciso assinalar que a idéia de guerra preventiva já havia sido formulada muito antes, segundo destaca Arthur Schlesinger Jr. (2003).[17]

Assim, a partir da queda do muro de Berlim, em 1989, os estrategistas norte-americanos mais conservadores começaram a lançar suas declarações a favor da guerra preventiva. Em 1992 aparece um relatório confidencial intitulado "Guía para la política de defensa", elaborado no Pentágono por Paul Wolfowitz e por I. L. Libby – sendo este último, hoje, assessor do vice-presidente norte-americano Dick Cheney – em que já aparece claramente formulado o princípio do "ataque preventivo", embora esse documento tenha sido cassado por Bush. Em 1996, Richard Perle, Douglas Feith e outra meia dúzia de altos executivos redigiram um documento para o líder direitista israelense Benjamin Netanyahu que, entre outros assuntos, destacava a necessidade de "estabelecer um acordo para expulsar Saddam Hussein do poder no Iraque". Em 1997, o grupo de cargos e ideólogos conservadores – entre os quais estão Cheney, Rumsfeld, Wolfowitz e Richard Perle – se agrupam em torno do Project for a New American Century (Projeto para um Novo Século Americano, um documento de autêntico estilo imperial em que se afirma que os Estados Unidos não devem tolerar a existência de outras potências econômicas e militares que possam competir com eles no cenário internacional.[18] Em 1998 novamente Rumsfeld, Wolfowitz e Perle aparecem entre os 18 que assinaram uma carta aberta ao presidente Bill Clinton em que afirmavam que a mudança de regime no Iraque "deve se transformar no objetivo da política exterior americana. O presidente Clinton não apoiou essa doutrina, mas com a chegada ao poder dos republicanos e de todo o grupo de neoconservadores e fundamentalistas dos quais se cercou o presidente George W. Bush, entre os quais estão os citados, essa doutrina toma corpo oficial com a grande oportunidade oferecida pelos atentados de 11-S. Meses antes da aprovação da "The National Security Strategy" (setembro de 2002), a revista

Foreign Affairs publicava em seu número de maio-junho um artigo do secretário de defesa Donald Rumsfeld, no qual ele sistematizava em oito pontos a política de defesa norte-americana. No ponto cinco escrevia: "Defender os Estados Unidos requer prever e, em algumas ocasiões, tomar a dianteira. Não é possível defender-se contra todas as ameaças. Defender-se contra o terrorismo e outras ameaças emergentes requer que levemos a guerra até onde o inimigo estiver. A melhor defesa, e em alguns casos a única, é uma boa ofensiva" (citado em Rojas Aravena, 2002, p.65).

Portanto, parece evidente que a *decisão de expulsar Saddam Hussein do poder é muito anterior aos atentados de 11-S*, ao menos estava formulada pelos atuais governantes como uma necessidade da política externa norte-americana. De fato, em um livro de grande difusão intitulado, *Contra todos los enemigos. La lucha antiterrorista de Estados Unidos vista desde dentro*, escrito pelo então coordenador do Conselho Nacional de Segurança dos governos de George H. W. Bush, Bill Clinton e George W. Bush, que renunciou ao cargo em março de 2003, Richard A. Clarke (2004), é demonstrado, por meio de documentos, que os atuais estrategistas do Pentágono e de segurança desprezaram as ameaças da Al Qaeda para centrarem-se no Iraque, mesmo depois do 11-S. Para isso, o autor denuncia que a população foi previamente doutrinada para acreditar que o Iraque estava por trás dos atentados de 11 de setembro (essa campanha foi a tal ponto vitoriosa que 70% dos norte-americanos acreditavam que haviam sido atacados pelo Iraque), assim como a utilização política do terror. Clarke denuncia a antiga camarilha que já havia estado com George Bush pai na primeira guerra contra o Iraque em 1990 – Cheney, Powell, Wolfowitz – que, em vários textos e discussões, insistia na necessidade de derrubar Saddam. "O Iraque era apresentado como o mais perigoso para a segurança nacional. Era uma idéia fixa, um pensamento intransigente, um lugar comum, uma decisão tomada de antemão que nenhum fato ou acontecimento poderia vencer" (Clarke, 2004, p.328). Entre os diferentes argumentos que utiliza também cita Paul O'Neill, antigo secretário do Tesouro, que havia escrito "que há muito tempo a Administração planejava eliminar Saddam Hussein" (p.327).[19]

Imediatamente após o 11-S, George W. Bush se auto-institui "presidente da guerra"[20], declarando, de maneira impensada, a "guerra infinita" para "libertar o mundo do mal" (discurso de 14 de setembro de 2001). No discurso pronunciado em sessão conjunta do Congresso e do Senado em 20 de setembro de 2001, apresenta os atentados terroristas como um ato de guerra – "em 11 de setembro, os inimigos da liberdade cometeram um ato de guerra contra nosso país" –, idéia que irá manter em suas sucessivas aparições e discursos. Entre eles, no primeiro discurso do presidente sobre o estado da nação após os atentados de 11-S, em 29 de janeiro de 2002: "Nossa nação encontra-se em guerra, mesmo depois de haver expulsado do poder o regime talibã no Afeganistão e lançado uma mensagem clara ao regime iraquiano ao lembrar a ele, bem como à comunidade internacional, que 'estas exigências não estão sujeitas à negociação nem à discussão'". Nesse discurso já anuncia sua determinação de prosseguir com a guerra preventiva: "E esta noite, a várias milhas do avariado Pentágono, tenho uma mensagem para nossas forças armadas: estejam prontos. Coloquei as forças armadas em alerta, e existe uma razão. Está chegando a hora em que os Estados Unidos irão entrar em ação, e vocês serão nosso motivo de orgulho". Também é muito clara sua posição em relação ao papel dos Estados Unidos como defensores da justiça internacional, não as Nações Unidas, e o papel das forças armadas norte-americanas como braço executor da guerra preventiva: "Os homens e as mulheres de nossas forças armadas enviaram uma mensagem clara a todos os inimigos dos Estados Unidos: mesmo a sete mil milhas de distância, do outro lado dos oceanos e continentes, no cume das montanhas e nas cavernas, não escaparão da justiça desta nação".

A idéia de guerra preventiva continuou sendo defendida em outros atos. Em seu discurso na Academia de West Point em 1º de junho de 2002, o presidente George W. Bush rejeitou explicitamente os conceitos de contenção e dissuasão por considerá-los obsoletos para lutar contra o terrorismo: "Devemos levar a guerra até o inimigo (...) e enfrentar as piores ameaças antes que elas surjam. Na era em que estamos entrando, o único caminho em direção a segurança é a via da ação. E esta nação vai agir". Outros discursos foram difundindo e preparando o caminho até chegar à sua proclamação formal na The National Security Strategy of The United States of America (Estratégia de Segurança Nacional dos Estados Unidos da América) anunciada pela Casa Branca em 17 de setembro de 2002, isto é, um ano depois dos atentados de 11-S: "Em virtude dos objetivos dos estados delinqüentes e dos terroristas, os Estados Unidos já não podem confiar unicamente em uma postura de reação, como fizemos no passado. A incapacidade de dissuadir os potenciais atacantes, o imediatismo das ameaças atuais e a extensão do dano potencial que podem nos infligir as armas escolhidas pelos nossos adversários, já não permitem essa opção. Não podemos permitir que nossos inimigos ataquem primeiro". Essa doutrina tem uma filosofia da segurança radicalmente belicista e contrária tanto à Carta das Nações Unidas como ao Direito Internacional. As quatro linhas fundamentais desse documento são:

1. A idéia de guerra preventiva contra qualquer inimigo. A declaração de condição de inimigo está reservada aos Estados Unidos.
2. O uso da força contra aqueles países que os Estados Unidos declaram como estados delinqüentes (*rogue states*).
3. A pressão contra a comunidade internacional para que respeite as pretensões norte-americanas, com a ameaça de realizar intervenções militares unilaterais.
4. A superação do Tratado de não-proliferação de armas de destruição em massa e a imposição da nova doutrina da "contraproliferação".

Depois de sua aprovação, a administração norte-americana, encabeçada por seu presidente, vem utilizando diferentes meios e fóruns para insistir e fixar sua nova doutrina. No Quadro 2.2 são apresentados alguns exemplos que podem ser utilizados em sala de aula como análise de documentos ou comentários de textos:

Quadro 2.2
Trechos de discursos de George W. Bush a favor da guerra preventiva

- "No entanto, em todos esses esforços, o propósito dos Estados Unidos é mais do que seguir um procedimento: é conseguir um resultado: acabar com as terríveis ameaças contra o mundo civilizado. Compete às nações livres prevenir os ataques repentinos e catastróficos. Estamos pedindo que se juntem a nós e muitas estão fazendo isso. No entanto, o curso desta nação não depende das decisões de outros. Qualquer ação necessária, em qualquer momento que ela seja necessária, para defender a liberdade e a segurança do povo norte-americano.
  (...)
  O secretário de Estado Powell apresentará informação e dados sobre os programas de armas ilegais do Iraque; suas tentativas de esconder essas armas dos inspetores; e suas ligações com os grupos terroristas. Eles serão consultados, mas que não haja mal-entendidos: se Saddam Hussein não se desarmar completamente, pela segurança de nosso povo e pela paz do mundo, formaremos uma coalizão para desarmá-lo" (discurso sobre o estado da nação, 28 de janeiro de 2003).

- Em 23 de setembro de 2003 o presidente Bush proferiu um discurso diante da Assembléia-Geral das Nações Unidas, no qual não teve nenhum escrúpulo em reivindicar nessa Assembléia e diante do secretário-geral da ONU as guerras do Afeganistão e do Iraque como atos de paz e em defesa das Nações Unidas: "O Conselho de Segurança estava certo ao exigir que o Iraque destruísse suas armas ilegais e provasse que havia feito isso. O Conselho de Segurança estava certo ao prometer conseqüências sérias se o Iraque se recusasse a cumprir isso. E porque houve conseqüências, porque uma coalizão de nações agiu para defender a paz e a credibilidade das Nações Unidas, o Iraque é livre, e hoje nos acompanham representantes de um país libertado". Nesse mesmo discurso voltou a dividir o mundo entre aqueles que combatem o terrorismo e aqueles que o apóiam, reafirmando as mentiras sobre a guerra do Iraque: "O regime de Saddam Hussein cultivou ligações com o terrorismo enquanto construía armas de destruição em massa. Utilizou essas armas em atos de assassinato em massa e se recusou a prestar contas deles quando foi confrontado pelo mundo".

- "Os Estados Unidos nunca pedirão permissão para defender a segurança de nosso país" (discurso sobre o estado da nação, 20 de janeiro de 2004).

- "E mais tarde o inimigo atacou-nos. E, sem dúvida, o ataque inimigo afetou os Estados Unidos. Afetou minha forma de pensar sobre a política externa porque já não podemos ignorar as ameaças. Se vemos uma ameaça (...) a lição de 11 de setembro diz, temos de prestar atenção nela. Não podemos simplesmente ignorar as ameaças que se acumulam. Se vemos que surge uma ameaça no estrangeiro, a lição de 11 de setembro diz, devemos prestar atenção nela. Simplesmente não podemos. E se a situação está tão ruim, temos de fazer algo a respeito" (declarações do presidente sobre a guerra contra o terrorismo, Roswell Convention and Civic Center, Roswell, Novo México, 22 de janeiro de 2004).

Com a doutrina da guerra preventiva, os Estados Unidos reservam-se o direito de atacar em qualquer parte do mundo àqueles que determinem que são seus inimigos ou inimigos potenciais, sejam terroristas ou estados favoráveis ou supostamente favoráveis ao terrorismo antiamericano. Os Estados Unidos se transformam, então, em juiz, parte e algoz. "A introdução do conceito de guerra preventiva supõe uma verdadeira inovação nas relações internacionais modernas, já que as grandes potências, embora nunca tenham se privado de intervir em assuntos dos países pequenos, também não haviam instituído como princípio a decisão unilateral de declarar guerra baseando-se na mera possibilidade de um ataque" (Todorov, 2003, p.52). Conceito que reafirma a concepção imperialista dos Estados Unidos, tal como vimos ao abordar o unilateralismo. Conforme foi dito, "o espírito guerreiro[21] hoje domina o império norte-americano, e esse espírito ataca cada vez mais violentamente as regras do direito, os procedimentos democráticos e o respeito dos grandes princípios humanitários" (Touraine, 2004, p.13).

Argumentos para a rejeição

Além de sua filosofia belicista e imperialista, os argumentos para a rejeição da doutrina da *guerra preventiva* também são dados por suas conseqüências negativas, as quais não são reflexões teóricas, mas que se transformaram em realidades palpáveis que estão sendo vividas em diversas partes do mundo. Algumas intensificam as que estamos vendo desde o 11-S, enquanto outras são específicas por seu caráter militar. Alguns exemplos concretos:

– *O aumento da instabilidade*

A guerra preventiva, longe de trazer uma maior segurança, está provocando uma maior instabilidade e insegurança para todos,[22] como bem sabe a Espanha com os atentados de Madri em 11-M ou no caso do descontrole absoluto em que se encontra o Iraque. Além disso, a guerra preventiva está gerando um efeito contrário ao se transformar em um banco de formação de terroristas e de simpatizantes do terrorismo.

– *Deterioração das Nações Unidas, do direito internacional, gerando, com isso, o aumento da impunidade*

A guerra preventiva, como materialização do unilateralismo que vimos no item anterior, significa um desprezo absoluto com as Nações Unidas e com o direito internacional, a tal ponto que, além das vítimas e da verdade, seu efeito mais grave é o desmoronamento do direito internacional: "Se é verdade que o direito é a negação da guerra, o contrário também é verdade: a guerra é a negação do direito e sua relegitimação equivale a deslegitimar todo o trabalho realizado com a criação da ONU e a regressão das relações internacionais ao estado selvagem" (Ferrajoli, 2003b, p.217).

O conceito de guerra preventiva entra em choque com a criação do direito internacional e, principalmente, com a Carta das Nações Unidas. De fato, o artigo 2.4 da Carta das Nações Unidas diz que os Estados, "em suas relações internacionais, deverão evitar recorrer à ameaça ou ao uso da força contra a integridade territorial ou a independência política de qualquer Estado, ou em qualquer outra ação incompatível com os propósitos das Nações Unidas". O recurso da força somente será admitido no âmbito de uma operação decidida pelo Conselho de Segurança com base no Capítulo VII da Carta ou, ainda, quando houver a necessidade de responder a uma agressão como prevê o artigo 51. Portanto, "a 'National Security Strategy' pretende redefinir unilateralmente as normas do direito internacional referentes ao recurso à força armada. Ao mesmo tempo, ao declarar que os Estados Unidos 'não terão dúvida em agir, se for necessário' para defender o povo e os interesses americanos, o documento relativiza o papel das Nações Unidas, que é aquele que sem dúvida deve ter a prioridade assegurada para enfrentar as crises internacionais" (Di Blase, 2003, p.126). Portanto, segundo a Carta das Nações Unidas, a existência de uma ameaça hipotética – não podemos esquecer a experiência da falsidade dos argumentos dados para a invasão do Iraque que abordaremos no Capítulo 4 – não justifica uma intervenção unilateral. De qualquer modo, as medidas devem ser arbitradas pelo Conselho de Segurança para o estabelecimento da paz e da segurança internacionais. Os estados-membros da ONU assumiram o compromisso de renunciar ao uso da força, aceitando-o somente em legítima defesa quando ocorrer uma agressão. Recorrer ao pretexto da ameaça potencial é uma violação do artigo 51 da Carta. Um bom exercício didático que podemos utilizar em sala de aula consiste em comparar os artigos 1, 2, 39, 50 e 51 da Carta das Nações Unidas com as razões usadas para justificar a guerra preventiva.

Devemos destacar, contrariando os profissionais da manipulação, que a famosa Resolução 1441 não autorizava o uso da guerra, nem estabelecia nenhum tipo de prazo, e muito menos uma mudança de regime no Iraque. Até mesmo o ambíguo texto acordado *in extremis* pelos chefes de governo europeus em 17 de fevereiro de 2003 ratificava que a guerra não era inevitável ao mesmo tempo em que falava de manter a pressão militar sobre Saddam, mas em momento algum falava ou insinuava sobre realizar uma invasão militar e levar a efeito uma mudança de regime. O texto completo aprovado diz:

1. "As inspeções não podem durar indefinidamente sem uma total cooperação do Iraque.
2. A guerra não é inevitável. A força pode ser somente o último recurso.
3. Bagdá não deveria iludir-se: deve se desarmar e cooperar imediata e plenamente. O Iraque tem a oportunidade final para resolver a crise pacificamente.
4. A pressão militar serviu para forçar o Iraque a readmitir os inspetores, e 'ela continuará sendo essencial'."

Também é preciso lembrar, conforme vimos no item anterior, que as Nações Unidas, e mais concretamente seu Conselho de Segurança, têm como objetivo central a "manutenção da paz e da segurança internacionais e dos demais propósitos da Organização" (artigo 23 da Carta das Nações Unidas). E que o artigo 24.2 da Carta[23] diz que "no desempenho dessas funções, o Conselho de Segurança agirá de acordo com os propósitos e princípios das Nações Unidas". Propósitos e princípios que estão no Capítulo I da Carta, artigos 1 e 2, que fazem referência aos propósitos de paz, solução das controvérsias por meios pacíficos, etc.

Portanto, segundo a Carta das Nações Unidas, nenhum país está autorizado a usar a força contra outro; somente o Conselho de Segurança pode autorizá-lo se constatar que foram utilizados todos o meios não-militares para solucionar um suposto conflito. Suposto, que não ocorreu. Conforme destacou Mariano Aguirre, "mudar um governo pela força e realizar ataques preventivos são questões muito sérias que reavivam passados coloniais e criam precedentes muito graves, respectivamente" (2002, p.24). E tem mais, como destacava a norte-americana Phyllis Bennis: "além de equivocado, o ataque ao Iraque seria uma guerra 'ilegal' de acordo com o direito internacional" (2002, p.30 e 33). Em suma, o conceito de guerra preventiva é a versão atual da administração norte-americana para reforçar sua hegemonia mundial.

– Deterioração dos direitos humanos, da democracia e do estado de direito

Tal como já vimos sobre os efeitos do 11-S, a deterioração da vida democrática foi acentuada com a aprovação desse tipo de doutrina que, amparando-se no suposto benefício da segurança, está cerceando a liberdade, os direitos humanos e o respeito às regras democráticas entre países. Conforme dissemos, desde o 11-S organizações como a Anistia Internacional (Anistia Internacional, 2002a; 2002b; 2004) e a Human Rights Wach[24] (2004) estão denunciando o corte das liberdades e a deterioração dos direitos humanos. No caso da Anistia Internacional, sua secretária-geral Irene Khan, no último relatório anual da organização que dirige (Anistia Internacional, 2004), condena de forma clara e categórica, e até diríamos que pouco habitual, os estrategistas que decidiram a tragédia do Iraque e os acusa de serem "culpados de abusos contra os direitos humanos e de violações do direito internacional humanitário, em alguns casos equiparáveis a crimes de guerra e crimes de lesa-humanidade" (p.16), dizendo também que devem ser julgados. É por esses motivos que ela defende que devemos "resistir à reação contra os direitos humanos, provocada pela aplicação arriscada de uma doutrina de segurança global que torna o mundo profundamente dividido" (Anistia Internacional, 2004, p.16).[25]

Também não podemos deixar de analisar as tão significativas petições dos Estados Unidos para que suas tropas gozem de imunidade[26] e o corte de ajuda militar dos Estados Unidos a 35 países por se negarem a assinar acordos de impunidade para suas tropas, assim como o compromisso de não entregar à Corte Penal Internacional os cidadãos norte-americanos acusados de genocídio, crimes contra a humanidade e crimes de guerra (Anistia Internacional, 2004, p.200-201).

– *Aumento do militarismo e dos gastos militares*

Com esse tipo de doutrina estamos caminhando para um "estado de exceção internacional confiado ao domínio militar da superpotência norte-americana e, em seu nome, de seu presidente" (Ferrajoli, 2003a, p.232). *Os países em desenvolvimento gastam em armas cerca de 22 bilhões de dólares norte-americanos ao ano, quando com 10 bilhões seria possível tornar realidade a educação primária universal em todo o planeta.* Conforme afirmamos no item "O medo da população e sua instrumentalização para favorecer a militarização da sociedade e a aprovação de novos investimentos militares" deste capítulo, o próprio presidente Bush destaca em seus discursos o aumento dos investimentos militares e o papel preponderante das forças armadas como uma das marcas preferidas de sua política. É uma maneira de responder à obsessão pela segurança gerada nos Estados Unidos, como uma espécie de círculo vicioso: a "defesa da liberdade e da segurança" passam a ser a principal ocupação de sua política.

Além disso, é preciso destacar outro argumento para sua rejeição, que é a possível apropriação dessa doutrina por outros Estados que queiram seguir o exemplo dos Estados Unidos, tal como de fato já foi dito e está sendo praticado. Referimo-nos, por exemplo, a Sharon e a Putin ao se pronunciarem a favor dessa doutrina para ser aplicada em um caso na Palestina e em outro na Tchetchênia. Da mesma forma, o ex-presidente espanhol, Aznar, defendeu essa doutrina para combater não só o terrorismo como também a luta contra o terrorismo interno do ETA. Este sim, para dar um toque inovador, chamou-o de "ataques antecipatórios". Tanto no discurso na Escola Superior das Forças Armadas em 20 de outubro de 2003 como no plenário da Câmara dos Deputados, em uma resposta parlamentar, declarou que tais ataques antecipatórios não só são legítimos quanto obrigatórios para prevenir ataques terroristas "de dentro ou de fora da Espanha" (*El País*, 6/11/2003). Assim, a parcialidade, o unilateralismo e a subjetividade em que essa doutrina se apóia traz, junto com eles, dois perigos a mais que fazem aumentar as razões para sua rejeição: se cada país decidir atacar unilateralmente a nação que considera potencialmente um perigo para sua segurança, abre-se uma brecha para a guerra permanente de todos contra todos e, em segundo lugar, é uma porta aberta a possíveis práticas de terrorismo de estado.

OS TERRORISMOS

O título deste item está no plural porque, como já dissemos na Introdução, com o termo terrorismos se faz referência a diferentes processos violentos, com objetivos igualmente diferentes, mas que têm em comum o uso da violência como estratégia para alcançar determinados objetivos políticos. Não existe, portanto, um terrorismo único, mas diferentes tipos de terrorismo com natureza distinta que, por isso mesmo, têm causas, finalidades, histórias, contextos, protagonistas e ações distintas.[27] Costuma-se dizer que é um fenômeno complexo, e é claro que acreditamos nisso, mas essa complexidade não equivale a dizer que seja enigmático ou incompreensível, tal como se postula em algumas publicações recentes. Os terrorismos têm seus ideários políticos definidos e, ainda que não compartilhemos com eles, podemos identificar boa parte de sua história, de seus contextos social, econômico, político e religioso.

Hoje, e principalmente depois dos atentados de 11-S e de 11-M, surgiu na opinião pública uma crescente preocupação com o chamado terrorismo global de origem islamita. Mas, junto com esse interesse, não podemos esquecer que há muitos anos já existem outras formas de terrorismo em diferentes países, que estão causando vítimas e gerando uma cultura do ódio, de polarização e de desumanização. São os terrorismos ligados a reivindicações de caráter nacional, como do ETA no País Basco, de caráter revolucionário, como as FARC (Forças Armadas Revolucionárias da Colômbia), ou o contra-revolucionário, como o paramilitar ELN (Exército de Libertação Nacional), ambos na Colômbia. Também não podemos esquecer o terrorismo ligado a interesses empresariais, tal como acontece em muitos países da América Latina, em que matadores profissionais são contratados para impor seus interesses pelo uso da força com o silêncio cúmplice ou a inexistência do Estado. No Afeganistão e em alguns países da África também aparecem os chamados "senhores da guerra" que intervêm em determinados territórios de influência, provocando em muitos casos verdadeiros êxodos da população por causa do terror que impõem. Igualmente devemos lembrar do aumento, na Espanha e no conjunto da Europa, do terrorismo racista ligado a grupos de neonazistas e de extrema direita. Por último, não podemos esquecer do terrorismo planejado e executado a partir das instâncias do Estado, tal como aconteceu em determinados momentos na Espanha, na luta contra o ETA, ou na França, na guerra de independência da Argélia, para dar dois exemplos do passado, ou, hoje, os assassinatos seletivos do governo de Sharon, o seqüestro e as torturas de cidadãos em Guantânamo pelos Estados Unidos ou determinadas práticas militares russas na Tchetchênia. Em suma, diferentes formas de terrorismo que, para seu desaparecimento, requerem medidas específicas, mas, em todos os casos, um plano conjunto de intervenção em que os âmbitos policial, judicial, político e educativo estejam integrados.

Os diferentes tipos de terrorismo têm em comum o uso da dor, do sofrimento e até mesmo da morte, causados a vítimas inocentes como estratégia para divulgar suas reivindicações ou como forma de pressão e chantagem contra autoridades estabelecidas, povos ou comunidades para alcançar seus objetivos. Isto é, não existe somente terrorismo de "subversão", há também terrorismo de Estado, quando determinadas instâncias deste preparam e/ou executam ações violentas. O medo e o temor de um atentado terrorista no conjunto da população é outro dos processos que os terrorismos exploram como mecanismo de pressão para alcançar seus objetivos. Em muitos casos, instaurar um clima de terror e de medo é o único objetivo real do terrorismo. De fato, esse foi seu significado original. Segundo John Collins (2003, p.241), Jacques Derrida (2004, p.16) e Fred Halliday (2004, p.19), a história política do conceito "terrorismo" apareceu como resultado da Revolução Francesa, para fazer referência à violência do Estado contra o povo; os novos líderes da nação empregaram um "reinado de terror" em nome do Estado para eliminar seus inimigos políticos e consolidar seu controle do poder. Isto é, significava o monopólio legal da violência. Posteriormente, os revolucionários russos do século XIX também foram tachados de "terroristas" porque faziam uso da violência para perseguir seus fins políticos. Portanto, tanto a partir do Estado como dos grupos insurgentes, o terrorismo é um recurso da luta política há séculos.

A dificuldade para definir o que é terrorismo

Como já se sabe, a linguagem nunca é neutra e nem a forma de apresentar determinados fatos. Como escreveu José M. Tortosa, "também foi Chomsky que, em sua intervenção no Fórum Social Mundial de 2002, realizado em Porto Alegre, lembrou a definição oficial de terrorismo dada pelo Departamento de Defesa. Ele é 'uma utilização calculada da violência ou da ameaça de uma ação violenta com o objetivo de coagir ou intimidar governos ou sociedades perseguindo objetivos que geralmente são de caráter político, religioso ou ideológico'. Esta definição de 1994 foi válida até 2001, quando se acrescentou à palavra 'violência' o qualificativo 'ilegal' ou 'ilegítima' (*unlawful*) para que, assim, o governo dos Estados Unidos não ficasse entre os casos cobertos por tal definição" (2003, p.93).

Em um ensaio muito interessante para ser utilizado com os estudantes de ensino médio e de universidade intitulado "Terrorismo", no livro coletivo *Lenguaje Colateral*, John Collins (2003, p.250-251) mostra que o conceito de terrorismo está ligado ao poder e que este utiliza duas medidas para defini-lo. "Cada possível definição tem seu referente em ações norte-americanas concretas. Violência utilizada para conseguir fins políticos? A guerra do Vietnã (ou qualquer outra guerra). Violência perpetrada por agentes não-estatais contra um Estado soberano? Os contranicaragüenses. Violência cometida por um governo não-democrático contra sua própria população? A repressão realizada na América Latina pelos ditadores adestrados pelos Estados Unidos. Violência dirigida contra civis inocentes? O bombardeio norte-americano contra as estações de tratamento de água do Iraque durante a guerra do Golfo. Violência elaborada para provocar pânico entre uma população e pressionar seu governo? O bombardeio de Hiroshima e Nagasaki... A questão aqui é que qualquer definição explícita de 'terrorismo' poderia ser utilizada para identificar e condenar as ações dos Estados Unidos e de muitos de seus aliados. Portanto, para manter a ilusão de que os Estados Unidos está livre de culpa, *é preciso que o 'terrorismo' não seja definido de modo algum.*"

A história do "terrorismo" mostra que, ou bem o poder esconde o que é terrorismo, ou bem o define de tal forma que a violência que esse poder utiliza seja apresentada como legítima, enquanto que a violência terrorista sempre é ilegítima. Um bom exemplo da dificuldade para definir o que é terrorismo nós encontramos na falta de acordo sobre essa questão nas Nações Unidas, entre outras razões pela oposição dos Estados Unidos que temem se ver envolvidos em acusações de terrorismo de Estado.[28] Essa falta de consenso está impedindo a aprovação nesse organismo de uma "lista mundial de organizações terroristas", tal como sugeriu em diferentes ocasiões o ex-presidente espanhol, Aznar (por exemplo, em seu discurso diante do Congresso dos Estados Unidos no dia 4 de fevereiro de 2004).

A história recente do Ocidente, principalmente a dos Estados Unidos e da Europa, é um bom exemplo de como essa idéia foi manipulada pelas pessoas e instituições ligadas ao poder. De fato, é possível dizer que, principalmente a partir de Ronald Reagan, o terrorismo transforma-se em um dos mitos recorrentes das ações militares externas norte-americanas. Como nos lembra Fred Halliday, "não devemos esquecer que foi a Europa que guiou o mundo nos usos da violência política, e que a questão do terrorismo e o medo que ele gera são mundiais" (2004, p.16). De fato a Al Qaeda, embora odeie o Ocidente, teve o apoio dele para seu nascimento e extensão, principalmente dos Estados Unidos em sua guerra contra a ex-União Soviética quando esta invadiu o Afeganistão.

Esse uso do terrorismo como mito ou superestrutura ideológica faz com que ele seja, ao mesmo tempo, um termo pouco claro e simples. No caso norte-americano, John Collins faz uma advertência de grande importância educativa: "O que acreditamos saber sobre o 'terrorismo' não é uma realidade objetiva; ao contrário, a mesma noção de 'terrorismo' é o produto de esforços concretos empreendidos por pessoas concretas para definir certos exemplos de violência política (tipicamente a violência cometida contra aqueles que se opõem às políticas norte-americanas no mundo) como ilegítimos. Em outras palavras, quando alguém utiliza a palavra 'terrorismo' está descrevendo o mundo de uma maneira que funciona em benefício dos poderosos" (p.239-240). E mais adiante diz: "Como sugeri, 'terrorismo' não é mais do que um nome que se dá a um pequeno conjunto de ações dentro da mais ampla categoria de violência política. Naturalmente, o que distingue o 'terrorismo' de outros atos de violência política depende de quem o estiver definindo (ou não definindo, como veremos mais adiante). Da perspectiva dos analistas cuja preocupação é defender a supremacia econômica e militar dos Estados Unidos, a definição mais segura, tanto agora como nos anos de 1970, é que o 'terrorismo' implica oposição organizada às políticas dos Estados Unidos ou de seus aliados. Segundo essa definição, é literalmente impossível que o governo norte-americano cometa ou apóie atos de 'terrorismo'" (p.250).[29]

Outra característica importante do terrorismo é sua grande capacidade de gerar um elevado estado emocional, tanto de afirmação como de rejeição entre a população potencialmente vítima ou influenciável por ele. Como destaca o estudioso sobre terrorismo Walter Laqueur, "hoje não existe outro problema mais carregado de emoções, tão impregnado de preconceitos e erros como o terrorismo" (2004, p.8). E, em nossa humilde opinião, ele próprio cai nesses preconceitos ao fazer afirmações dificilmente defensáveis sobre os estados de opinião na Europa frente ao seu país, os Estados Unidos da América do Norte. Concretamente, nos referimos à sua posição ao destacar, quase como único fator de periculosidade (e se esquecer dos próprios fatos e da história recente de seu país), o Islã como fonte de terrorismo. "O fato lamentável é que no mundo islâmico existe tamanho potencial de violência que, com a mesma facilidade, pode se voltar tanto para dentro como para fora (...) Existe no Islã um importante componente tradicional de guerra santa que transforma a *jihad* no dever sagrado de todo muçulmano para combater os infiéis. Eles acreditam que não haverá paz nem justiça no mundo até que seu domínio, o domínio da *sharia*, imponha-se em todo o planeta" (2004, p.9). Lançar esse tipo de afirmações a todo o Islã é, sem dúvida, reflexo de um profundo desconhecimento, de uma grande dose de preconceitos e/ou da tentativa de justificar outro tipo de interesses, como, por exemplo, a guerra contra o Iraque.

Mas, além dessa problemática afirmação, Laqueur faz uma associação perversa entre conflito e terrorismo. Conforme já analisamos (Jares, 2001), existe toda uma tradição de pensamento que confunde o conflito como um estado natural e consubstancial da vida com as possíveis respostas violentas ao conflito, nesse caso a resposta violenta do terrorismo. Pois bem, Walter Laqueur considera que, como os conflitos são inevitáveis, o terrorismo continuará existindo enquanto houver conflitos (2004, p.10). Assim: simples e definitivo.

Desfazer e exemplificar essa confusão é, precisamente, um dos objetivos prioritários que devemos ter em educação, mesmo tendo que concordar com o autor que, infelizmente, o terrorismo será um processo que acompanhará nossas vidas, mas discordando, por outro lado, do autor e daqueles que pensam da mesma forma, como é o caso de Michael Ignatieff (2004b), no sentido de que não estamos necessariamente condenados a conviver sempre com os terrorismos, tal como acontece em muitos países e períodos históricos. A questão é, novamente, ver em que contextos sociais e culturais eles ocorrem ou não, ou quando ocorrem de forma muito esporádica. Essa é uma esperança que temos que se fundamenta em fatos, e não uma mera especulação quimérica, além de ser um desejo que orienta nossa vida.

Além da tremenda confusão assinalada, também não podemos deixar de perguntar sobre a não-explicação do autor dos diferentes períodos com menos atentados que outros. A que se deve essa diferença? Sem dúvida é uma pergunta importante que o autor não se faz e que naturalmente não podemos atribuir a forças internas da dinâmica terrorista. Também considero que essa visão pessimista, embora seja verdade que tem uma parte de realidade na situação atual, ao ser elevada à categoria atemporal e presente na evolução humana, atua como uma forma de ideologia que reforça a cultura do medo e não deixa de ser um álibi perfeito para justificar as políticas antiterroristas e os gastos militares.[30]

As chaves do terrorismo global

Em relação às análises sobre o porquê do terrorismo global, Habermas (2004) apresenta a tese de que o terrorismo global é o resultado da enorme velocidade com que a modernização se propaga no mundo, mas que é pela razão que esse mal pode ser curado. No entanto, Derrida (2004) e Jean Baudrillard (2002) consideram que é um elemento intrínseco da modernidade, portanto, pode ser detectado e controlado, mas nunca inteiramente vencido. Assim, Baudrillard (2002, p.11) afirma que, "inexoravelmente, o aumento do poderio da potência exacerba a vontade de destruí-la. E ela é cúmplice de sua própria destruição". E tem mais: considera que o gigantesco monopólio da maquinaria tecnocrática e o pensamento único não deixam outros caminhos de mudança. Questão igualmente discutível. "O próprio sistema cria as condições objetivas dessa réplica brutal" (2002, p.13). O terrorismo "está no próprio coração dessa cultura que o combate, e a ruptura visível (e o ódio), que no plano mundial opõe os explorados e os subdesenvolvidos ao mundo ocidental, encontra secretamente a ruptura interna do sistema dominante... O terrorismo é a onda de choque dessa reversão silenciosa" (2002, p.15). Então, não se trata, de acordo com o autor, nem de choque de civilizações nem de religiões, mas de procurar as causas na própria forma de organizar o processo de globalização neoliberal. Nesse sentido, estamos de acordo com Baudrillard quando afirma que o terrorismo é tão imoral quanto a forma atual do processo de mundialização ou globalização neoliberal.

É exatamente a relação entre globalização neoliberal e terrorismo global que ocupa boa parte desse debate. Para esses três últimos autores, a globalização neoliberal tem um papel muito importante em relação ao terrorismo. Como destaca Baudrillard, a globalização neoliberal traz junto com ela o terrorismo. De nossa parte, consideramos que, conforme nos ensina a história, isso não ocorre mecanicamente como se fosse uma relação de causa-efeito, mas, sim, enquanto supõe poder abusivo, poder injusto, poder de domínio. O terrorismo surgiu historicamente como uma luta de/ou para conquistar o poder, e assim continua sendo hoje, tanto para os terrorismos locais como para o chamado terrorismo global ou internacional. Mas, como a história também nos ensina, a forma como esse poder for exercido é uma variável muito importante para explicá-lo em boa parte (não podemos nos esquecer também do enorme efeito do elemento cultural, o qual contém o religioso). Portanto, as conexões entre globalização neoliberal e terrorismo são claras e diversas: pela presença até certo ponto da globalização neoliberal entre as causas, pela utilização que o terrorismo global faz das redes econômicas e da informação globalizadas, por seus efeitos globalizados e globais (na economia, na política, na educação, etc.).

Também tem uma importância decisiva a relação entre insegurança e incerteza presentes na globalização neoliberal em que vivemos, conforme vimos no Capítulo 1, e a suposta segurança que oferece as opções fundamentalistas, que, em muitos casos, apóiam estratégias terroristas. Realmente, nestes tempos de incerteza, de insegurança e de mudanças galopantes, os quais aceleraram a globalização neoliberal, os fundamentalismos oferecem um tipo de segurança que pode ser valorizada por muitas pessoas, especialmente por aquelas que se encontram nas regiões de vulnerabilidade e/ou exclusão social. De acordo com Mary Kaldor, "os movimentos nacionalistas e religiosos[31] oferecem uma sensação de certeza em tempos de incerteza, segurança em momentos inseguros e uma retórica que proporciona bem-estar psicológico quando se perdeu o bem-estar material" (2003, p.13). Também diante desses mesmos processos de uniformização cultural e pensamento único provocados pela globalização neoliberal, a resistência nacionalista fundamentalista apresenta-se como uma necessidade e uma alternativa para preservar seus ideários ideológicos, religiosos e culturais. Um terceiro fator tradicionalmente atribuído como causa do terrorismo é a situação de extrema pobreza e a falta de perspectivas de futuro. De fato, diversos relatórios estão chamando a atenção para a ênfase que os estados estão dando a uma determinada concepção de segurança diante do terrorismo, esquecendo ou deixando de lado as ameaças que a pobreza, a fome, a deterioração ambiental, a manutenção de situações de injustiça, etc. significam para a segurança. Um quarto fator é aquele ligado ao uso das violências diretas a cargo do exército norte-americano, fundamentalmente por meio das diferentes guerras, estabelecimento de bases militares, etc. Um quinto fator é a questão religiosa, provavelmente exagerada, embora, é claro, não possamos menosprezar o apoio dado por determinadas revisões extremistas do Islã. François Burgat diz que "embora a retórica religiosa esteja muito presente, as reivindicações e as ambições dos 'loucos por Deus' são mais políticas do que religiosas" (2004, p.52).[32] O que, de maneira geral, podemos estender a todos os terrorismos.

De qualquer modo, embora o novo terrorismo global compartilhe com o terrorismo clássico os objetivos da tomada do poder estatal, ele se declara explicitamente antimoderno, reacionário e defensor das doutrinas mais antiquadas. De acordo com Kaldor (2003, p.14-17) podemos sintetizar quatro facetas ideológicas principais:

1. Buscam poder político, geralmente mediante o controle do Estado, que, por sua vez, será utilizado como um instrumento para impor sua opção religiosa.

2. Eles se autoconcebem como opostos à modernidade. Entre essas formas de oposição ressaltamos:
   – Opõem-se à dúvida e ao questionamento característicos da sociedade atual. Insistem que o saber sagrado é a forma superior do conhecimento. Essa é, precisamente, uma de suas características mais fortes para romper com a modernidade, rejeitando a superioridade da razão.
   – Também justificam a rejeição da igualdade fundamental de todos os seres humanos, com especial virulência na manutenção da discriminação de gênero ou de formas de *apartheid* de gênero. Outras religiões e etnias são, portanto, consideradas inferiores.
3. Insistem na necessidade de regeneração e de identificação de uma sociedade corrupta, sonhando com a volta a um passado puro e religioso.
4. Acreditam fazer parte de uma grande luta ou guerra contra "o outro". As ideologias desses movimentos estão profundamente imbuídas na divisão entre "nós e eles". O grupo se define, em parte, por contraste com o "outro", seja por ser de outra nacionalidade ou religião, ou, mais atualmente, por ser laico e/ou cosmopolita.

O exemplo paradigmático desse terrorismo global é a organização *Al Qaeda*, dirigida pelo saudita Osama Bin Laden e pelo egípcio Ayman Al Zawahiri. Habitualmente costuma-se traduzir Al Qaeda (*al qa'idah*) como "A base", só que não uma base fixa, imóvel, mas uma estrutura muito flexível. Mais do que uma organização no estilo tradicional, parece ser uma espécie de matriz em que vão sendo incluídas diferentes células ou subgrupos com uma interconexão mínima. "É uma rede terrorista complexa e flexível, única por seu alcance internacional e por sua composição multiétnica, que combinam novas tecnologias com fundamentalismo religioso de conteúdos *wahabies* ou especificamente salafistas. Pretende, dentro de uma concepção do tempo diferente da que estamos acostumados, unificar politicamente a comunidade daqueles que crêem no Islã e, ao mesmo tempo ou precisamente por isso, destruir ou subjugar o mundo ocidental, que é invariavelmente visto como próprio de judeus e cruzados" (Reinares, 2004, p.24). O discurso da Al Qaeda é muito simples e está organizado em torno da metáfora das "Cruzadas", glorificando a luta armada diante do domínio ocidental, que é declarado ultrajante. "A velha questão do atraso 'material' das sociedades muçulmanas, a deformação colonial, Israel, tudo muito rápido, exposto, sintetizado, simplíssimo, transmissível em uma linguagem convencional, comprovável no Alcorão, a recitação de Deus. Essa falta de objetivos diretamente políticos dos atentados que buscam a morte, a mutilação e a destruição pode ser chamada, frivolamente, de niilismo ou qualquer outra coisa. Aqueles que os realizam, que vivem entre europeus – 'que amam tanto a vida como eles amam a morte' – certamente descreverão seus atos como de 'retribuição' que deve ser forçosamente personalizada. Os atos parecem muito mais horripilantes quando são descritos em uma linguagem antiga e tosca, como se fizesse parte de um conto de terror do tipo 'Era uma vez', há muito tempo, ditado" (Barceló, 2004).

Cabe destacar, por suas repercussões sociais e educativas, que os especialistas em terrorismo assinalam que boa parte de seus militantes é recrutada entre jovens imigrantes muçulmanos "alienados" ou filhos de imigrantes ainda crianças (Reinares, 2004, p.26).

A luta contra os terrorismos

A primeira regra para lutar contra os terrorismos é dupla. Por um lado, deve ser empreendida sem nenhum tipo de ódio. Conforme desenvolvemos no próximo capítulo, o ódio é uma qualidade que não nos aproxima, mas nos divide, cria um estado propício à vingança e à violência, impedindo a reconciliação. Como disse Michel Foucault, "a questão do Islã como força política é essencial para nossa época e para os anos vindouros. A primeira condição para tratá-la com um mínimo de inteligência é não começar por introduzir o ódio" (citado por Burgat, 2004, p.52-53). Sem dúvida, as duas considerações são bem atuais – e para qualquer tipo de terrorismo.

Por outro lado, concordando com diferentes autores, a luta contra os terrorismos deve ser abordada a partir da defesa da legalidade, do estado de direito e, naturalmente, não como uma guerra. Fred Halliday disse de forma categórica, "a luta contra o terrorismo, em qualquer continente e dentro de qualquer contexto cultural ou político, supõe necessariamente uma dimensão de segurança; mas também supõe uma perspectiva histórica, uma perspicácia política e a defesa dos princípios em nome dos quais se realiza a luta: em outras palavras, somente será possível manter a campanha se aqueles que travam o combate respeitarem a lei e mostrarem certo grau de modéstia e perspectiva histórica" (2004, p.32). O grande perigo de empreender a guerra a outro Estado supostamente alimentador do terrorismo, o que no caso do Iraque ficou demonstrado que não era verdade, e utilizar uma linguagem de guerra como o governo de George W. Bush está fazendo é que isso serve somente para alimentar a própria mentalidade bélica dos terroristas e dar a eles argumentos para sua luta. Assim, além da grande quantidade de mortos e feridos, da destruição de um país, etc., será que os estrategistas norte-americanos calcularam o enorme potencial de ódio que a invasão do Iraque está gerando?

Diferentes autores referiram-se ao tremendo erro, embora não descartemos que possa ser um erro interessado, ao conceituar a luta contra o terrorismo como uma guerra. Entre eles, os filósofos Jacques Derrida e Jürgen Habermas que, entre outros, mostraram suas posições no nº 100 do *Le monde diplomatique* (fevereiro de 2004).[33] Como destaca Derrida, o tipo de violência que se "desencadeia atualmente não tem nada a ver com a guerra (a expressão 'guerra contra o terrorismo' é extremamente confusa e é preciso analisar a confusão e os interesses a que esse abuso retórico pretende servir)" (2004, p.16). Em uma linha parecida, Habermas diz: "Mesmo considerando que a palavra 'guerra' se presta a menos equívocos e, do ponto de vista moral, é menos discutível que o discurso que falava de uma 'cruzada', acho que a decisão de Bush de chamar de 'guerra contra o terrorismo' foi um grande erro, tanto do ponto de vista normativo quanto do pragmático. Do primeiro, com efeito, outorga a esses criminosos a condição de guerreiros inimigos, enquanto que do ponto de vista pragmático é impossível empreender a guerra – supondo que devamos acordar a essa palavra algum sentido definido – contra uma 'rede' que é quase impossível de ser identificada" (2004, p.17).

Outra condição que está sendo destacada para a luta contra o terrorismo é a necessidade de que seja feita de forma global (Halliday, 2004; Kaldor, 2003) em relação ao âmbito da participação – que deve ser a comunidade mundial, pois como é um fenômeno mundial a resposta a ele deve ser dada no mesmo plano – e em relação à concepção da resposta – uma alternativa global que contemple diversos tipos de medidas, tanto de prevenção quanto de luta para seu desaparecimento. Entre essas medidas, estão as policiais, com especial relevância para os serviços de inteligência. A informação é destacada como uma das principais estratégias para lutar contra o terrorismo – a aplicação das leis sem menosprezar o estado de direito –, rompendo com o falso dilema de segurança ou liberdade. Também é importante promover a melhoria das condições de vida dos imigrantes e dos habitantes dos países ribeirinhos do Mediterrâneo e, em geral, do denominado Terceiro Mundo, assim como insistir muito na questão educativa.

Mary Kaldor diz algo semelhante. Para essa estudiosa, são quatro os fatores principais para combater o terrorismo (2003, p.29):

a) Educação: A educação fundamental universal pode ter um papel importante para evitar que muitas crianças sejam enviadas a escolas religiosas. A educação das meninas é especialmente importante.
b) Meios de comunicação: É preciso investir muito mais para estimular em escala global a criação de cadeias de rádio e televisão públicas (e não estatais). As rádios comunitárias independentes estão demonstrando ser especialmente importantes para neutralizar a propaganda extremista, como aconteceu na Sérvia ou em algumas regiões da África.
c) Bem-estar social: A decadência dos serviços sociais abriu o caminho para as ONGs humanitárias que difundem também mensagens políticas.
d) Emprego: O desemprego e a marginalização juvenil representam o principal canteiro para as ideologias extremistas. O desenvolvimento deve dar prioridade à criação de vias legítimas para que esses jovens construam suas vidas.

Esses quatro fatores fazem parte de uma estratégia mais ampla voltada à diminuição da insegurança global.

Nessa proposta sentimos somente a falta de uma quinta medida referente à dimensão policial e aos serviços de inteligência. Conforme assinalamos, a luta contra o terrorismo tem nessa faceta uma via prioritária, embora discordemos daqueles que afirmam que, diante do terrorismo, somente cabe a luta policial.[34] No caso da Espanha em relação ao terrorismo global, parece evidente que houve falta de recursos policiais para combatê-lo, entre outras razões por estarem centrados quase que exclusivamente no terrorismo do ETA, e que ele precisa ser enfrentado com urgência em todos âmbitos, pois o que aconteceu no 11-M, assim como as posteriores detenções, demonstram que a Espanha tem um sério problema nesse âmbito. De qualquer modo, insistimos *que a luta contra o terrorismo seja feita a partir de um enfoque global e interdisciplinar,* devendo contemplar, além das cinco medidas citadas, a colaboração internacional em todos os terrenos. Como disse Johan Galtung (2002), "na paz, assim como se diz para a saúde, a terapia completa resulta do conjunto, não de uma parte isolada". Em tempos de terrorismo global as medidas eficazes têm de ser propostas globalmente.

Mas, retomando a proposta de Kaldor, considero que ela pode ser um bom resumo para os profissionais da educação, especialmente em relação à importância que a autora dá à dimensão educativa e cultural, principalmente no campo da prevenção. Importância que reafirmamos neste livro e que desenvolvemos mais especificamente no próximo capítulo. A sociedade em seu conjunto, e mais especificamente o sistema educativo, deve gerar um sistema cultural e de valores imune a qualquer apologia da violência, seja esta dos grupos neonazistas, do ETA, de gênero ou do terrorismo islamita. Como em toda doença grave, o importante é conhecer sua etiologia para prevenir seu aparecimento e posterior contágio. Como foi dito, "talvez a chave de qualquer estratégia nesse sentido consista não em centrar-se no próprio terrorismo, mas nos 'vazios políticos' criados por essa cultura da violência. Isso requer um enorme compromisso, não só quanto aos recursos, mas também quanto à vontade política. Supõe não ficar em discursos cosmopolitas, nem agir em conseqüência. O desafio mais extraordinário está no campo dos valores, em como conseguir que se leve a sério o princípio de que todos nós, seres humanos, somos iguais" (Kaldor, 2003, p.29).

Finalmente, resta-nos pela frente um desafio e um esforço gigantescos contra toda forma de violência em todo o planeta. Para isso, junto com as imprescindíveis medidas estruturais, deve-se priorizar a universalização da educação – tornar efetivo esse direito tal como mostramos no capítulo anterior – mas a partir da alfabetização para o conjunto da população nos valores de uma cultura de paz, fundamentalmente no respeito e na igualdade de todos os seres humanos, bem como no combate contra todas as culturas do ódio (sejam por motivos políticos, étnicos ou religiosos). Nesse sentido, muitos países têm de fazer um esforço significativo tanto para universalizar a educação quanto para evitar todo tipo de discriminação e doutrinação fundamentalistas, tal como acontece hoje em vários deles. Não podemos esquecer que um fenômeno que acompanha os processos de proliferação terrorista é a multiplicação nos últimos anos de escolas religiosas e laicas de caráter extremista. E tem mais: foram em muitas dessas escolas que surgiram os movimentos extremistas e/ou terroristas. É o caso das *madraçais*, especialmente no Afeganistão e no Paquistão, embora também haja fundamentalismo em muitas escolas cristãs extremistas nos Estados Unidos e em outros países.

No capítulo seguinte abordaremos diferentes propostas educativas em relação ao terrorismo ao desenvolver três dos seis objetivos educativos que formulamos de forma prioritária para os tempos em que vivemos: o valor da vida e da dignidade de todas as pessoas – em que incluímos os objetivos educativos diante do terrorismo –, o valor da justiça e da rejeição da vingança e do ódio e, em terceiro lugar, a necessidade de combater o medo e a desconfiança.

NOTAS

1. Assim como aconteceu em outras épocas históricas. Conforme destacou Richard Rorty (2004) "em 11 de setembro de 2001, meu primeiro pensamento foi que 'o governo de Bush ia se aproveitar da situação da mesma forma que os nazistas aproveitaram-se do incêndio de Reichstag'. Embora esse temor não tenha se confirmado totalmente, o fez em parte".
2. Hans Blix também diz o mesmo sobre a mudança de posição da administração norte-americana em relação ao Iraque a partir de 11 de setembro, citando Richard Perle como o "exótico superfalcão norte-americano" que já em 14 de novembro perguntava-se: "Devemos esperar Saddam ou empreendemos ações preventivas?" (Blix, 2004, p.268).
3. Alguns pelo privilégio de terem estado na sala de comando da luta antiterrorista norte-americana, como é o caso de Richard Clarke (2004), ex-coordenador do Conselho Nacional de Segurança dos governos de George H. W. Bush, Bill Clinton e George W. Bush.
4. O psiquiatra espanhol Luis Rojas Marcos pôde comprovar esse sentimento a partir de seu privilegiado posto de chefe de saúde dos hospitais públicos de Nova York (2002, p.16).
5. Não vamos esquecer que esse conceito já havia sido utilizado por Ronald Reagan.
6. Também Gore Vidal (2002, p.320) comenta que a demonização do mundo muçulmano já aparece nos meios de comunicação norte-americanos há várias décadas.
7. Como diz Vicenç Fisas, "curiosamente, os Estados Unidos votaram contra oito das nove resoluções sobre desarmamento nuclear submetidas à votação, enquanto que a Coréia do Norte e o Irã (países do 'eixo do mal') não fizeram isso contra nenhuma delas" (2003, p.7).
8. Para evitar equívocos, deixamos claro que não somos nem antiamericanos nem defensores dos regimes ditatoriais dos três países citados como do eixo do mal. Somos críticos em relação a uma determinada política norte-americana, como também o são milhões de norte-americanos.
9. Sem dúvida os grandes beneficiários dos atentados de 11 de setembro foram os falcões do complexo político-militar e industrial americano para aumentar seus

fartos benefícios e acelerar a militarização, enquanto cortam determinados direitos civis, enfraquecem a democracia e deixam de investir em programas sociais.
10. A UNESCO também alertou sobre sua deterioração depois de 11 de setembro. Essa foi a conclusão central da Conferência "Terrorismo e Imprensa" realizada em Manila nos dias 1 e 2 de maio de 2002. Entre os países que sofreram restrições quanto à liberdade de expressão sobre o tema foram citados Zimbábue, Bielorrússia, Canadá, Estados Unidos, Índia, Nepal e o Reino Unido.
11. Esse conhecido autor, em um artigo posterior, defende o que ele chama de "males menores" para combater o terrorismo, entendendo como tais nada menos do que a "detenção indefinida de culpados, interrogatórios coercitivos, assassinatos seletivos e até mesmo a guerra preventiva" (2004b, p.5). Isto é, aqueles que os governos de Bush e Sharon, entre outros, já estão aplicando. Para dizer de uma maneira mais dura, Ignatieff tende pelo fim de boa parte dos direitos humanos e do direito internacional para lutar contra o terrorismo, e isso, em nossa opinião, é uma vitória do terrorismo.
12. Refere-se à terça-feira de 11 de setembro de 2001.
13. Embora já apareçam claros indícios antes da Segunda Guerra Mundial, é a partir desse período que tal estratégia se acentua. Em 1966, em relação à guerra do Vietnã, Noam Chomsky escreveu: "Ao iniciarem os bombardeios sobre o Vietnã do Norte, Jean Lacouture comentou, de maneira apropriada, que esses atos, bem como os documentos apresentados para justificá-los, revelam simplesmente que os dirigentes norte-americanos acham que têm direito de atacar onde e quando quiserem" (Chomsky, 1973, p.86-87).
14. Ao mesmo tempo em que avaliza essa política para seus aliados incondicionais, como é o caso de Israel em relação à Palestina.
15. Silêncio quebrado em alguns casos, como foi o do governo espanhol anterior, não para questionar essa estratégia e a falta de lealdade norte-americana com os aliados, mas para apoiar totalmente a estratégia do governo dos Estados Unidos. Como disse o então ministro espanhol de assuntos exteriores, Joseph Piqué, "qualquer ação dos Estados Unidos terá sua justificativa" (*El País*, 23/11/01).
16. No jornal *El país* de 13/04/2003 foi publicado o artigo "A queda das Nações Unidas", de Richard Perle, que utilizamos em aula (www.elpais.es). Perle foi assessor de Ronald Reagan e de Donald Rumsfeld.
17. Schlesinger Jr., que foi assistente presidencial nos Estados Unidos entre 1961 e 1964, recolhe as palavras do presidente Eisenhower, em 1954, respondendo a um jornalista do *The New York Times* sobre a guerra preventiva, dizendo que, em sua opinião, é "uma impossibilidade". Nesse sentido, o autor estabelece uma diferença entre guerra preventiva e guerra antecipatória, na medida em que a primeira está vinculada a uma ameaça direta, imediata e específica aos Estados Unidos, enquanto a segunda parte de especulações sobre ameaças potenciais e futuras. No entanto, o problema está em quem e como se decide quando as ameaças são fundadas, pois, conforme foi demonstrado com a atual guerra do Iraque, a administração norte-americana sempre falou de guerra preventiva, enquanto os fatos mostraram a falta de veracidade das ameaças assinaladas.
18. http:/www.newamericancentury.org Em castelhano, o texto completo pode ser lido no livro de George Soros (2004, p.21-24).
19. O livro, além de argumentar contra a política de segurança, o unilateralismo e a decisão errada de invadir o Iraque, também apresenta mostras documentais do

simplismo do presidente Bush, ao menos em matéria de antiterrorismo, como na cena do presidente desenhando cruzes vermelhas sobre as fotos dos terroristas capturados ou mortos (p.355).

20. Que triste para uma pessoa, e que tristeza e perigo para um país, ter um presidente que se declara presidente da guerra.
21. Que não é exclusivo, evidentemente, da atual política externa norte-americana, conforme veremos no terceiro item deste Capítulo a respeito dos terrorismos.
22. Richard Clarke (2004) também se refere a essa conseqüência em várias passagens de seu livro.
23. A Carta das Nações Unidas foi assinada em 26 de junho de 1945 em São Francisco, no final da Conferência das Nações Unidas sobre Organização Internacional, e entrou em vigor em 24 de outubro do mesmo ano.
24. HUMAN RIGHTS WACH (2004): *Informe mundial 2004: los derechos y los conflictos armados.* http://hrw.org
25. Curiosamente, a guerra contra o Iraque, que supostamente foi e está sendo realizada, entre outras razões, para levar a democracia e os direitos humanos ao Iraque, como primeira fase para estender a democracia a todo o Oriente Médio, não só não está alcançando esses objetivos, como, além disso, está significando uma diminuição da liberdade e dos direitos humanos para os cidadãos dos países invasores.
26. No mês de junho de 2004 os Estados Unidos desistiram de voltar a pedir imunidade para suas tropas no Iraque diante da falta de apoio no Conselho de Segurança das Nações Unidas. As imagens das torturas realizadas pelos soldados norte-americanos ainda estavam muito frescas na memória de todo o mundo.
27. Por mais que o ex-presidente espanhol Aznar e seu sucessor à frente do Partido Popular, Rajoy, atualmente na oposição, insistam que o terrorismo é apenas um, que não existem diferentes causas nem diferentes terrorismos e que a única coisa que cabe fazer é condená-lo e combatê-lo. "Não existe maior erro do que tentar explicar o fenômeno terrorista; se não entendermos isso e começarmos a buscar explicações políticas para os atos terroristas, acho que estamos indo por um péssimo caminho", "todos os terrorismos são iguais" (Mariano Rajoy, *El País*, 8/4/2004). Sem dúvida, entre outras considerações, essa posição não é precisamente um exercício de brilhantismo intelectual e de cautela política, para não falar de seu enorme peso pedagógico.
28. Carlos Taibo (2002b, p.106) mostra que em novembro de 2001 as autoridades norte-americanas entregaram um memorando à União Européia no qual pediam "que fizesse o que estivesse em suas mãos para evitar um debate nas Nações Unidas sobre o conceito de terrorismo". Também lembra que em 1987 os Estados Unidos e Israel foram os únicos países a votar contra uma Resolução na Assembléia-Geral da ONU para lutar contra a ameaça terrorista. Chomsky também nos lembrou em várias publicações que os Estados Unidos é o único país condenado por terrorismo, em 1986, pelo Tribunal Internacional "por seu uso ilegal da força" em relação à Nicarágua.
29. Do mesmo modo, podemos utilizar o caso da linguagem empregada pela administração norte-americana nos primeiros dias de maio de 2004 quando da publicação de diversas fotos sobre torturas de soldados norte-americanos a prisioneiros iraquianos. Rumsfeld correu aos meios de comunicação para tentar abortar a polêmica suscitada informando que se tratava de "coações", não de torturas. Da mesma forma, o presidente dos Estados Unidos interveio para tentar salvar a hon-

ra das forças militares norte-americanas, assegurando que se tratava somente de algumas poucas ovelhas negras que não podiam manchar o bom nome do Exército norte-americano. Depois, em contrapartida, os meios de comunicação revelaram que as torturas contavam com a autorização dos altos comandos militares.

30. Nesse sentido, ele indica várias frentes terroristas, além da islâmica que hoje é a principal preocupação, estigmatizando também como terroristas a "extrema esquerda (a antiglobalização), os fascistas fanáticos, os setores religiosos e até mesmo os partidários da libertação animal que são da opinião de que existem muitos seres humanos no planeta" (p.10).

31. É evidente que seria necessário matizar as palavras da autora no sentido de determinados movimentos nacionalistas e religiosos.

32. Nesse sentido, considera que a matriz do islamismo é uma reformulação da velha dinâmica nacionalista e antiimperialista árabe. "A passagem para a linguagem religiosa permitiu expressar condenação ética não frente a um Ocidente cristão, mas frente a um Ocidente descristianizado e materialista" (p.52).

33. As entrevistas reproduzidas nesse número fazem parte do livro *El concepto del 11 de septiembre,* Paris, Galilée, 2003.

34. Vamos mal quando essa tese é defendida a partir da pesquisa para a paz.

3
Princípios e conteúdos educativos a partir dos quais devemos enfrentar a nova situação

> Devemos fazer todo o possível para suscitar as discussões e as perguntas embaraçosas e, assim, retardar ou até mesmo deter o recurso à guerra que hoje deixou de ser uma prática para se transformar em uma teoria. (Edward Said, 2002, p.9)
>
> É por isso que uma educação cuja meta seja conseguir um mundo mais democrático deveria proporcionar aos seus estudantes ferramentas críticas com as quais traçar relações entre os acontecimentos que, finalmente, desmascarem as mentiras e o engano. Em vez de doutrinar os estudantes com mitos sobre a democracia, a escola deveria comprometê-los com a prática da democracia. (Noam Chomsky, 2001b, p.41)

A partir dos dois princípios básicos da não-violência – a rejeição da violência como forma de resolução de conflitos e a busca da coerência entre os fins e os meios –, expomos neste capítulo as conseqüências e as prioridades educativas que, em nossa opinião, devem ser abordadas em nosso trabalho educativo nestes tempos de globalização neoliberal, conforme expusemos no Capítulo 1. Expomos também modos de abordar as políticas imperialistas, as quais conceituamos no Capítulo 2. Tais processos – juntamente com as resistências contra-hegemônicas que, a partir de diferentes âmbitos e manifestações, estão ocorrendo no mundo inteiro – configuram os cenários básicos do contexto que situamos historicamente a partir da queda do muro de Berlim, em 1989. Nesse contexto, aparecem fatos de grande importância como a chegada ao poder dos neofundamentalistas e imperialistas da atual administração Bush nos Estados Unidos da América do Norte, os atentados de 11 de setembro, as guerras do Afeganistão e do Iraque, até chegar aos atentados de 11-M em Madri.

Para este contexto global e turbulento em que vivemos, concretizamos as prioridades educativas em seis objetivos e conteúdos que deveriam gozar de um *status* especial em nossas instituições educativas. Objetivos e conteúdos que pretendem *neutralizar o gigantesco processo de deseducação para a paz que está sendo realizado por meio de diversas instâncias*, como é o caso de determinadas políticas conservadoras e muito especialmente no uso partidário e interessado que essas políticas fazem dos meios de comunicação. De fato, a partir do emaranhado político-econômico e midiático dominante pretende-se educar o conjunto da população em uma série de dogmas e práticas políticas que, a partir de uma educação crítica, devem ser analisados e questionados. Concretamente, ressaltamos os seguintes:

– Explicar e pensar o presente, assim como o passado e o futuro, a partir da suposta inevitabilidade da guerra diante do inimigo, do choque de civilizações e da "guerra permanente".
– Conseqüentemente, está havendo o estímulo de um pensamento favorável à necessidade de se armar e até mesmo de fazer a guerra para preservar a paz. E é por isso que existe a busca de apoio para o contínuo aumento dos gastos militares e para as políticas de segurança militarizadas.
– A perda de autonomia cidadã mediante o incentivo da delegação de poderes para as autoridades, que são aquelas que irão nos proteger contra o inimigo, contra o fortalecimento do poder de uma opinião pública crítica.
– A renúncia "inevitável" de determinadas liberdades e direitos em benefício da segurança.
– Silenciar a situação de pobreza no mundo ou apresentá-la como algo inevitável e secundário diante da questão do terrorismo. Ênfase na concepção economicista e distorcida do desenvolvimento.
– A institucionalização das mentiras como estratégia política e a não-assunção das responsabilidades políticas quando se consegue demonstrar a falsidade das mesmas.
– A impossibilidade da mudança e da aceitação do *status quo* dominante como único critério de verdade e responsabilidade.

Além desses traços, também está presente, conforme assinalamos no Capítulo anterior, o recurso à violência e o ressurgimento dos fundamentalismos em determinados grupos de oposição. Por tudo isso, apresentamos no Quadro 3.1 as finalidades educativas e seus correspondentes objetivos específicos que consideramos necessário priorizar nestes tempos de globalização neoliberal, guerra preventiva e terrorismos.

Em virtude da situação particular em que vivemos, damos uma especial importância aos itens 2 e 6 do quadro: estimular o compromisso com a busca da verdade e educar no valor do compromisso e da esperança, respectivamente. Por esse motivo eles serão abordados mais detalhadamente nos dois capítulos seguintes. No primeiro caso, educar para a verdade no Capítulo 4 e, no segundo, educar no valor do compromisso e da esperança no Capítulo 5. As outras quatro finalidades educativas assinaladas são abordadas neste capítulo.

Quadro 3.1
Finalidades educativas e objetivos específicos diante dos processos de globalização neoliberal, guerra preventiva e terrorismos

Finalidades educativas	Objetivos específicos
1. Enfatizar o valor da vida humana e da dignidade de todas as pessoas, o que implica estimular a cultura da não-violência, da paz e da solidariedade.	– Sensibilizar sobre o respeito à vida humana e à dignidade de todas as pessoas. – Relacionar esse princípio com a Declaração Universal dos Direitos Humanos. – Suscitar a rejeição do uso da violência como forma de resolução de conflitos. – Sensibilizar e utilizar as estratégias de resolução não-violenta dos conflitos. – Conhecer as diferentes realidades, argumentos e contextos em que a violência goza de legitimidade para realizar sua crítica. – Compreender os diferentes tipos de terrorismo e gerar atitudes de rejeição. – Sensibilizar a favor da extinção da pena de morte. – Estimular a solidariedade com as vítimas do terrorismo. – Mostrar as propostas, ações e requerimentos da cultura da não-violência, da paz e da solidariedade. – Estimular uma consciência favorável para com outro tipo de globalização baseada na justiça e na eqüidade, assim como para as propostas e organizações cuja finalidade é outro tipo de desenvolvimento.
2. Estimular o compromisso com a busca da verdade.	– Sensibilizar sobre a necessidade de dirigir nossas vidas a partir do valor ético da busca da verdade, radicalmente oposto aos fundamentalismos de todo tipo. – Neutralizar a *manipulação da informação* mediante a alfabetização sobre os meios de comunicação e o uso de meios alternativos de informação. – Compreender os diferentes significados e usos históricos do terrorismo.

(*continua*)

Quadro 3.1 (*Continuação*)
Finalidades educativas e objetivos específicos diante dos processos de globalização neoliberal, guerra preventiva e terrorismos

Finalidades educativas	Objetivos específicos
2. Estimular o compromisso com a busca da verdade (continuação).	– Diferenciar a luta necessária contra o terrorismo de sua utilização como pretexto ideológico (o uso do terrorismo para justificar outras políticas de estilo neo-imperialista). – Analisar a história recente norte-americana e de outros países em relação ao terrorismo de Estado. – Conhecer os "atentados" antes e depois de 11 de setembro. – Compreender a estrutura do conflito e aplicá-lo ao caso de 11 de setembro, das guerras do Afeganistão e do Iraque e ao terrorismo global.
3. Sensibilizar sobre o valor da justiça e da rejeição da vingança e do ódio.	– Compreender a dor diante do sofrimento alheio e estimular a solidariedade com as vítimas da violência. – Compreender os fatores e os contextos que provocam a vingança e o ódio, assim como aqueles que os previnem. – Questionar a vingança e as culturas do ódio e sensibilizar em favor da justiça, tanto local, nacional, como internacionalmente. – Analisar o percurso da luta pela justiça internacional e contra a impunidade. – Conhecer e praticar formas alternativas de resolução de conflitos. – Questionar o maniqueísmo e a construção do inimigo. – Conhecer de maneira crítica as políticas xenófobas que associam imigração com delinquência. – Considerar o perdão, que não significa esquecimento, como prática social diante da vingança e do ódio.

(*continua*)

Quadro 3.1 (*Continuação*)
Finalidades educativas e objetivos específicos diante dos processos de globalização neoliberal, guerra preventiva e terrorismos

Finalidades educativas	Objetivos específicos
4. Combater o medo e a desconfiança.	– Questionar a cultura do medo e da desconfiança que se criou para com o diferente, principalmente a arabofobia e a islãfobia. – Compreender e questionar os efeitos da "cultura do medo". – Ser conscientes sobre o uso do medo como estratégia política de submissão e negação do pleno desenvolvimento da cidadania democrática. – Estimular a autonomia, a capacidade de dissidência e o pleno poder das pessoas e dos grupos de base. – Priorizar, tanto no âmbito da sala de aula e da escola quanto para o conjunto da sociedade, o valor do respeito e das relações de confiança diante das relações educativas assentadas no medo, na ameaça e na desconfiança.
5. Insistir no valor da democracia, da paz e da necessidade de globalizar os direitos humanos.	– Facilitar o compromisso com a democracia, a paz e os direitos humanos. – Questionar as políticas neoliberais. – Buscar a coerência entre os fins e os meios. – Impulsionar a organização democrática em todos os âmbitos das escolas. – Questionar qualquer forma de segregação do alunado. – Questionar o unilateralismo. – Sensibilizar sobre a necessidade das Nações Unidas e sua reorganização democrática como garantidora das relações internacionais. – Propiciar atitudes favoráveis para com uma sociedade global democrática e justa.

(*continua*)

Quadro 3.1 (*Continuação*)
Finalidades educativas e objetivos específicos diante dos processos de globalização neoliberal, guerra preventiva e terrorismos

Finalidades educativas	Objetivos específicos
6. Educar no valor do compromisso e da esperança.	– Compreender e criticar a ideologia neoliberal que estigmatiza como negativa a possibilidade de mudança. – Questionar a passividade, a indiferença e o conformismo. – Facilitar o conhecimento das conquistas e dos avanços sociais. – Conhecer as alternativas para os problemas da humanidade, além de incentivar e dar possibilidades de outras novas aos estudantes. – Evitar cair em posturas pessimistas e catastróficas, sensibilizando sobre o valor da esperança e da utopia. – Valorizar positivamente o compromisso e a esperança.

ENFATIZAR O VALOR DA VIDA HUMANA, DA DIGNIDADE DE TODAS AS PESSOAS E DA CULTURA DA NÃO-VIOLÊNCIA, DA PAZ E DA SOLIDARIEDADE

Educar para a vida a partir da dignidade humana

Educar para a vida deveria ser uma redundância. No entanto, foi uma das idéias motrizes do pensamento pedagógico progressista. Alguma razão deve haver nisso. Em primeiro lugar, a história da educação nos mostra que essa idéia surgiu das propostas educativas renovadoras diante dos modelos tradicionais assentados na centralidade do professor e em uma determinada concepção livresca e memorialística da cultura. A partir do movimento da Escola Nova, passando pela escola moderna de Celestin Freinet, pelas propostas pedagógicas anarquistas até as alternativas da desescolarização, critica-se não só a forma de ensinar da escola tradicional, como também a visão dos conteúdos que são considerados distantes das temáticas e das preocupações tanto dos próprios estudantes quanto do ambiente circundante em geral. "Não separar a escola da vida" é a crítica à escola tradicional e, ao mesmo tempo, uma das alternativas propostas. Segundo Celestin Freinet, "a vida parava lá, onde a escola começava: um mundo novo, totalmente diferente daquele que vivíamos, com outras regras, outras obrigações, outros interesses ou, o que é mais grave, uma ausência às vezes dramática de interesse" (1978, p.41). Por isso, essa primeira aproximação à reivindicação da educação a partir da e para a vida é feita, fundamentalmente, a partir de critérios metodológicos e, em segundo, sobre o tipo de cultura que se estudava. Razões críticas que, de alguma maneira, ainda continuam sendo válidas hoje.

Porém, a partir da educação para a paz e do pensamento sobre a violência, a reivindicação da vida teve e tem um caráter mais essencial por se encontrar, em determinados contextos, em uma situação de precariedade e até mesmo de impossibilidade em boa parte do planeta. Seja pelas sombras ameaçadoras da barbárie na forma de diferentes estilos de fascismos, terrorismos, etc., ou ainda pelos cânticos desumanizadores à função redentora da violência. Do mesmo modo, devemos voltar nosso olhar crítico para o conhecimento das realidades sociais violentas e desiguais que questionam ou impossibilitam a vida, suas infinitas possibilidades, sua qualidade ou longevidade, etc. (alguns dados sobre esta última questão foram expostos no Capítulo 1).

As novas realidades sociais que vimos nos dois primeiros capítulos, principalmente o terrorismo global e os terrorismos locais, a degradação social que leva milhares de jovens e crianças em diversas partes do mundo a ter como única saída a aspiração de ser um belicoso agente de máfias e gangues urbanas,[1] a guerra como recurso plausível da política externa – como é o caso da guerra preventiva como já vimos –, torna necessário, em nossa opinião, relançar nosso olhar para o princípio inegociável do valor da vida, especialmente naqueles contextos em que se vislumbra o avanço da pior situação que se possa imaginar, que é a perda do valor da vida humana.

A vida é o maior dos bens a partir do qual emanam os demais. Como assinalou Emilio Lledó (1998, p.21) "a vida é um bem, renascido entre as possibilidades que o corpo e os sentidos especificam e matizam. Nada há, então, como a defesa da vida, como o cuidado, para que nossos sentidos possam, efetivamente, abordar e assimilar o oferecimento das coisas. A vida é, assim, a origem de todos os desejos". Mas a vida é tão suficientemente frágil que exige para sua sobrevivência medidas de proteção e cuidado.[2] E isso somente é possível a partir do cuidado mútuo.[3] A partir dessas duas considerações é que deveríamos construir nosso modelo educativo, no qual meninos e meninas, sem nenhum tipo de discriminação, aprendessem a valorizar positivamente as ações e o tempo dedicado ao cuidado. Também deveriam questionar todas aquelas ações que envolvem destruição, morte, etc., ou que signifiquem um aumento desnecessário da fragilidade.

A partir dos pressupostos de uma cidadania democrática, respeitosa e solidária, devemos reforçar nossas propostas inequívocas a favor de uma cultura da não-violência e da paz, que têm como princípio fundamental o respeito à vida dos demais, a vivência dos direitos humanos e dos princípios democráticos de convivência e a prática das estratégias não-violentas de resolução de conflitos. A partir dessas coordenadas devemos educar no direito à vida como um direito prioritário, hierarquicamente superior a outros direitos. É um direito maior, e como tal inegociável e não sujeito a mancomunações ou a táticas conjunturais de estratégia política. Assim, por exemplo, em relação ao direito legítimo de autodeterminação, não é possível estabelecê-lo acima do direito à vida ou usá-lo como moeda de troca para o fim da violência, como vem sendo feito pelo ETA e por outras pessoas e organizações no País Basco (Espanha).

Nesse mesmo eixo central acrescentamos a idéia de dignidade que nos transmitiu a cultura dos direitos humanos. Conforme assinalamos (Jares, 1999b), a *dignidade* é, antes de qualquer formulação jurídica ou política, uma condição moral inerente a todo ser humano sem nenhum tipo de distinção, seja esta por razões econômicas, físicas, culturais, raciais, sexuais, etc. Dignidade que está entre duas qualidades essenciais, a liberdade e a plena igualdade de todos os seres humanos, que nos levam a resgatar a proposta kantiana de "nunca permitir ser tratado nem tratar, portanto, ninguém apenas como um meio" (Muguerza, 1990, p.450). Portanto, no valor da vida aparece, inexoravelmente, seu complemento ou qualidade inerente a ela derivada da condição de ser humanos, a idéia de dignidade, o direito de ter e de viver uma vida digna. Nesse sentido e no plano didático, além da própria análise da Declaração Universal dos Direitos Humanos, podemos utilizar outros documentos em nossas aulas, como o *Manifesto 2000* lançado pela UNESCO.[4] Igualmente deve ter seu espaço a abordagem de tais situações que desrespeitam essa qualidade, como são os tratamentos desumanos e degradantes ou as torturas. Que sirvam como possíveis exemplos os casos de torturas que escandalizaram a opinião pública mundial cometidos por agentes do exército norte-americano no Iraque ou a situação de absoluta ruptura com o estado de direito, com a cultura dos direitos humanos e, portanto, com a idéia de dignidade humana que sofrem os presos da base militar norte-americana de Guantânamo, em Cuba.[5]

Educar a partir da rejeição da violência e principalmente do terrorismo

A partir dessa proposta educativa de defesa da vida, a análise daquelas situações, contextos e ideologias que questionam ou atentam contra o direito à vida adquire uma especial relevância. Nesse sentido, a violência como ideologia ou a violência terrorista como estratégia de luta social deve ter uma posição especial no currículo das escolas, pois ela fere esse princípio básico de direito à vida. E o primeiro conteúdo que devemos abordar é que a violência é uma forma de encarar os conflitos, mas não de resolvê-los. A violência elimina ou adia o conflito matando ou anulando a outra parte, mas não resolve o conflito. E, como bem nos mostra a história, mais cedo ou mais tarde volta a nascer em um cenário mais complicado para a resolução dos conflitos. Se quisermos realmente sair da pré-história das relações sociais temos de deixar de ver a violência como forma de encarar os conflitos. As guerras, o terrorismo e qualquer forma de violência devem ser evitados porque contradizem os princípios básicos da resolução não-violenta dos conflitos, da democracia e da moral. Por isso condenamos a guerra do Iraque,[6] o terrorismo do ETA e da Al Qaeda, a violência de gênero, a violência daqueles que sofrem a injustiça, a violência que sofrem milhões de pessoas no mundo que não têm o sustento necessário para sobreviver, etc.

O terrorismo, tão presente em todo o livro, supõe, entre outras coisas, a violação de dois princípios fundamentais muito ligados a um tipo de cultura em que somos socializados: o desprezo pela vida e, por outro lado, a quebra da necessária unidade que deve existir entre os fins e os meios em toda luta política ou social. A violação desses dois princípios não é nenhuma novidade para muitos países do mundo que sofrem com o fenômeno terrorista, entre eles a Espanha, e também não o é para os Estados Unidos que o praticou e encorajou – terrorismo de Estado – em diversos países e períodos históricos. Diante daqueles que acreditam e defendem que contra o terrorismo valem todos os meios, devemos lembrar que essa é precisamente a lógica terrorista. Como bem sabem os espanhóis em sua história recente, o uso de métodos ilegais e não-democráticos na luta antiterrorista cedo ou tarde volta-se contra os fins buscados. Na luta antiterrorista deve-se respeitar a vida de todos e o direito, tanto o nacional quanto o internacional.[7]

Como diz o título da manifesto de Darwish et al. (2001) que citamos anteriormente, não existe, em absoluto, nada que justifique o terrorismo. Por isso, o sistema educativo deve ser um cenário privilegiado para combater todas as formas de terrorismo a partir dos dois princípios básicos assinalados. Desses dois princípios extraímos os objetivos que, em nossa opinião, deveriam ser impulsionados a partir do currículo das diferentes etapas educativas e que apresentamos no Quadro 3.2.

Uma das estratégias educativas que não pode faltar na abordagem dessas temáticas é a realização de ações de solidariedade com as vítimas e as pessoas próximas a elas. Todas as escolas deveriam realizar ações de protesto e solidariedade toda vez que houvesse um atentado. Ações que serviriam de exemplo se fossem precedidas ou compartilhadas pelas autoridades educativas municipais e estatais. Mas, além da abordagem didática do terrorismo de forma negativa, também é preciso tratá-lo de forma positiva, no sentido de mostrar que existem mais os aspectos que nos unem do que os que nos separam, reafirmando o direito à vida e a cultura da não-violência.

Quadro 3.2
Objetivos educativos diante do terrorismo

- Sensibilizar para a necessidade de fomentar o respeito e o direito a ter uma vida digna.
- Questionar o uso da violência e propiciar a prática das estratégias de resolução não-violenta dos conflitos.
- Compreender a evolução histórica do terrorismo, suas diferentes formas e causas, assim como o reconhecimento das dificuldades para sua definição.
- Identificar o terrorismo como forma clara de ruptura com os dois princípios básicos da convivência democrática: o respeito à vida e o uso ilegítimo da violência, que provoca a ruptura com o princípio da coerência entre os fins e os meios.
- Compreender os diferentes tipos de terrorismo que ocorreram e ocorrem na Espanha.
- Identificar as características fundamentais que definem o chamado "terrorismo global".
- Favorecer uma atitude crítica de rejeição com todas as formas de terrorismo e incentivar os valores de uma cultura de paz apoiada no respeito – começando pelo respeito à vida –, na igualdade, nos direitos humanos, na justiça social e no pleno desenvolvimento sustentável.
- Lutar, na medida do possível, contra o medo, a incerteza e a insegurança geradas pelo terrorismo, sensibilizando a favor da coragem cívica diante dele.
- Estimular o compromisso em favor dos direitos humanos, da justiça, nacional ou internacional, e também das instituições políticas internacionais democráticas.
- Suscitar atitudes de ajuda e solidariedade com as vítimas do terrorismo.
- Estimular a cultura da reconciliação naquelas sociedades que, como no caso do País Basco, da Colômbia, da Palestina e de Israel, entre outros, estão sofrendo as desgraças do terrorismo na forma de atentados, seqüestros, extorsões, ameaças de morte, etc.

Outra dimensão do terrorismo que se tornou um conteúdo indispensável em sala de aula é o do conhecimento da vida das pessoas que vivem ameaçadas pelo estigma de serem vítimas da violência ou sob a ameaça da violência. No caso do País Basco e de Navarra, o grupo Gesto pela Paz denunciou, em maio de 2003, em sua campanha "Se eles o ameaçam, eles nos agridem", que mais de 42.000 pessoas encontram-se diretamente perseguidas, cifra que também foi reconhecida pelo Governo basco em uma campanha publicitária de denúncia desses fatos. Os estudantes devem ter oportunidades – documentos, testemunhos, etc. – para conhecer essas situações e denunciar sua ilegitimidade moral. Também devem ser mostrados os mecanismos de proteção, as instituições e os grupos que trabalham a favor das vítimas de ambos os tipos de terrorismo. Um desses documentos que pode ser utilizado em sala de aula é o *Manifesto contra a violência de perseguição* elaborado em junho de 2004 pelos movimentos sociais bascos *Gesto pela Paz e Elkarri*.[8] Trata-se de "uma declaração conjunta de denúncia da violência de perseguição[9] e de solidariedade com todas as pessoas afetadas por ela.

Educar para a extinção da pena de morte

Outro aspecto imprescindível em um projeto educativo estruturado no valor da vida humana é o trabalho de sensibilização contra a *pena de morte*. Segundo o último Relatório da Anistia Internacional (2004), em 2003 pelo menos 1.146 pessoas foram executadas em 28 países, sendo condenadas à morte 2.756 pessoas em 63 países. Essa organização reconhece que tais casos foram documentados, mas que, sem dúvida, os números são sensivelmente superiores. Como nos anos anteriores, as execuções em todo o mundo ocorreram em um número reduzido de países. Em 2003, 84% das execuções conhecidas ocorreram na China, nos Estados Unidos, no Irã e no Vietnã. Devemos, então, continuar insistindo em nossas propostas educativas e sociais até conseguir a total extinção da pena de morte no mundo. E isso por várias razões (Anistia Internacional, 1995, p.33):

– porque foi constatado que não reduz a delinqüência nem a violência política; em outras palavras, sua eficácia na dissuasão dos delitos não foi provada;
– é discriminatória, pois habitualmente é aplicada a pessoas desfavorecidas ou pertencentes a minorias marginalizadas;
– foi aplicada a pessoas que depois ficou demonstrado serem inocentes;
– embrutece todos os envolvidos;
– é desumana e injusta.

Além dessas razões, para nós há uma razão especial que, por si só, é suficiente para se opor à pena de morte: ela contradiz o princípio de inviolabilidade da vida humana, consagrado no artigo 3 da Declaração Universal dos Direitos Humanos.

Educar para a solidariedade e para a erradicação da pobreza

Porém, como vimos no Capítulo 1, a principal ameaça para a vida no mundo é a pobreza. Os dados que apresentamos nesse capítulo são, ao mesmo tempo, conclusivos e dramáticos. E são de tal forma que, em nossa opinião, deveriam gozar de prioridade no âmbito educativo impulsionando a *cultura da solidariedade*, apoiada no conceito global e crítico do desenvolvimento humano (Anderson, 1998; Griffin, 2001; MacEwan, 2001; Sen, 2000; Slim, 1998). A solidariedade é uma qualidade do ser humano que devemos aprender e desenvolver desde a primeira infância. Qualidade que nos leva a compartilhar os diferentes aspectos da vida, não somente os aspectos materiais, mas também os sentimentos. Solidarizar-se com aquele que sofre, com aquele que está carente de determinadas necessidades, com aquele que sofre injustiça. Nesse sentido, consideramos a solidariedade como uma qualidade de humanização e, portanto, como um aspecto que deve estar presente na vida das pessoas para que sejam plenamente humanas e felizes. Este último aspecto parece-me muito importante, talvez porque em minha vida, infelizmente, eu o tenha aprendido muito tarde. Isto é, não é só um princípio ético ou um imperativo categórico, como afirmava Kant, mas também é uma forma de conduzir a vida e ser, por isso, mais feliz.

A solidariedade traz junto com ela, além da voluntariedade e seu caráter desinteressado, outras duas características muito importantes: a *relação com a justiça* e a necessidade de *transformar as situações injustas*. Em relação à primeira, a solidariedade exige, para isso, pôr em prática um determinado tipo de ação. Esse compartilhar sentimental e/ou material que nos impulsiona a solucionar ou transformar as situações injustas, que produzem sofrimento. Nesse mesmo sentido concordam diversos autores (De Sebastián, 1996; García Roca, 1994; Vázquez e Sánchez Torrado, 1998): "somente na ação ela se realiza plenamente como solidariedade" (De Sebastián, 1996, p.17). Em relação à justiça, a solidariedade exige uma transformação das situações injustas, razão pela qual se diferencia, entre outras, da caridade. A questão não é somente ajudar o necessitado, de apoiar aquele que necessita, mas, ao mesmo tempo, deve haver um compromisso de mudança. No Quadro 3.3 sintetizamos as características e as relações da solidariedade.

Por último, gostaria de chamar a atenção das famílias para que colaborem com as escolas na tarefa de educar a partir do respeito ao valor e à dignidade da vida humana. Acredito que uma das tarefas do "ofício" de sermos pais é dedicar tempo para falar e escutar[10] nossos filhos. Nesse diálogo não pode faltar o ato de comentar sobre aquilo que nos afeta e que é importante para a vida. Entre eles as violências e os conflitos. Como destaca Amos Oz em relação ao conflito palestino-israelense, o antídoto para superá-lo também pode ser encontrado em casa: "está virtualmente na ponta dos dedos quando escrevemos" (2002, p.37). Os conflitos e as diferentes formas de violência não podem ser ignorados, entre outras coisas porque sobre eles costumam aparecer as perguntas inevitáveis e, às vezes, também os medos.

Acho que é muito importante que tanto pais e mães como professoras e professores abordem a educação a partir da perspectiva do conflito. Conforme dissemos (Jares, 2001), o conflito é inseparável da convivência, ao menos da convivência democrática. Conflitos que se forem convenientemente enfrentados, em vez de serem uma ameaça para essa convivência eles a reforçam. O que é uma verdadeira ameaça é a violência, que é uma possível resposta a um conflito, mas não a única. E, sem dúvida, não é a desejável. Nesse sentido acredito que é preciso explicar aos pequenos, nas famílias e nos primeiros anos de escolaridade, o valor do respeito e o valor do respeito à vida de todas as pessoas. Desde pequenos temos de ser socializados nesse princípio maior: o direito à vida. E com ele na firme convicção de que ninguém tem direito de tirar a vida de ninguém. Porém, do ponto de vista educativo, o desafio é ensinar para as jovens gerações a paixão pelo viver, pela fonte inesgotável

Quadro 3.3
Características e relações da solidariedade

Características	Relacionada com
- Atitude e disposição pessoal que aprendemos em nossa relação com os demais. - Ação voluntária e desinteressada. - Princípio ético ou valor moral, mas também espaço para a realização pessoal e das possibilidades de felicidade. - Comprometida com a mudança das situações e estruturas injustas. - Diferentemente da caridade, longe de ocultar ou encobrir os conflitos sociais, promove a "leitura constante" do mundo e a conscientização. - Não substitui as responsabilidades sociais do Estado.	- A compaixão - A justiça - A cidadania democrática - Os direitos humanos

de aventura que a vida pode nos proporcionar. E ao mesmo tempo, é preciso ensinar que na vida, e por ela, é preciso lutar, às vezes por cada sopro de ar. E nessa luta inevitável, ninguém tem direito de tirar a vida de ninguém. Que a discordância não significa, necessariamente, inimizade. Que não é justo ter de viver com um guarda-costas. Que pelas divergências e pelos conflitos podemos aprender e amadurecer como pessoas, mas nunca por meio da violência que gera ódio e desejos de vingança, tal como analisamos no item seguinte.

SENSIBILIZAR SOBRE O VALOR DA JUSTIÇA E DA REJEIÇÃO DA VINGANÇA E DO ÓDIO

Compreendemos a dor e a raiva após a morte de vidas inocentes, sejam estas em Nova York, em Madri, na Palestina ou no Iraque. São sentimentos compreensíveis e inevitáveis nos momentos próximos à tragédia. Além disso, do ponto de vista da saúde psíquica eles precisam ser manifestados verbalmente e compartilhados. Contudo, esses sentimentos não podem servir de pretexto para justificar o ódio e a vingança. E mais imoral ainda é que os dirigentes de um país, como foi o caso da administração norte-americana com seu presidente à frente após o 11 de setembro, estimulem e utilizem o ódio e a vingança como estratégia política de resposta aos atentados. Como diz uma das vítimas do 11-S, "para mim, essa catástrofe é o sinal de que algo deve ser mudado neste mundo que permite o ódio e a vingança. Mas espero que sejamos generosos e saibamos deter o ciclo da vingança (...) acredito na paz universal e não acredito na vingança". Além disso, o povo norte-americano deve compreender esses mesmos sentimentos – de dor, de impotência, de injustiça, de humilhação, de desprezo à vida, etc. – que muitas pessoas sentiram em diferentes partes do planeta e em diferentes períodos históricos provocados, precisamente, pelo exército ou por agentes da administração norte-americana.

De igual modo não podemos deixar de lado os contextos sociais e culturais dos atentados terroristas e as possíveis respostas a eles, principalmente em relação ao ódio e à vingança – isto é, tais sentimentos podem florescer ou se propagar em maior ou menor grau não só em função do tipo e da magnitude dos atentados, como também de seus contextos social e cultural. E essa última variável é a que explica, em grande parte, a diferença entre a resposta do povo espanhol após o 11-M e a dos Estados Unidos da América do Norte no 11-S. Como assinalou Luis Rojas Marcos, "em tempos de crise todos os povos consideram sua causa justa. Mas a combinação de uma nação superpoderosa com uma imagem supervirtuosa de si mesma é preocupante. Quando a verdade transforma-se na convicção prepotente e soberba de 'estar de posse da verdade' é muito difícil distinguir uma da outra. É assim que se forja um fanatismo nacionalista que, sob um halo ilusório de virtude, justifica a crueldade cega contra o inimigo" (2002, p.109). Esse narcisismo patológico de que Rojas Marcos fala também foi detectado por Tiziano Terzani, quando escreveu, 10 meses depois do 11-S, no regresso de uma viagem de 15 dias pelos Estados Unidos: "Voltei daquela viagem em estado de choque, com uma impressão assustadora. Havia visto um país arrogante, obtuso, totalmente concentrado em si mesmo, ufano de seu poder, de sua riqueza, sem nenhuma compreensão ou curiosidade pelo resto do mundo. Causou-me impacto o disseminado sentimento de superioridade, a convicção de serem únicos e fortes, de se acharem a civilização definitiva. Tudo isso sem nenhuma auto-ironia" (2002, p.16-17). Além disso, percebe os norte-americanos como "vítimas de alguma lavagem cerebral: todos dizem as mesmas coisas, todos pensam do mesmo modo" (Terzani, 2002, p.17), e acaba expressando um sentimento que há tempos nos assalta: "Os Estados Unidos haviam me dado medo" (p.17).[11]

Nossa posição de condenação absoluta do terrorismo deve ser clara e categórica, tanto em nosso ambiente profissional quanto em nosso exercício cotidiano de cidadania. Condenação que se estende a todos os tipos de atentados, sejam eles de caráter islamita, como os de 11-S ou de 11-M, entre outros, os "assassinatos coletivos" do governo israelense ou os carros-bomba dos grupos terroristas palestinos ou iraquianos, os atentados dos grupos separatistas tchetchenos ou os do exército russo, os do ETA ou de qualquer outro grupo terrorista. Nenhum atentado pode ser justificado por nenhuma causa ou por nenhum deus. Matar inocentes não só atenta contra as pessoas ou interesses de um determinado país, mas é um ataque contra toda a Humanidade, contra os valores da civilização, também os do Islã. Assim, como dissemos, diante da injustiça e do terror não devemos responder com seus mesmos métodos, com a vingança e o ódio. Conforme escreveu David Held dias depois do 11-S, "o terrorismo nega nossos mais arraigados princípios e ambições. Mas uma resposta defensável, justificável e sustentável ao 11 de setembro deve estar de acordo com nossos princípios básicos e com as aspirações de segurança da sociedade internacional, com o direito e com a administração imparcial da justiça, aspirações dolorosamente formuladas depois do Holocausto e da Segunda Guerra Mundial. Se os meios usados para lutar contra o terrorismo contradizem esses princípios, talvez satisfaça a emoção do momento, mas nossa mútua vulnerabilidade se verá acentuada. Estaremos ainda mais distantes de uma ordem mundial mais justa e segura" (2001).

A vingança insere-nos em uma espiral que nos leva, como os fatos demonstraram, a mais sofrimento e tragédia. É o que René Girad havia denominado o "círculo vicioso da vingança": "A vingança apresenta-se como represália, e toda represália provoca novas represálias. O crime que a vingança castiga, quase nunca concebe a si mesmo como inicial; apresenta-se já como vingança de um crime mais original ..." (1983, p.290). Enaltecer como política de Estado a vingança e o ódio, além de uma gravíssima irresponsabilidade, é um ataque ao conjunto da humanidade pelas conseqüências destrutivas que gera e porque envenena as relações humanas. Infelizmente, as políticas seguidas após o 11-S apóiam-se na sede insaciável de vingança, como se esta fosse uma resposta "normal" aos atentados. Observamos que hoje ocorre uma "vingança de Estado" por parte de alguns, como é o caso dos Estados Unidos em países como Afeganistão e Iraque ou de Israel com a Palestina. Mas, ao mesmo tempo, a vingança também ocorre por parte de grupos terroristas, como é o caso do terrorismo islamita ou o do ETA, quando proclamam uma "vingança do povo" ou "o povo não perdoará"[12] por meio de atentados, seqüestros e assassinatos. A vingança é em si mesma repudiável, como sentimento e conduta social, mas, além disso, gera mais violência e impede a reconstrução do tecido social. Um bom exemplo dessa política de vingança e ódio – além de exemplo de fundamentalismo religioso, culto ao guerreiro e desprezo pela vida – é a análise do comunicado das Brigadas de Abu Hats-Al Masri, integrantes da Al Qaeda, reivindicando os atentados de 11-M em Madri.

Educar no valor da justiça

Diante da vingança e do ódio devemos persuadir nossos estudantes sobre o valor da justiça e, em época da globalização, sobre a necessidade de que seja globalizada por meio da interconexão dos sistemas judiciais nacionais e do apoio aos tribunais de *justiça internacional*. Uma justiça ligada à luta contra a impunidade e comprometida com os direitos humanos. Independentemente da causa, a impunidade significa, em última instância, a negação da justiça para as vítimas, e cria um clima no qual os indivíduos podem continuar cometendo violências sem medo de serem detidos, processados, castigados. Como aparece no Relatório do ano 2000 da Anistia Internacional, a impunidade, isto é, não pôr nas mãos da justiça nem castigar os responsáveis pela violação dos direitos humanos, normalmente tem sua origem na falta de vontade política e isso, muitas vezes, acontece porque foi o próprio Estado, ou suas instituições – como o exército, por exemplo – que cometeram ou estimularam tais violações. Outras vezes são grupos privados ou empresas que gozam dessa impunidade.

Os culpados pelos atentados terroristas em qualquer parte do mundo e a partir de qualquer instância devem ser levados à justiça, como todos os culpados de genocídio ou crimes contra a humanidade. Educar no valor da justiça e contra o ódio e a vingança traz junto com ela a formação de uma cidadania exigente com uma justiça que atue contra os violentos, que lute contra a impunidade do terrorismo ou do genocídio. Como assinala Aurelio Arteta, "todo sofrimento humano, merecido ou indevido, demanda compaixão; mas, quando é indevido, demanda, antes e depois, justiça. Toda desgraça alheia, seja ela proveniente da sociedade, da natureza ou do destino, deve suscitar piedade. Mas, quando essa desgraça brota de raízes sociais ou políticas, então a compaixão com aquele que sofre o mal sem merecê-lo alia-se à indignação diante daquele que obtém indevidamente seu bem a partir do dano causado ao outro, desembocando no clamor por uma justiça que restabeleça os méritos e deméritos respectivos. A vítima sofre maior dano do que deveria porque seu algoz usufrui mais benefício do que merece. Animada de piedade e indignação, cabe então à justiça repor a igualdade diminuindo o mal de um e aumentando o do outro" (1998, p.63).

Nesse sentido, um dos conteúdos que devemos introduzir nos programas educativos para educar nos valores e conhecimentos de uma cidadania democrática é a necessidade de ressaltar o fato histórico do estabelecimento de tribunais de justiça de âmbito internacional. Concretamente, uma das novidades mais positivas dos últimos anos foi o estabelecimento de instituições internacionais de justiça, como foram os tribunais internacionais que julgam os crimes cometidos em Ruanda e na antiga Iugoslávia. E, principalmente, a decisão tomada em 1998 pela comunidade internacional de criar a Corte Penal Internacional (CPI), mediante o Tratado de Roma, com jurisdição sobre o crime de genocídio, os crimes de lesa-humanidade e os crimes de guerra. Sem dúvida, sua criação supõe um passo importante na luta contra a impunidade.[13] Felizmente, em 1º de julho de 2002 essa CPI entrou em vigor após ser ratificada por mais 60 Estados em 11 de abril de 2002.[14]

Igualmente importante na educação a favor de uma justiça internacional é a sensibilização sobre o reforço judicial e policial na luta contra a corrupção. Como assinalou o juiz espanhol Baltasar Garzón, a corrupção é uma ameaça para a democracia. Ela é uma ameaça que afeta todos os âmbitos da sociedade e todos os países, embora existam claras diferenças entre uns e outros.[15] A lógica da corrupção está enraizada na própria essência do mercado e na lógica do benefício acima de qualquer outra consideração.

Como disse José Saramago no ato de encerramento do II Fórum Social Mundial (2002) em Porto Alegre, não precisamos da justiça "que se envolve em túnicas de teatro e nos confunde com flores de vã retórica judicial, não a que permitiu que lhe vendassem os olhos e alterassem os pesos da balança, não a da espada que sempre corta mais para um lado do que para outro, mas uma justiça comum, uma justiça companheira cotidiana dos homens, uma justiça para a qual o justo seria o sinônimo mais exato e rigoroso do ético, uma justiça que chegasse a ser tão indispensável para a felicidade do espírito como o alimento do corpo é indispensável para a vida. Uma justiça exercida pelos tribunais, sem dúvida, sempre que a lei assim determinasse, mas também, e, sobretudo, uma justiça que fosse emanação espontânea da própria sociedade em ação, uma justiça na qual se manifestasse, como inescusável imperativo moral, o respeito pelo *direito de ser* que está presente em cada ser humano" (Saramago, 2002).[16]

Educar a partir da rejeição e da prevenção do ódio

O ódio é um sentimento normalmente provocado contra aquela pessoa, grupo, instituição ou país que nos ameaça – ou a algum de nossos entes queridos – em nossos interesses – econômicos, profissionais, políticos, afetivos, etc. –, identidade ou auto-estima ou quando temos a percepção dessa ameaça contra alguma das três dimensões citadas. Como destacava Mitscherlich, o ódio "é algo que se sente contra as perturbações do próprio bem-estar, tanto anímico como corporal" (em Häsler, 1973, p.136). Uma vez gerado o sentimento do ódio, busca-se a anulação e até mesmo a destruição da pessoa ou causa odiada comprometendo, ao mesmo tempo, a dignidade daquele que odeia.

O ódio, além disso, anula nossa racionalidade e dignidade, tornando igualmente irracionais e indignas nossas relações com os demais. Como dissemos, "o ódio é uma corda no pescoço. Quanto a mim, sempre que sinto ódio de alguém me considero abaixo de minha dignidade" (Anouar Hatem, em Häsler, 1973, p.71). Quando atinge estágios de irracionalidade incontrolável o ódio é perigoso e patológico. Mesmo existindo diferentes escalas de ódio em sua graduação de intensidade, ele é um sentimento que traz junto consigo uma elevada temperatura emocional que, conseqüentemente, anula ou diminui sensivelmente os recursos de racionalidade, chegando mesmo, em algumas ocasiões, a gerar estados de irracionalidade na pessoa que odeia. "O ódio parece impedir toda possibilidade de objetividade sobre o odiado, e seu desejo de destruí-lo é tão poderoso que, se isso fosse possível, ele o tornaria realidade" (Castilla del Pino, 2002, p.8). Por isso ele é antitético com os processos educativos racionais[17] e democráticos,[18] por ser um sentimento "intrinsecamente mau" e por anular a verdadeira natureza dos processos educativos. Nesse sentido, embora muitos autores falem de ódios bons e maus,[19] entendendo por ódios bons aqueles que rejeitam o que hoje entendemos por direitos humanos – ódio pelo intolerante, ódio pelo nazismo, ódio pelo racismo, etc. –, não acho que essa distinção seja muito feliz porque odiar, como dissemos, implica sempre um estado emocional de irracionalidade, e a questão aqui é, de forma refletida e serena – que não significa fraqueza diante dos processos negativos citados –, consolidar nossa rejeição, ou, se preferirem nossa intolerância, contra tudo aquilo que destrói a humanização. Tanto na área educativa como na política, a racionalidade não deve ser perdida nem sequer para aquilo que detestamos e combatemos. Além disso, do ódio pelas ações, ideologias ou fatos podemos passar facilmente para o ódio pelas pessoas; entre uma e outra situação há uma distância muito curta que não convém instigar.

Devemos, então, deter a espiral do ódio e perguntar sobre suas causas. Como acabamos de assinalar, odiamos aquilo que nos ameaça ou que percebemos como ameaça. Ameaças referentes às nossas aspirações, às nossas supostas identidades, aos nossos valores mais importantes, etc. É claro que o ódio tem mais probabilidades de surgir quando alguém provocou em nós uma forte dor emocional por uma ação grave – seqüestro de um familiar, estupro, morte, etc. Mas também é possível odiar algo ou alguém que não é objetivamente uma ameaça para a identidade do sujeito, mas que, interessada ou equivocadamente, constrói uma relação de ódio. Por isso falamos de ódio como ameaça ou percepção de ameaça.

Mas o ódio, como sentimento e capacidade inerente aos humanos, é suscetível de ser educado, assim como os outros sentimentos. Com isso quero dizer que podemos desenvolver em maior ou menor grau essa capacidade; que podemos aprender a odiar, da mesma forma que podemos aprender a não odiar, e, em terceiro lugar, que podemos aprender a "*desodiar*", a mudar a direção do ódio, tal como demonstram diversas experiências tanto na esfera individual como na coletiva. Neste último sentido diferimos das colocações que dizem que o ódio é incurável, como é o caso de Castilla del Pino: "O ódio persiste, é incurável, mesmo depois de destruído o objeto odiado: não pode satisfazer o fato de saber que para a conquista de nossa identidade era preciso a destruição do outro. Uma vez destruído, sua sombra continua: seríamos o que agora somos se ele continuasse vivendo, se ele estivesse aqui?" (2002, p.32).[20]

Não há dúvida de que quando o ódio é forte ele demora muito tempo, às vezes gerações, para ser curado; mas também não podemos negar que nessas mesmas situações aparecem comportamentos e chamados para mudar a direção ou para desaprender o ódio, até mesmo depois de acontecimentos penosos. Quando esse tipo de fato tem espaço nos meios de comunicação ele pode ser utilizado como um magnífico recurso didático em sala de aula. Um exemplo recente é a análise do conteúdo da notícia veiculada em *El País* (16 de maio de 2004), que narra o encontro entre uma vítima dos atentados da Casa de Espanha em Casablanca (Marrocos), em 16 de maio de 2003, e a mãe de um dos terroristas. A reflexão educativa sobre esse tipo de experiências tem, para mim, um grande valor educativo tanto em relação às causas como na alternativa da vítima, Sr. Zerruki, quando diz que "chegou a hora do perdão, da reconciliação". Notícias como essa podem ser utilizadas como comentário de textos ou para introduzir um debate sobre a reconciliação e o perdão.

De igual forma é muito importante a prevenção do ódio, não só pelo que ele supõe de ataque à convivência, como também pelas dificuldades para neutralizá-lo depois do processo iniciado. E tem mais: uma vez que o processo do ódio começa a se desenvolver, sua direção é imprevisível. Por isso, tanto no nível social quanto no educativo é muito pertinente a reflexão sobre os fatores de prevenção – como, por exemplo, criar um código de normas que permitam abordar as diferenças com respeito e o próprio princípio do valor da vida humana – da mesma maneira que fazemos no âmbito da resolução de conflitos (Jares, 2001).

Sendo assim, é necessário buscar alternativas diferentes, cenários diferentes, que levem em conta os critérios de justiça e de prevenção da violência, do ódio e da vingança. Um bom exemplo disso pode ser encontrado na análise de perguntas como as lançadas pelo jesuíta espanhol Jon Sobrino (2002, p.130) em virtude do 11-S:

"O que teria acontecido se o Congresso e a Casa Branca, estimulados e apoiados por todas as universidades ocidentais ilustradas que acreditam na liberdade, na igualdade e na fraternidade, por todas as igrejas e religiões que acreditam em um Deus dos fracos e das vítimas, por todos os movimentos humanistas que acreditam nos direitos à vida do ser humano, tivessem se perguntado por que tamanho horror, o que fez esse país em seus dois séculos de existência para incitar tamanho ódio?

"O que teria acontecido se tivessem aberto os olhos para sua própria realidade e seu coração para a dor que infligiram ao planeta?

"O que teria acontecido se, unilateralmente e precisamente nesses momentos, tivessem demonstrado gestos de apreço pelos povos muçulmanos e de todo o Terceiro Mundo, gestos de compaixão para seus agentes que carregam séculos de pobreza e sofrimento, gestos de intercâmbio de riquezas naturais e espirituais e não a depredação de matérias-primas e a imposição de uma pseudocultura?

"O que teria acontecido se a primeira palavra, sem tirar a dor nem a busca de justiça para os culpados, tivesse sido um convite à reconciliação?"

Como assinalamos no capítulo anterior, exemplos de educação a partir da vingança e do ódio também podem ser encontrados em muitas madraçais, escolas alcorânicas de diversos países islâmicos regidas por fortes princípios fundamentalistas e que atentam contra a dignidade humana. Nesse tipo de escolas é que surgem, em setembro de 1994, os talibãs (plural da palavra persa *telebeh*: aquele que busca a verdade). Além de serem escolas fechadas para mulheres, "os talibãs foram além da tradição *deobandi* de aprendizagem e reforma: não aceitam a dúvida senão como pecado, o debate é heresia. Opõem-se à modernidade" (Arranz, 2001, p.11). Sem dúvida, todo um tratado de pedagogia doutrinária e fundamentalista que não pode ser tolerado. As conseqüências desse pensamento quando assume o poder por meio dos talibãs já são conhecidas: sérias violações dos direitos humanos fundamentais, principalmente em relação aos direitos das mulheres, e até violações do direito a um patrimônio comum da humanidade. Para ilustrar a gravidade dessa situação vamos ver dois exemplos.

No dia 1º de maio de 2004, o diário *El País* noticiava que o rei Mohamed VI do Marrocos estava disposto a levar adiante uma estratégia para "renovar o âmbito religioso com a intenção de proteger o Marrocos das veleidades do extremismo e do terrorismo e preservar sua identidade que traz a marca da ponderação, da moderação e da tolerância". Além de lembrar ao Conselho Superior de Ulemas e aos integrantes dos recém-criados conselhos provinciais de teólogos islâmicos seu caráter de máxima autoridade religiosa, a maior parte de sua intervenção esteve voltada para lembrar a reestruturação, apresentada em fevereiro, do Ministério de Assuntos Religiosos, cujo principal objetivo é retomar o controle de nada menos que 35.000 mesquitas construídas por particulares e que em sua maioria está nas mãos de muçulmanos radicais. Também lembrou que havia dado instruções ao governo para que "racionalize, modernize e unifique a educação islâmica", com o propósito de evitar formar "mentes obtusas e esclerosadas e favorecer, ao contrário, a abertura a respeito de outras culturas". São, sem dúvida, dois aspectos de máxima importância para combater o terrorismo, um dos quais está claramente dentro das funções e competências do sistema educativo. Nesse sentido, seria necessário que o governo espanhol firmasse convênios de colaboração, apoio e assessoria com o país vizinho em temas-chave como a formação do professorado, programas de intercâmbio, educação para a paz, etc.

Um segundo exemplo é o caso do Paquistão, país onde provavelmente o problema desse movimento educativo fundamentalista das madraçais tenha seu maior peso. O *El País,* em sua edição de 2 de junho de 2004, informava sobre um estudo, *"La sutil subversión"*, de autoria de A. H. Nayyar, que aborda a situação do currículo acadêmico e dos livros didáticos no país asiático; não nas madraçais, mas nas escolas públicas que educam a maioria dos paquistaneses.[21] Entre as conclusões destaca que os livros analisados "distorcem nossa história, glorificam a guerra e promovem a *jihad* (guerra santa) e o martírio". Nayyar denuncia a deturpação da história que é feita nos livros didáticos, assim como o estímulo de uma cultura sectária por meio de uma versão intolerante e violenta do Islã. Cabe ressaltar que entre os livros analisados estão os elaborados pela Universidade de Nebraska para os refugiados afegãos no início dos anos de 1980 por encomenda da CIA. "Ir à *jihad* de repente transformou-se em uma grande meta", explica Nayyar; "Aqueles que seguem esse caminho são os mais fortes e os outros se transformam em impuros por exclusão;

assim, a *jihad* não é só contra os infiéis (os soviéticos na guerra do Afeganistão), mas contra outras seitas (os xiitas, por exemplo). Isso está nos causando muitos problemas". E conclui, "a educação é uma fonte dos problemas atuais".

Desde que esse relatório tornou-se público, abriu-se um duro debate entre liberais e religiosos: "Existe um choque de idéias entre aqueles que quiseram um país ideologicamente comprometido com o islamismo e aqueles que desejam que o Paquistão emerja como um Estado moderno e leigo" assinala o autor do relatório.[22] Também o jornalista Masood Ansari remete a uma recente pesquisa entre estudantes de ensino médio em que *a metade dos entrevistados não apóia a igualdade de direitos para as minorias, um terço apóia os grupos que promovem a* jihad, *dois terços querem que a sharia (lei islâmica) seja posta em prática tanto no espírito como em letra, e quase um terço defende a libertação da Caxemira pela força*. A diretora da revista *Newsline*, Rehana Hakim, também se queixa da situação: "Estão pregando intolerância, ódio e desprezo para com as outras religiões".

Em todos os exemplos citados merecem destaque, do ponto de vista educativo, a vital importância da aprendizagem do ódio como forma de integração em um grupo, em uma nacionalidade, em um coletivo que dá apoio e segurança. Como está demonstrado, a aprendizagem do ódio passa a ser o elemento diferencial ou iniciador para a integração nos grupos fundamentalistas. Conforme escreveu Mario Benedetti, "o ódio nunca une ou irmana, quando muito ele amarra sangrentas necessidades" (2004, p.25). A questão é compartilhar o mesmo ódio do grupo, e, dessa forma, "o grupo se consolida quando todos os componentes vivem uma ameaça comum. O ódio é um excelente nexo entre os membros de um grupo e, uma vez que se odeia como todos os demais, passa-se a ser um dos fiéis ... A comunhão pelo ódio. Por outro lado, esses ódios que são transmitidos de geração a geração são o resultado de uma aprendizagem, e o odiar, o sinal de que se é fiel aos ancestrais; por essa razão, se não se odeia como se deveria se transgride a norma básica do grupo, e o sujeito se transforma, no ato, em pessoa suspeita de estar, inclusive, ao lado do objeto, grupo ou pessoas odiadas. Os ódios comuns unem estreitamente, e quando alguém que odiava como os demais deixa de fazê-lo, perde-se instantaneamente a confiança nele, não é confiável" (Castilla del Pino, 2002, p.34-35).

Por isso, tal como aparece no último relatório sobre o desenvolvimento humano das Nações Unidas (PNUD, 2004), é preciso que os Estados garantam "a devida fiscalização das escolas religiosas e que seus alunos recebam uma educação universal" (PNUD, 2004, p.84), consideração que deveria estar presente nos currículos de todas as escolas, públicas ou privadas, de todos os países do mundo, bem como nos programas de formação de professores. Do mesmo modo, não podemos transigir com o caráter leigo de nosso sistema educativo, aspecto que sem dúvida consideramos um grande avanço histórico e que não deixa de receber ataques dentro e fora da Espanha. Um bom exemplo do segundo caso é a paralisada Lei de Qualidade (LOCE), do conservador

Partido Popular, que impunha o estudo da religião a todos os estudantes, em um caso com caráter confessional e em outro a partir de um suposto caráter não-confessional para aqueles alunos que não escolhessem a matéria de religião, além de tornar essa matéria avaliável e computável para as médias dos certificados acadêmicos. Também são muito significativas as acusações de "fundamentalismo laico" que os diversos setores da igreja católica espanhola e do Vaticano estão lançando contra o novo governo socialista por anunciar a paralisação desses aspectos que a Lei da Qualidade consagrava.

Educar na crítica dos maniqueísmos e da construção do inimigo

Outro aspecto fundamental que deve fazer parte de nossa estratégia educativa para combater o ódio, o medo e a desconfiança é o *questionamento dos maniqueísmos*, dos bons diante dos maus, do *nós* diante dos *outros* e mais concretamente na *criação do inimigo*. Este é o que sempre está contra nós, o que tem como único objetivo destruir-nos. E, portanto, nossa única oportunidade será destruí-lo.[23] A idéia de inimigo está muito arraigada na maior parte das culturas, especialmente naquelas que se formaram em torno das grandes religiões monoteístas. De tal forma que fomos socializados na "naturalidade" de "sempre" ter inimigos; é claro que eles mudaram ao longo da história, mas sempre tivemos inimigos a combater – e quase sempre a vencer.

A idéia de inimigo é criada pela *desumanização do outro*, sendo este, na maioria das vezes, representado por traços não-humanos. Por um lado, apresenta-se o desejável – nós – e, por outro, de forma irreconciliável, o indesejável – os outros, os estigmatizados. Hoje os meios de comunicação cumprem um papel essencial na transmissão desses tipos de imagens. Assim, "o primeiro passo para a desumanização do detestável Outro é reduzir sua existência a algumas expressões, imagens e noções repetidas com insistência" (Said, 2002, p.6).

Portanto, devemos questionar tanto a recuperação da ideologia dualista e maniqueísta da atual administração norte-americana, que analisamos no capítulo anterior, como as proposições de determinados nacionalismos xenófobos e fundamentalistas. Ficarmos nessa dicotomia simples favorece a fácil incorporação de setores da sociedade em postulados xenófobos e racistas, assim como a perda do poder democrático para o conjunto dos cidadãos. Como assinalou Carlos Fuentes, "se não reconhecermos nossa humanidade nos outros, não a reconheceremos em nós mesmos" (2002). Mas, reciprocamente, o ódio alimenta essa espiral dicotômica excludente, pois aumenta ainda mais a divisão entre o nós e os outros, instala-se em uma dialética contínua de reafirmação do justo e bondoso de nossas posições diante da injustiça e da maldade dos outros. Os casos vividos ainda recentemente nas repúblicas balcânicas, as dicotomias excludentes entre palestinos e judeus, entre muçulmanos e cruzados ou entre nacionalistas e espanholistas ou constitucionalistas no País Basco, etc., são bons exemplos do que estamos dizendo.

Diversos autores da área de psicologia e psiquiatria buscaram na infância as causas do ódio. Alguns deles, como Alice Miller (2000), caem de tal forma em uma espécie de determinismo familiar que se passa a considerar que a influência que a família exerce nos três primeiros anos de vida é, para ela, uma marca praticamente insuperável. Assim, abre seu livro *El origen del odio* (2000) com esta afirmação: "A maioria das pessoas nasce no seio de uma família e esta imprime nelas algumas marcas determinantes" (p.7). Ao indagar as causas do ódio, conclui: "Em todos os meus livros tentei demonstrar que a violência que se exerce sobre as crianças é devolvida depois para a sociedade. Cheguei a essa conclusão ao me perguntar de onde vem o ódio, como ele se engendra. Gostaria de saber por que alguns tendem a uma extrema violência e outros não. Somente ao estudar detalhadamente a infância de alguns ditadores e responsáveis por genocídios comecei a entendê-lo. Todos eles haviam estado expostos em sua infância a um horror inimaginável, que negavam de forma radical ... Uma criança castigada e humilhada em nome da educação interioriza muito rapidamente a linguagem da violência e da hipocrisia, e a interpreta como o único meio de comunicação eficaz" (p.186-187).

Parece evidente que as crianças expostas à violência, aos maus-tratos e à carência afetiva[24] terão muito mais probabilidades de reproduzir essa violência, além de possíveis desequilíbrios psíquicos e emocionais. Mas daí a afirmar que aqueles que sofreram desprezo e falta de atenção na infância fiquem incapacitados para amar ou que sejam pessoas condenadas a odiar, há um caminho muito longo. Não estamos determinados a reproduzir esses modelos. Conheci diferentes pessoas com experiências de carências afetivas sérias na infância, inclusive tendo sofrido humilhações e diferentes tipos de violência, e, no entanto, não desenvolveram ódio, ou ao menos um ódio que poderíamos catalogar de preocupante. Alguns, inclusive, precisamente pelo que viveram, são incapazes de odiar.

Por outro lado, tampouco as crianças que cresceram em um ambiente sem violência estão a salvo de não utilizar algum tipo de violência e/ou cair em posturas fundamentalistas e de ódio em sua vida de adultos. A primeira parte desta crítica que formulamos fica mais clara quando a autora afirma: "É claro que existem pessoas que não se transformaram em assassinos nem estupradores de crianças mesmo que tenham sido seriamente maltratadas em sua infância" (p.196). No entanto, ela se mantém quando afirma que: "Mas eu jamais topei com um criminoso que não fosse ao mesmo tempo vítima na infância".[25] Isto é, a tese seria algo assim como nem todos os que são maltratados na infância chegam a ser "monstros" quando mais velhos, mas todos os "monstros" foram maltratados na infância. Apesar dessa constatação, continuamos mantendo nossas mais sérias reservas de que os maus-tratos na infância sejam a única causa que explique o ódio.[26] Outra coisa diferente é que, em determinados casos, tenha uma influência que possa chegar a ser fundamental.

Além dos maus-tratos familiares, Alice Miller também se fixa na importância e no tipo de educação nos primeiros anos de escolaridade.[27] Assim, chega a considerar o "destrutivo sistema de educação" como um dos fatores do Holocausto na Alemanha (p.197), tal como já haviam denunciado antes os autores e autoras da Escola Nova para explicar as causas da Primeira Guerra Mundial (Jares, 1999a). Conforme dissemos, se na família, no sistema educativo e no clima político predominam algumas práticas e ideologias assentadas no ódio, na violência, etc., é óbvio que irá existir uma maior predisposição para se assumir esses comportamentos e valores. No entanto, também não é menos verdade que, mesmo em períodos históricos em que nos principais âmbitos de socialização se estimulava o ódio, como, por exemplo, na Alemanha nazista, nem todas as pessoas assumiram os comportamentos e as ideologias que os regimes pretendiam implementar.[28]

Mas, além disso, o ódio nega em sua própria essência o sentido educativo. Por isso, diante da política do ódio e da vingança, do "procura-se vivo ou morto", devemos encarar os conflitos a partir de outra perspectiva, a perspectiva racional e não-violenta que é a única que, no final das contas, permite-nos resolver os conflitos de forma duradoura. Nesse sentido, devemos pedir a nossos estudantes formas alternativas de resolução de conflitos que não sejam a guerra, o assassinato ou a ameaça, porque são moralmente intoleráveis e realimentam a espiral da violência ao gerar mais destruição e mais ódio.

Do mesmo modo, para neutralizar a cultura do ódio devemos incentivar e analisar propostas educativas que caminhem na direção de uma cultura de paz e de convivência democrática respeitosa. E, como expomos no quarto item deste capítulo, esse processo deve ser realizado a partir da organização democrática da escola e da vivência dos direitos humanos. A vingança e o ódio opõem-se não só a uma cultura de paz, mas também às políticas democráticas. Parafraseando John Dunn, "o que precisamos, se o que desejamos é uma aprendizagem elementar de como viver mais decentemente uns com os outros, seja dentro das sociedades nacionais individuais ou do globo como um todo, é simplesmente não haver mais treinamento para aprender a nos odiar, nem doutrinas mais intensas e agressivas sobre o dever e a racionalidade do rancor recíproco, e, menos ainda, teologias empoladas e grandiloqüentes com as quais reforçar nossos ódios" (Dunn, 1993, citado por Alonso Zarza, 2000, p.16).

Uma cultura que, nos casos em que já existe uma forte polarização social, como é o caso do País Basco e da Colômbia, permita "superar as barreiras construídas ao longo dos anos e criar canais de comunicação e espaços de encontro, entendimento e cooperação entre setores sociais que no passado recente permaneceram incomunicáveis ou em luta" ("Manifesto pela reconciliação" aprovado pelo Gesto pela Paz e pela Elkarri).[29] Estimular uma cultura de reconciliação que sirva para "substituir a viciosa espiral ascendente da violência pela virtuosa espiral ascendente do respeito mútuo" (Ignatieff, 2004a). Um elemento dessa cultura da reconciliação é, como no caso assinalado anteriormente de Zahra, o poder curativo e reparador do perdão. Perdão que, conforme assinalou Hannah Arendt (1993), e tal como verbalizam os dois protagonistas da notícia sobre os atentados de Casablanca, liberta das conseqüências do ato tanto ao que perdoa quanto ao que é perdoado, assim como "os atos do passado, cujos 'pecados' pendem como a espada de Damocles sobre cada nova geração" (Arendt, 1993, p.256). Foi precisamente essa autora que reconheceu Jesus Cristo como o descobridor do papel do perdão nos assuntos humanos, ao mesmo tempo em que assinala a validade do perdão fora dos assuntos religiosos: "O fato de que tenha feito essa descoberta em um contexto religioso e a articulasse em uma linguagem religiosa não é motivo para assumi-la com menos seriedade em um sentido estritamente secular" (Arendt, 1993, p.258). Perdão que nada tem a ver com o esquecimento, nem com a desculpa ou a justificativa.

Em relação ao País Basco, diversos autores e grupos propuseram explorar a dinâmica do perdão como horizonte para o desaparecimento da violência do ETA. O perdão como "algo que as vítimas concedem livremente; que faz parte da doação, que ninguém pode exigir de ninguém (embora as vítimas possam entender que devem exigi-lo para si mesmas), (...)" (Etxeberría, 2003, p.78). Perdão que não significa impunidade – a condição do perdão para aquele que o pede é o reconhecimento da falta, o arrependimento e o compromisso de que não voltará a cometer a mesma ação –, nem muito menos esquecimento.[30] Como foi dito, "as vítimas não merecem o esquecimento, mas a memória" (Etxeberría, 2003, p.27), e a isso devemos acrescentar a verdade, o reconhecimento social e a eliminação da violência.[31] O perdão como "extremo oposto à vingança" (Arendt, 1993, p.26), como ato de amor supremo.

COMBATER O MEDO

O medo é um sentimento produzido pelas interações e interpretações que estabelecemos com o que nos rodeia. É, então, algo construído. Em sua acepção de relação social, que é a que consideramos aqui, o medo está sujeito aos vaivéns das relações que estabelecemos com os demais. E, como em toda relação social, tem, inevitavelmente, uma parte emocional, subjetiva, inexplicável em muitos casos, e uma parte mais objetiva relacionada com as causas que o produzem. Assim, por exemplo, o crescente clima de medo e de alarme social que se percebe em um setor significativo de nossa sociedade é provocado por um duplo motivo. Por um lado, pelos dados objetivos da realidade e, por outro, como conseqüência das interpretações que damos às coisas e às próprias mediações que nos proporcionam os meios de comunicação que, habitualmente, intensificam as respostas de pânico e medo. Nesse processo de construção social, certamente que a capacidade de informação e reflexão que tivermos sobre a realidade fará aumentar ou diminuir tanto o medo como o alarme social. Em geral, podemos dizer que para maior desconhecimento, maior possibilidade de aumento do medo e do temor incontrolado. O que sem dúvida pressupõe uma relação de probabilidade com inequívocas conseqüências educativas. E, se a esse medo ao desconhecido acrescentamos o halo ameaçador da morte, a principal mensagem do medo, como acontece com a ameaça terrorista, certamente que o medo coletivo aumenta sensivelmente. De qualquer modo, estamos falando de uma realidade que, tanto pelo fato de ser construída como pelos efeitos que tem tanto nas pessoas individualmente como nas sociedades ou nos grupos sociais, requer uma inequívoca resposta educativa.³²

Resposta que nos parece mais urgente na medida em que o medo está sendo utilizado perversamente como estratégia política partidária. De fato, conforme dissemos no item " O medo da população e sua instrumentalização para favorecer a militarização da sociedade e a aprovação de novos investimentos militares" do Capítulo 2, desde os atentados de 11-S de 2001 nos Estados Unidos o uso do medo foi intensificado, tanto por parte do poder como dos grupos terroristas, para conseguir determinados objetivos políticos. Estratégia que está tendo uma inequívoca repercussão em nossas sociedades, como é o caso, entre outros, da imposição de políticas restritivas de segurança e a busca de consenso dos cidadãos para aprová-las. Do mesmo modo o terrorismo, e seu impacto na criação de alarme ou pânico social, não só faz parte da sociedade de risco e da incerteza em que vivemos, como, além disso, entrou em cheio nas campanhas políticas dos partidos como um elemento central, e isso pôde ser visto recentemente na Espanha nas eleições de março de 2004, ou nas últimas campanhas eleitorais dos Estados Unidos da América do Norte ou na Austrália, para dar três exemplos recentes. Em todos esses casos, aos quais poderíamos unir as estratégias de Tony Blair na Grã-Bretanha ou de Vladimir Putin na Rússia, o terrorismo é utilizado especialmente como propaganda eleitoral pelas políticas conservadoras enquanto estas se auto-erigem como mais firmes e contundentes em sua luta.

Por outro lado, com o avanço do processo de globalização neoliberal, que vimos no Capítulo 1, assistimos a um processo contínuo de acentuação da insegurança e da sensação de risco social – vamos pensar nas conseqüências que vimos da globalização neoliberal: a desterritorialização industrial,* o impacto ambiental, etc. É como se, quanto mais globalização, mais insegurança.³³

Em terceiro lugar, não podemos esquecer o peso que o medo teve e tem nas pedagogias autoritárias, chegando mesmo a ser uma de suas características e estratégias principais. O medo do discípulo por seu mestre, ou do filho pelo pai, é o mecanismo que, junto com a obediência devida, garantem esse tipo de relação. Relação que nada tem a ver com o necessário e imprescindível respeito. Os professores, assim como os pais, devem respeitar e se fazer respeitar, aspectos que sem dúvida são essenciais em todo projeto educativo democrático e dos quais não se pode abrir mão. Os professores devem ser respei-

---

*N. de R.T.: Conceito que abarca o movimento flexível e rápido de deslocamento de uma indústria de um lugar para o outro, conforme interesses econômicos.

tados, mas nunca temidos; devem se fazer querer, não odiar. Essa diferença é chave para poder entender certas queixas de um setor do professorado que, ciclicamente, pede uma volta aos tempos passados diante das situações de falta de respeito que podem ocorrer em sala de aula.

Essas três premissas de partida são razões mais que suficientes para, além de analisar suas derivações palpáveis no âmbito educativo, suscitar um debate pedagógico, social e político sobre essa questão e tentar dar uma resposta de cunho educativo. Nesse sentido, a primeira questão que devemos dirimir no âmbito educativo consiste em esclarecer o significado do medo em relação à natureza da educação. Se nossa conclusão é que esse sentimento dificulta a racionalidade, a convivência, o pleno exercício da cidadania e da solidariedade, é óbvio que ele nega a própria essência do sentido educativo, ao menos a partir da concepção da educação em que nos situamos. De fato, não podemos esquecer que o medo e o temor, associados à violência do docente, fez parte da pedagogia tradicional de que "para aprender tem que apanhar". Mas também vimos o fracasso desse tipo de pedagogia, além da dificuldade para admiti-la do ponto de vista de uma ética democrática. Ambas as razões, entre outras, levam-nos a insistir na necessidade de avançar na extensão das diferentes propostas pedagógicas renovadoras, que, não só facilitam mais a aprendizagem dos estudantes como, além disso, ao estarem integradas em uma relação dialógica e respeitosa docente-discente, acrescentam o valor educativo dessa mesma relação, tão fundamental no processo educativo como descuidada na atualidade. Relação que nos parece estratégica, tanto para propiciar a aprendizagem como para desenvolver as expectativas dos estudantes com a cultura em geral. Por isso, diante do medo, que inibe a imaginação e a livre expressão, as finalidades educativas de nosso sistema de ensino ressaltam a importância da aprendizagem da autonomia, da auto-estima positiva, do respeito, da rejeição da violência, etc.

A segunda questão a ser abordada deveria estar relacionada com a indagação e formação sobre a importância social e política do uso social do medo. Formação que deveria nos levar, tanto no plano individual como no social, a neutralizar as políticas estabelecidas ou que estimulam o medo, pois este é um processo que enfraquece as possibilidades cidadãs, individuais e coletivas, e costuma levar à busca de um salvador que elimine ou ao menos alivie as causas que o provocam. Como assinala Luis Rojas Marcos, "prisioneiros da insegurança, da angústia, da impotência, da desorientação e do temor, vemos minada nossa capacidade de pensar com clareza, de nos concentrar ou de tomar decisões" (2002, p.67). E mais adiante acrescenta: "O medo pelo desconhecido a que me refiro é uma emoção paralisante que nos mergulha em um ambiente angustiante e opressivo e obscurece nosso juízo" (p.102-103). Basta lembrar, como vimos no Capítulo 2, como nos dias e meses posteriores ao 11 de setembro ele foi utilizado pela maioria dos dirigentes e ideólogos da política norte-americana em benefício das políticas armamentistas e belicosas, disfarçado em um patriotismo cerceador da racionalidade e da compreensão.

Nesse contexto, gerou-se uma espécie de cruzada inquisitorial contra a provável ameaça terrorista mediante a criação de um estado de opinião permanente assentado no medo e na desconfiança contra qualquer suspeito de pertencer a possíveis redes clandestinas. Situação que continuou com a operação midiática da guerra contra o Iraque como "centro do terrorismo internacional" (questão que desenvolveremos no capítulo seguinte). A insegurança e o medo pelo desconhecido se transformam em desconfiança e pânico à medida que se desconhece e à medida que aquilo que é desconhecido aparece ampliado pelos meios de comunicação.

O medo, em terceiro lugar, também foi reforçado, tal como explicamos no segundo item, em relação ao outro, ao diferente, ao imigrante, e com isso foram abonadas as respostas de rejeição da diversidade e dos fracos. Os atentados que se seguiram ao 11 de setembro contra os árabes ou contra pessoas confundidas com eles, mesquitas, negócios, etc. de muçulmanos, ocorreram e continuam ocorrendo em diferentes partes do mundo e também na Espanha. Do mesmo modo, em virtude dos atentados de 11-M, embora a resposta do povo espanhol tenha sido diferente à do povo norte-americano, o certo é que os muçulmanos, especialmente os marroquinos, queixaram-se em vários meios de comunicação que percebem uma maior desconfiança em relação a eles. Por isso é muito importante que o sistema educativo mostre o que é o Islã para não confundi-lo com suas variantes fundamentalistas, assim como não se pode confundir o cristianismo com as cruzadas ou com a Inquisição.

Em quarto lugar, o medo também deve ser analisado em relação aos terrorismos. De fato, além da morte e da destruição, também é utilizado pelos grupos terroristas para pressionar a população e os governos a favor de sua tese, ou ao menos para que não se atrevam a combatê-las por medo de represálias. Principalmente quando essas ameaças se estendem de forma arbitrária a um grupo significativo da população. É o que alguns autores qualificam com a expressão "o medo é a mensagem" (Arteta, 1998; Gil Calvo, 2003). Como assinalou Enrique Gil Calvo, o impacto potencial que buscam os terroristas é duplo. Por um lado, está "a função que exerce sobre a opinião pública, que é a de aterrorizá-la, enfraquecendo seu senso de segurança e semeando dúvidas e ameaças – de riscos e perigos – a sua percepção da realidade. E a função a ser desempenhada sobre o poder público é a de minar seu prestígio e reputação, revelando a verdadeira vulnerabilidade, até então oculta, enfraquecendo, portanto, a confiança deposita nele. Se somarmos as duas dimensões – insegurança do público e desconfiança pelo poder – então destruímos os marcos de referência que legitimavam a realidade social, transformando-a em falaz, incerta, absurda e injusta" (2003, p.260).

A "visibilidade" do medo é o silêncio. Silêncio como reflexo do temor, do medo de falar, de se manifestar e até mesmo de cooperar com a polícia na luta antiterrorista. Silêncio que observei e sofri na maioria das ocasiões em que fui ao País Basco para dar cursos ou conferências sobre temáticas de educação para a paz. De fato, há muito tempo – embora hoje considero que tenha diminuído sensivelmente –, já comentava com meus colegas os silêncios eloqüentes que encontrava nesse território e que, em contrapartida, não observava em nenhuma outra parte do Estado. Eu via, inclusive, que para algumas pessoas era difícil manter o olhar ao falar de alguns temas, que não eram outros senão esses dos quais estamos falando. Escutei muitos professores dizerem que em suas escolas falar de educação para a paz é um tema tabu; falar sobre eles seria abrir a caixa de Pandora. Qualquer tema poderia ser proposto, menos esse. Conheci, inclusive, um grupo de trabalho sobre educação para a paz que mudou o nome para educação para a convivência, devido ao estigma e aos medos em torno da palavra paz. Xavier Etxeberría constata, em relação à violência terrorista do ETA, que "a ação educativa que estamos realizando de forma específica diante dessa violência – especialmente nos âmbitos da educação formal – é realmente escassa" (2003, p.10). Mesmo assim, como diz o próprio Xavier, não podemos transformá-las em desculpa para a inibição. Em uma linha semelhante se expressam os dados obtidos no estudo "*Educação para a Convivência e a Paz nas Escolas da Comunidade Autônoma do País Basco*", impulsionado pela Direção de Direitos Humanos do Departamento de Justiça, Emprego e Segurança Social do Governo Basco a que tivemos acesso,[34] e nele se reconhece que o tratamento do "conflito basco" é o conteúdo que menos prioridade tem para se trabalhar a Educação para a paz nas escolas. Também significativa é a elevada porcentagem de professores e alunos que nem ao menos responde as perguntas do questionário sobre essa questão (entre 20 e 32%). Conforme se destaca no estudo, "o silêncio não é quebrado nem mesmo em uma pesquisa anônima", ao menos, diríamos nós, em um setor significativo da população, embora não majoritário. Um terceiro dado muito significativo que confirma o temor e o medo de abordar esse conflito é que somente 20% do professorado responde que realiza algum tipo de atividade relacionada com "o conflito basco" (60% não sabem ou não respondem).

Que no País Basco existe medo é uma coisa tão óbvia que o ambiente violento conhece perfeitamente e utiliza. O fato de que a polícia tenha de agir com o rosto coberto, que boa parte das pessoas que ocupam cargos públicos tenham de viver com escolta, que em boa parte dos conselhos das escolas essas questões não sejam abordadas, etc., é o reflexo de situações que nos dias de hoje corroboram a presença do medo. Sabemos e conhecemos também casos de ameaças a professores, sindicatos de professores, etc., realizadas por organizações ligadas ao ETA, que em vários casos fez com que algumas pessoas tivessem de viver fora do País Basco. Por tudo isso, em muitos casos compreendemos a persistência do silêncio diante da pressão do ambiente que as ameaças e o medo geram. Existem situações em que, sem dúvida, a prudência deve vir antes de outras considerações. Mas o silêncio é a ante-sala do medo, e com ele chega o triunfo da barbárie. Razões que nos obrigam moralmente a não fraquejar, a iniciar a confrontação com o estudante ou o colega a partir do respeito à sua dignidade, separando a pessoa do motivo da disputa e, como professor, oferecendo-lhe nosso apoio e aceitação como pessoa. Se não formos contra a violência, venha de onde ela vier, nós a estaremos legitimando. Como assinala Carlos Castilla del Pino há anos em relação ao terrorismo do ETA: "Enquanto existir medo, o terrorismo tem sua razão de ser" (1997).

Também é surpreendente que em alguns debates ou em eventos com colegas da pesquisa, ação e educação para a paz no País Basco não se enfrente de forma clara o tema da violência do ETA e das organizações ligadas a ele. Em alguns casos escutamos intervenções críticas e denúncias contra o terrorismo de estado norte-americano ou israelense, e nossa opinião é a mesma, mas em compensação não se aborda a violência das organizações ligadas ao ETA – ou a que também foi exercida no passado pelo próprio Estado.[35] Talvez a explicação esteja na "confusão conceitual" e na "falta de coragem moral" que Aurelio Arteta denuncia (1998, p.13).[36] De qualquer modo, embora possamos perceber uma mudança paulatina, o medo ainda continua presente e é uma realidade que tanto educativamente como social e politicamente requer uma resposta. É preciso, então, avançar nesse terreno, tanto no plano individual como no compromisso coletivo. Também devemos continuar exigindo das administrações educativas que façam da Educação para a paz e para os direitos humanos um objetivo estratégico fundamental para combater o medo e favorecer uma cidadania ativa e plenamente democrática.

Em suma, tanto do ponto de vista educativo quanto do social, precisamos combater o medo para podermos nos expressar com liberdade e exercitar em toda sua extensão o direito a uma cidadania democrática. Para isso é preciso informação e formação, começando por abordar essas temáticas em sala de aula; reforço da autonomia, individual e coletiva; ser exigentes com o respeito; favorecer a capacidade crítica; compromisso com as pessoas que sofrem intimidação ou algum tipo de violência, aprendendo desde pequenos a não ser indiferentes diante da dor alheia; uma organização social solidária diante do terror e do medo; apoio firme das administrações educativas para proteger e incentivar esse tipo de processos educativos; e coragem.

INSISTIR NO VALOR DA DEMOCRACIA E NA NECESSIDADE DA GLOBALIZAÇÃO DOS DIREITOS HUMANOS

Vivemos tempos em que a democracia aparece mais como uma caricatura do que como fato real para o conjunto dos cidadãos. São tempos em que "o próprio significado da democracia está mudando. Em vez de se referir às formas com que a vida política e institucional molda a participação equitativa, ativa, difundida e plenamente informada, a democracia define-se cada vez mais como as manobras comerciais sem regulação em uma economia de livre mercado" (Apple e Beane, 1997, p.155). De fato, tal como expusemos nos dois primeiros capítulos, a partir de posições conservadoras, a democracia está sofrendo dois ataques fortíssimos. Por um lado, a ideologia de mercado do neoliberalismo que, conforme apresentado no Capítulo 1, pretende mercantilizar todos os serviços, questiona os direitos socioeconômicos e "seqüestra" a democracia em benefício dos grandes interesses econômicos. Por outro lado, no Capítulo 2, a ideologia militarista da guerra preventiva estabelecida na falsa dicotomia segurança *versus* liberdade[37] está significando um claro corte das liberdades e dos direitos cívicos e políticos. Além desses dois ataques, aparece um terceiro que é da maior importância, que se refere à manipulação dos meios a partir dos grandes monopólios de informação, de novo a conexão econômico-ideológica, aspecto que de alguma forma abordaremos no capítulo seguinte.[38]

Ambos os ataques levam-nos a pensar, concordando com Claudio Magris, que os maiores perigos da democracia não estão tanto em sistemas totalitários como os que foram vividos no século XX em boa parte do mundo, mas, sim, em sistemas totalitários revestidos sob capas de democracia. "A derrota dos totalitarismos políticos, se não em todos, mas em muitos países, não exclui a possível vitória de um totalitarismo ameno e coloidal capaz de promover – por meio de mitos, ritos, consignas, representações e figuras simbólicas – a auto-identificação das massas conseguindo que, como escreve Giorgio Negrelli em seus *Anni allo sbando* (Anos à deriva), 'o povo acredite querer o que seus governantes consideram mais oportuno em cada momento'. O totalitarismo já não está mais a cargo das falidas ideologias poderosas, mas das inconsistentes ideologias frágeis, promovidas pelo poder das comunicações" (Magris, 2001, p.10).

Nesse sentido, lutar contra a transformação da democracia em mera liberdade de consumo, aceitando as normas e valores impostos pelo mercado por meio da "engenharia da persuasão" (Ramonet, 1995, p.58), é uma das tarefas prioritárias dos educadores e das educadoras.[39] Como mostrou o Capítulo 1, o *conformismo social* é uma das conseqüências da ideologia tecnocrática neoliberal e um dos maiores perigos para a democracia. O mecanismo consiste, fundamentalmente, em criar o hábito social de delegar as questões que nos afetam aos especialistas e políticos, que são aqueles que sabem e têm capacidade para resolver os problemas, enquanto que o indivíduo-cliente tem, em último caso, a possibilidade de corrigir, de tempos em tempos, possíveis excessos por meio do voto. Segundo assinala Pérez Gómez, é uma clara expressão da mudança do eixo de valor do ser para o ter (1999, p.42). Por isso fazemos nossas as palavras de José Saramago quando em seu texto de encerramento do Fórum Mundial Social de Porto Alegre, no dia 6 de fevereiro de 2002, afirmou, "(...) entre tantas outras discussões necessárias ou indispensáveis, é urgente, antes que seja tarde demais, promover um debate mundial sobre a democracia e as causas de sua decadência, sobre a intervenção dos cidadãos na vida política e social, sobre as relações entre os Estados e o poder econômico e financeiro mundial, sobre aquilo que a democracia afirma e aquilo que ela nega, sobre o direito à felicidade e a uma existência digna, (...)" (Saramago, 2002, p.14).

Para enfrentar esse desafio nada melhor do que fazê-lo a partir da organização democrática das escolas. E, por pesquisas realizadas, além de nossa própria experiência como pesquisador e docente, parece que elas não andam exatamente com excesso de práticas educativas democráticas. Conforme propusemos (Jares, 1999b), uma educação democrática realista e efetiva deve ser realizada a partir da organização democrática da sala de aula e da escola, possibilitando a vivência dos direitos humanos em cada um desses âmbitos. Sem dúvida esse princípio de "viver os direitos humanos" é o que mais foi ressaltado ao longo da história dessa dimensão educativa. A idéia fundamental é, ao mesmo tempo, clara e complexa: mais do que refletir sobre os direitos humanos a questão é vivê-los na escola. Com outras palavras, a organização democrática da escola é o contexto no qual pode germinar e se sedimentar o autêntico significado dos direitos humanos. Vivência que estendemos a todos os âmbitos da ação educativa: metodologia, organização, conteúdos, etc. "A base da educação encontra-se na vida diária da escola, onde os alunos convenientemente orientados podem aprender a pensar com sinceridade e fundamento, a julgar as normas da sociedade em que vivem e a assumir deveres e responsabilidades com seus companheiros de estudo, suas famílias, com a comunidade em que vivem e, depois, com a sociedade mundial" (UNESCO, 1969, p.17). Diferentes autores, além da UNESCO, fizeram referência a esse princípio (cf. Jares, 1999b).

Nesse sentido, um requisito imprescindível em todo funcionamento democrático é a *participação*. Como indica Santos Guerra (1994, p.5) "a participação é o princípio básico da democracia. Participação que não pode ficar apenas no momento do voto, mas que exige o diálogo permanente, o debate aberto, o controle das decisões e a capacidade de crítica efetiva". A cultura democrática estruturada nos direitos humanos requer que a própria escola impulsione em todos os setores da comunidade educativa a *participação como valor social*. Para isso, além de ativar a participação interna, a escola deve se integrar e participar nos assuntos da comunidade em que está situada. Portanto, a participação, tanto em sua dimensão de gestão como em sua dimensão educativa, é *um direito e uma necessidade do processo educativo institucional escolar*. Direito e necessidade de todos os setores educativos, e não só do professorado, de "sentir que estão apostando na escola e que devem confiar que a organização da escola realizará ou melhorará essas apostas, ou que darão boas razões caso isso não aconteça" (Bernstein, 1990, p.124).

Tais propostas nos permitirão avançar na formação de nossos estudantes como autênticos cidadãos. Porque, tanto no meio escolar quanto no plano social e político, temos sérios argumentos para pensar que a aprendizagem da cidadania e a formação para a democracia revelam uma clara contradição entre o que se estipula (currículo legal) e o que se pratica nas escolas (currículo em ação). Além disso, quando se fala de "fracasso escolar" costuma-se mencionar somente os conhecimentos do tipo conceitual, mas, em contrapartida, deixa-se de lado tudo o que se refere à aprendizagem das atitudes e valores, principalmente as que fazem referência à aprendizagem da cidadania. Nesse âmbito estamos firmemente convencidos de que o fracasso escolar é ainda maior. E não só pela responsabilidade que o sistema educativo tem em relação a ele, mas também pelo ambiente social em que vivemos, onde são cada vez mais reduzidos os espaços para exercer o direito à cidadania, levando-nos para um sistema de democracia formal, mercantilizada e televisionada, dominada pelos grandes trustes econômicos. Nesse cenário, em vez de cidadãos querem nos transformar em meros espectadores-clientes, subtituindo o viver pelo consumir, o decidir pelo delegar (Jares, 1999b).

Finalmente, nesses tempos de unilateralismo que descrevemos no capítulo anterior, um objetivo e um conteúdo essencial da educação para a cidadania e para os direitos humanos está ligado à sensibilização favorável com a Organização das Nações Unidas (ONU) como a garantidora das relações internacionais. Embora concordemos com a necessidade de reforma da ONU a partir de uma perspectiva democrática, a sociedade global em que vivemos precisa de instituições globais e democráticas. Os atentados de 11 de setembro provocaram uma reação internacional quase unânime de condenação. No entanto, a falta de autocrítica e a política unilateral estabelecida pelos Estados Unidos a partir do 11-S foram um novo golpe para as Nações Unidas.

Também devemos rejeitar as críticas daqueles que, rapidamente, aproveitaram para pedir a dissolução das Nações Unidas por sua inoperância. O problema do terrorismo, assim como o da contaminação do planeta ou o julgamento para todos aqueles que cometem crimes contra a humanidade são aspectos que precisam de uma resposta global e de algumas Nações Unidas plenamente democráticas, com recursos suficientes e não atreladas às superpotências. Nesse sentido consideramos que o desafio não é pedir seu desaparecimento, mas solicitar as reformas que façam das Nações Unidas uma autêntica organização internacional mais democrática, mais operante – e, portanto, com mais meios – e adaptada à nova situação internacional. Nesse sentido, é preciso conhecer os discursos que estão questionando sistematicamente o trabalho das Nações Unidas. Para isso, além do exposto devemos abordar os discursos e as políticas que, como o unilateralismo, caminham na direção contrária.

NOTAS

1. É crescente a perda do valor da vida humana para os meninos de rua do Brasil, da Colômbia, do México e de outros países, condenados a viver mal por meio da prostituição, da "indústria do seqüestro", do narcotráfico, etc. Uma forma de abordar essas realidades em sala de aula é, entre outros meios, com filmes como, por exemplo, "Cidade de Deus", dirigido por Fernando Meirelles. Outra circunstância a analisar por sua dramática freqüência é a chegada de imigrantes nas costas do sul da Espanha e das Ilhas Canárias (nesse sentido, os inúmeros artigos de jornal podem ser um bom instrumento didático) e o negócio dos barcos de imigrantes, forma especialmente execrável de ganhar a vida à custa de pôr em perigo a vida dos demais. Conhecer essas e outras realidades semelhantes é necessário para sensibilizar, de outra perspectiva, sobre o valor da vida.

2. Como Vladimir Maiakóvski escreveu em 1926 em um poema "Nesta vida morrer não é difícil. O difícil é a vida e seu ofício". Fragmento do poema que utilizamos para introduzir o artigo "Beslan no coração", publicado no jornal *Faro de Vigo* (14/9/2004), em homenagem e solidariedade às vítimas da Escola de Beslan (Ossétia do Norte, Rússia).
3. Nesse sentido, não é exagero insistir na revalorização e importância do trabalho doméstico e na sua co-responsabilização, assim como nas tarefas de cuidado e de preservação da vida que a mulher desempenhou na história. Também acho necessário, nestes tempos de mercantilização que atingem as próprias relações familiares e privadas, reabrir o debate sobre a lealdade intergeracional no cuidado.
4. Podemos consultar o *site* dessa instituição, assim como muitos outros *sites* de grupos pacifistas e diversos livros. Reproduzimos o manifesto em Jares (2001 e 2002a).
5. Concretamente, são mais de 600 cidadãos detidos nessa base norte-americana desde a guerra do Afeganistão por supostas relações com a Al Qaeda. Detidos de forma indefinida há mais de dois anos, em condições subumanas, com acusações de torturas – inclusive manifestadas pelo próprio pessoal militar norte-americano baseado em Guantânamo, guardas e agentes de espionagem, tal como foi publicado nos meios de comunicação (*El País*, 17/10/2004), além dos constatados pela administração norte-americana e designados por seu Secretário de Defesa Donald Rumsfeld como "interrogatórios severos" –, sem acusação nem julgamento, sem acesso às famílias, sem acesso à assistência jurídica, etc. Sem dúvida, são situações que, além de intoleráveis por ética ou pelo respeito ao direito internacional, estão alimentando o ódio e a espiral terrorista. Além da Anistia Internacional cabe destacar a crítica do Comitê Internacional da Cruz Vermelha, a única organização não-governamental que teve acesso aos detidos e que tomou a insólita medida nessa organização de criticar publicamente a ausência de um processo legal e o péssimo estado físico e mental observado em grande parte dos detidos.
6. Além dos milhares de inocentes mortos na guerra, não podemos esquecer os inocentes mortos pelo embargo genocida durante mais de 10 anos. A mortalidade infantil no Iraque teve na última década o maior crescimento entre todos os países do mundo. Segundo a UNICEF, no Iraque morriam diariamente 5.000 crianças por falta de medicamentos, de cuidados médicos e pela desnutrição.
7. Por outro lado, com a mesma contundência e clareza, afirmamos que não se pode penalizar ou demonizar determinados objetivos políticos genuinamente democráticos como podem ser determinadas reivindicações nacionalistas, incluindo o direito de autodeterminação, tal como está sendo feito na Espanha por determinados meios e grupos políticos.
8. São dois grupos que estão realizando um trabalho louvável a favor da paz no País Basco. Para mais informação: Elkarri: www.elkarri.org Tel. 943 00 06 00. Gesto pela Paz: www.gesto.org Tel. 944 163 929.
9. O conceito de "violência de perseguição" foi assim chamado pela primeira vez há quatro anos pelo grupo Gesto pela Paz para se referir às pessoas ameaçadas pelo ETA ou por organizações ligadas a ele.
10. Escutar é um requisito imprescindível de todo bom educador ou educadora, seja na família, na escola ou em qualquer âmbito educativo.

11. Essa sensação foi claramente refletida nas diversas entrevistas publicadas pelos meios de comunicação nas semanas próximas ao início da segunda guerra dos Estados Unidos contra o Iraque.
12. Além de arrogar-se a representação de todo o povo ou confundir sua causa com a do povo.
13. O Relatório do PNUD (2000) também considera o requisito da justiça em escala mundial como uma característica para garantir os direitos humanos (PNUD, 2000, p.9).
14. Não podemos deixar de fazer constar a grande rejeição dos Estados Unidos a essa CPI, devido à possibilidade de serem julgados cidadãos norte-americanos e algumas de suas ações militares realizadas, assim como outras que estão reservadas para o futuro. Também merece destaque a não-ratificação de países como a China e a Rússia, entre outros.
15. O Brasil aparece entre os países mais corruptos (Tortosa, 1995, p.40), mas as multinacionais devem ser o primeiro agente a ser considerado no campo da corrupção internacional (ibidem, p.45).
16. Também nesse mesmo texto propunha os 30 direitos da Declaração Universal como o ideário sindical e político a ser conquistado.
17. Mitscherlich também destacava que o ódio "– assim como todas as grandes paixões – anula facilmente o eu como autoridade encarregada de vigiar a sensatez de nossos pensamentos e de nossas ações" (em Häsler, 1973, p.137).
18. É muito significativo ver que nos Estados ditatoriais, como na Espanha franquista ou na Alemanha nazista, as escolas tinham como missão a exaltação do ódio, tal como hoje podemos observar em determinados países e escolas fundamentalistas.
19. Um deles é o admirado Herbert Marcuse, para quem o ódio, assim como o amor, é um "fenômeno ambivalente. Existe uma categoria de ódio reprovável sob qualquer circunstância e que somente pode ter conseqüências destrutivas, mas existe outro ódio que, sob certas condições, pode ter conseqüências construtivas; por exemplo, o ódio pela crueldade, o ódio pelas pessoas cruéis, o ódio pela tortura e o ódio pelos torturadores" (em Häsler, 1973, p.126).
20. Mais adiante, diz que "a incurabilidade do ódio" pode ser compensada, embora não curada, "com o que se denominou em teoria psicanalítica de uma formação reativa", defendendo-se do odiar e do odiar o objeto (p.36).
21. Segundo a UNESCO, o país tem uma taxa de analfabetismo de 70% e destina apenas 1,7% de seu PIB para a educação, enquanto que os gastos em defesa atingem nada menos que 7%.
22. Entre os detratores do relatório estão o ministro de Assuntos Religiosos (*sic*) e a Ministra da Educação que, diante da avalancha de críticas aos fundamentalistas, não apoiou as conclusões.
23. Uma excelente "antologia da dialética do ódio" em que se ilustra a ideologia dualista em suas diferentes formas e contexto históricos pode ser encontrada no nº 40 dos *Cadernos Bakeaz*, de Martín Alonso Zarza, integrado posteriormente no livro *Universales del odio. Creencias, emociones y violencia*. Bilbao, Bakeaz, 2004.
24. Alice Miller repete diversas pesquisas que constatam que a falta de "contato físico afetivo com os pais faz com que determinadas regiões cerebrais, sobretudo aquelas que controlam nossas emoções, não se desenvolvam" (2000, p.201).

25. A autora analisa os casos de Hitler, Stalin, Mao e outros ditadores e conclui que "foi o medo da infância que alimentou seu ódio durante toda a vida" (p.193).
26. A autora cai em seu determinismo simplista quando afirma: "Os jovens pais (...) sabem que não se pode bater em uma criança sob nenhuma circunstância, porque as bofetadas podem se transformar em bombas potenciais" (p.202). Também quando afirma que os piores criminosos da Alemanha nazista, assim como dos soldados americanos no Vietnã, foram aqueles educados com brutalidade. Novamente cai em um simplismo ao se agarrar a uma única causa, a educação recebida nos primeiros anos de vida e entendida na esfera individual, desprezando os fatores institucionais e ideológicos, entre eles a própria formação que davam tanto o exército nazista como o exército americano a suas tropas.
27. Autores como Herbert Marcuse ou Alexander Mitscherlich também outorgavam uma grande importância à educação para neutralizar o ódio. Marcuse refletia sobre a dificuldade de deter o ódio depois de ter sido desencadeado, e nesse sentido confiava em "um processo educativo muito longo e profundo" que estimulasse o ódio contra a opressão, contra a injustiça e contra a crueldade (em Häsler, 1973, p.128). Mitscherlich enfatizava sua esperança na "aprendizagem de um pensar; mas de um pensar independente nas situações mais intrincadas da vida, isto é, também sob a pressão de paixões diluvianas que possam ter como tema: 'ódio ao inimigo' ou 'amor ao Führer'" (em Häsler, 1973, p.144).
28. De qualquer modo, convém não esquecer os "princípios pedagógicos" do ditador como referentes antagônicos da educação para a paz: "Minha pedagogia é dura. A fraqueza deve ser esmagada. Nos castelos de minha ordem crescerá uma juventude diante da qual o mundo tremerá. Quero uma juventude violenta, imperiosa, intrépida, cruel. A juventude tem de ser tudo isso. Deve suportar a dor. Não pode haver nela nada que seja fraco e delicado. Em seus olhos tem de voltar a brilhar o animal de rapina, livre e imperioso. Quero minha juventude forte e bonita (...) Assim poderei criar o novo" (Hitler, citado por Miller, 2000, p.198).
29. Outro bom documento que podemos trabalhar em sala de aula. O texto completo pode ser obtido nos *sites* dos dois grupos que já informamos anteriormente.
30. Como desenvolvemos no capítulo seguinte, o esquecimento, a perda de memória histórica, é perigoso, e em relação às vítimas é injusto. Além disso, conforme Walter Benjamin, a lembrança é compaixão com o sofrimento das vítimas (em Fraijó, 1994, p.34).
31. Carlos Martín Beristain (2003) acrescenta, para outros cenários: acabar com a impunidade, facilitar a participação política e a reforma das forças armadas.
32. Nesse sentido, a busca da verdade sobre a realidade será uma de suas conseqüências educativas. Aspecto que abordaremos no capítulo seguinte.
33. Em grande parte provocada pelo próprio processo de globalização que, ao aumentar as redes de informação, produz um maior conhecimento dos perigos, mas também, como efeito positivo, uma maior interconexão entre as diferentes opiniões públicas dos diferentes países. Como diz Gil Calvo (2003), essa possível opinião pública mundial será uma das vantagens e o maior perigo para o atual modelo de globalização dominante.
34. Um resumo dele pode ser lido no caderno nº 2 "Escuela de Paz" intitulado "Actitudes y comportamientos hacia la Educación para la Paz en Euskadi", elaborado por Susana Fernández, Bilbao, Bakeaz, 2004.

35. Do mesmo modo também existe dupla moral, em alguns casos, e obtusidade ou dogmatismo para não abordar a reforma do Estado.
36. Xavier Etxeberría também acredita que o professorado basco pecou pelo "excesso de neutralidade" e que deu "uma resposta morna para o fenômeno da violência" (2003, p.66).
37. Ataque que, como abordamos no capítulo anterior, teve um rápido desenvolvimento midiático, político e jurídico a partir do 11-S.
38. Nesse sentido, também é muito importante a apropriação pelos supostos peritos, especialistas e técnicos, que em número cada vez maior formam estados de opinião por meio dos debates e dos programas radiofônicos e televisivos. Como foi dito, "a democracia não é possível quando a opinião pública não é ouvida, sendo sufocada pela opinião midiática, e quando esta é comprada e manipulada e, além disso, utilizada para distrair as pessoas e entorpecê-las" (Sanpedro, 2003, p.129).
39. Nesse mesmo sentido coincide o relatório do PNUD (2000). Das sete características assinaladas nesse documento para garantir os direitos humanos, a número 2 faz referência à necessidade de uma "democracia inclusiva, que proteja os direitos das minorias, que pressuponha a separação de poderes e zele pela responsabilidade pública. Só as eleições não resolvem" (PNUD, 2000, p.7).

4
Educar a partir *da* e *para a* verdade

(...) No final das contas, a máscara se transforma em rosto. (Marguerite Yourcenar, 1983, p.84)

Mas a verdade precisa ser construída, como o amor, como a inteligência. (Albert Camus, 2002, p.169)

Hoje um dos objetivos educativos mais importantes é *alertar e educar os cidadãos a respeito dos perigos da manipulação da informação, da doutrinação e da propaganda que aumentam em nossas sociedades, assim como o recurso à mentira como estratégia política institucionalizada.* Alerta e necessidade que surgem por duas razões fundamentais. Em primeiro lugar, pela atual concentração dos meios de comunicação, que em vários casos iguala o controle econômico e midiático ao político. "Essa situação facilita a mentira dos governos, para enganar as pessoas sobre o caráter e os fins reais de algumas decisões, pois desmentir essas informações falsas está fora do alcance da minoria que consegue conhecer a manobra" (Sampedro, 2003, p.74). Nesse sentido, o papel da educação e das novas tecnologias é imprescindível para desmontar essa estrutura quase orwelliana. Em segundo lugar, pela utilização cada vez mais descarada do recurso à mentira e ao cinismo como formas de fazer política. Como cidadãos e educadores, *nossa preocupação é com a tentativa de naturalização da mentira nos assuntos públicos,* por seu uso progressivo como estratégia política que nega ou deturpa os fatos e oculta a história, além de negar os princípios éticos de convivência.

Diante dessas duas realidades, devemos reivindicar e relançar a necessidade educativa de educar e viver a partir da e para a busca da verdade, porque ir atrás da verdade faz parte de nossa tarefa mais legítima como educadores. Além disso, a própria natureza do ato de educar obriga-nos a ser vigilantes e cuidadosos com esse princípio e objetivo. Por essas duas razões, educar a partir da e para a verdade deve ter um *status* e uma preocupação especial. Reinvindicar a busca da verdade parece-me mais do que um bom critério ético e educativo para encarar especificamente nossa profissão e a vida. Conforme assinalou George Steiner, "pertence à eminente dignidade de nossa espécie ir atrás da verdade de forma desinteressada" (2001, p.132). Conforme assinalou Edward Said, "a história e a política desapareceram porque a memória, a verdade e a existência humana deixaram de ter importância" (2002, p.8). Por isso, exigir e agir em prol dessas três realidades é hoje uma necessidade política e educativa, e ao mesmo tempo já é uma forma de fazer política e educação. Não podemos esquecer um fato evidente: a institucionalização crescente das mentiras em nossas sociedades corrompe e põe em perigo a democracia. E tem mais, segundo palavras de Paolo Flores d'Arcais seguindo o pensamento de Hannah Arendt, a democracia é incompatível com a mentira (1996, p.111): "a mentira destrói a comunicação, contamina as próprias possibilidades de coexistir. Uma posição que data de Montaigne" (Flores d'Arcais, 1995, p.122). Se isso for verdade, não será difícil concordar que algo está funcionando mal em nossas sociedades quando a mentira é naturalizada. E, muito provavelmente, alguma coisa do que está funcionando mal está dentro do próprio sistema político e em muitos setores da trama social que a toleram com total impunidade. Os casos das razões alegadas para fazer a guerra no Iraque ou a forma como o anterior governo conservador espanhol "encobriu" o acidente do Yak 42 são bons exemplos do uso das mentiras, mas, ao mesmo tempo, de absoluta impunidade daqueles que mentiram. E isso é um grave problema político, jurídico e também educativo.

Neste capítulo, tal como antecipamos na Introdução, abordamos três aspectos: em primeiro lugar, o sentido da busca da verdade; em segundo, os conteúdos e estratégias educativas da busca da verdade e, em terceiro, as conseqüências educativas que surgem da aplicação desses princípios em três fatos históricos de nosso tempo: os atentados de 11 de setembro nos Estados Unidos, a segunda guerra dos Estados Unidos contra o Iraque, desencadeada a partir de 20 de março de 2003, e os atentados de 11-M em Madri. Com essa análise pretendemos "ir atrás da verdade e criar campos de compreensão em vez de campos de batalha" (Terzani, 2002, p.44).

FOMENTAR O COMPROMISSO COM A BUSCA DA VERDADE

A busca da verdade é um princípio ético que teve diferentes abordagens nas diferentes culturas, mas a filosofia foi a disciplina que, sem dúvida, mais espaço dedicou a ela. Realmente, embora a modernidade ocupe-se da verdade como uma questão central e radical, essa temática está presente desde o próprio nascimento da filosofia. O que podemos denominar de critérios de verdade foi e é uma das questões prioritárias e constantes no desenvolvimento histórico desse âmbito científico. E a verdade é necessária para a vida, para a convivência e para a educação. Então, em relação a esta última, comprovamos que tanto no decorrer de determinadas etapas históricas, assim como hoje, a educação foi e é utilizada em muitas ocasiões para manipular e desvirtuar a história e determinadas verdades científicas e sociais. O exemplo recente sobre o uso que o franquismo fez do sistema educativo para distorcer a história e doutrinar o conjunto da população nos chamados princípios do "movimento nacional", como em geral fazem todas as ditaduras e os governos formalmente democráticos, só que com vocação de domínio e doutrinação, ilustra cabalmente essas duas qualidades mencionadas.

Embora isso seja correto, também não é menos correto que a autêntica natureza da educação traz junto com ela a busca da verdade. Porque o processo educativo traz, com ele, o conhecimento das diferentes explicações e possíveis direções a serem tomadas na vida, e, ao mesmo tempo, aprendemos a nos situar diante delas para decidir de maneira autônoma e livre. Por isso, descobrir e sensibilizar sobre a verdade são, para nós, dois desafios educativos indispensáveis. Segundo María Zambrano, sem a presença da verdade "a realidade não poderia ser suportada ou não se apresentaria ao homem com seu caráter de realidade" (1986, p.26), por isso sua proposta de "viver na verdade" (1989).

Reconhecendo as diferentes e enormes dificuldades dessa tarefa e o caráter não-permanente, relativo e imperfeito da verdade,[1] não podemos negar que existem determinados fatos e relações causais que podem ser objetivados como verdades, ao menos enquanto não se descobrir ou demonstrar sua falsidade. Nesse sentido, diferimos de determinadas posições relativistas que destacam a impossibilidade de definir o que é verdade, pois, segundo esse pensamento, existiriam tantas verdades como subjetividades para analisar uma determinada realidade; tal como assinalava Schopenhauer: "o mundo é minha representação". Nesse mesmo sentido situam-se determinadas frases de Gandhi, como, por exemplo, quando diz que "a verdade está gravada no coração de cada um. A verdade é o que cada um acredita que é verdadeiro nesse instante concreto" (Gandhi, 1988, p.110), isto é, quando a verdade se situa na representação ou percepção que cada indivíduo faz da realidade. No entanto, a verdade não está gravada de uma vez por todas em nossos corações, nem tem como único critério de valor a representação subjetiva individual. Entretanto, sem entrar no mérito dessa divergência, Mahatma Gandhi foi precisamente uma das pessoas que mais insistiu na necessidade da busca e na força da verdade. Tanto é assim que se tornou um dos princípios-chave do pensamento gandhiano, e, sem dúvida, o mais importante. Como disse o próprio Gandhi, sua vida esteve marcada por essa orientação.

Em seu livro *Todos los hombres son hermanos* (Gandhi, 1988) aparecem diferentes afirmações que comprovam essa afirmação e o *status* prioritário que dá a ela: "Fiz da verdade meu único objetivo" (p.27); "hoje, mais do que nunca, afirmo que a verdade não pode ser sacrificada por nenhuma outra coisa" (ibidem); "não obedeço mais do que à verdade. Ela sozinha é o objeto de minha entrega (...) a primeira coisa que se deve buscar é a verdade" (p.109); "não sou mais do que um buscador da verdade" (p.110). Verdade, que por seu pensamento e prática profundamente religiosos, encarna em Deus. "Há dois anos dei um novo passo, concluindo que a verdade é Deus e Deus é a verdade" (p.107). "Deus é verdade e amor" (p.91). "Não existe nada mais Deus do que a verdade" (p.66). Deus e verdade como "termos conversíveis entre si". Aspecto que, de nossa visão leiga da vida, também não podemos aceitar. Essa busca da verdade deve ser realizada, segundo Gandhi, a partir da *ahimsa*, a não-violência, ainda que a prioridade da busca e da defesa da verdade esteja acima da própria não-violência. Como ele mesmo disse, "a verdade é que descobri a não-violência buscando a verdade" (Gandhi, 1988, p.76). Esses dois grandes princípios da filosofia gandhiana, a busca da verdade e a não-violência, são os que mais marcaram as propostas educativas realizadas a partir da não-violência (Jares, 1999a, p.69-80), e, sem dúvida, nossa prática educativa.

Segundo nosso critério, a verdade deve estar relacionada com fatos e situações provadas, tal como costuma fazer o pensamento científico e racional, e, em sua impossibilidade, devemos escolher aqueles cenários que reúnam o maior contraste de provas e informações para termos mais probabilidades de verdade. A autoconsciência pode ser uma via respeitável, mas não reúne, por si só, as garantias suficientes de fiabilidade da verdade. Como assinalou Bertrand Russell, "não pode haver nenhum meio puramente psicológico de distinguir entre crenças verdadeiras e falsas. Uma crença se torna verdadeira ou falsa em relação com um fato, e é possível que ele fique fora da experiência da pessoa que possui a crença. A verdade e a falsidade, salvo no caso de crenças sobre a nossa própria mente, dependem das relações de acontecimentos mentais com coisas exteriores" (1985, p.241). Portanto, a questão não é cair em uma mera retórica ou em criar uma ilusão de verdade (Bourdieu, 1980).

Günter Grass disse que uma das funções dos escritores é resgatar "para a memória o que se esconde, o que se tapa com mentiras" (Grass e Goytisolo, 1998, p.82). Acreditamos que esse mesmo sentido e compromisso fazem parte da tarefa mais genuína dos educadores, tal como muitos anos antes, precisamente em 1940, já escrevia Bertrand Russell: "Eu não consideraria que um homem pode ser um bom educador, a não ser que tenha adotado a firme resolução de não esconder nunca a verdade no decorrer de seu ensino, mesmo que essa verdade possa ser qualificada como "não-edificante"... De qualquer modo, dizer mentiras aos jovens, que não têm meios para confrontar o que é dito a eles, é moralmente indefensável" (1985, p.375). E tem mais: Russell dá o exemplo de uma disciplina de educação cívica no Estados Unidos que é, precisamente, onde mais informação enganosa se dá. Em suas palavras: "Há na América do Norte uma disciplina que estuda os deveres e os direitos cívicos dos cidadãos, e nessa disciplina, mais do que em qualquer outra, espera-se que o ensino seja enganoso. Ensina-se aos jovens uma espécie de resumo sobre como se imagina que os assuntos públicos são manejados, e a eles fica cuidadosamente vedado todo conhecimento sobre como são realmente manejados. Quando os jovens crescem e descobrem a verdade, o resultado com muita freqüência é um cinismo absoluto, no qual naufragam todos os ideais públicos; mas se tivessem ensinado a verdade cuidadosamente e com o adequado comentário em idade mais precoce, poderiam ter se transformado em homens capazes de combater os males, para os quais, como as coisas caminham, demonstram sua aprovação com um encolhimento de ombros" (1985, p.375).

Do ponto de vista *metodológico* esse princípio de busca da verdade é radicalmente oposto à imposição, ao autoritarismo ou à doutrinação. Pelo contrário, a busca da verdade implica uma proposta pedagógica articulada a partir do e para o debate, o diálogo, a escuta ativa, a comunicação empática, a indagação, a não-discriminação e o respeito à autonomia das pessoas. Por isso a busca da verdade exige ser realizada de forma democrática; quando o sistema pedagógico e/ou social não é democrático, condenamos as pessoas, ou ao menos um setor delas, a realizar essa busca da verdade de forma clandestina. Portanto, a busca da verdade está mais relacionada com o método socrático de propor perguntas para que o alunado busque as respostas do que com a "revelação", seja de que tipo for. Os docentes, de qualquer nível educativo, devem suscitar então muitas perguntas, sempre, porque essa busca é um processo constante que não termina em uma etapa determinada da vida. Segundo o filósofo alemão Martín Heidegger, "as perguntas são a devoção, a oração, do pensamento humano" (Steiner, 2001, p.130). Dito com a voz dos ilustrados, o objetivo do ensino deve ser estimular a dúvida construtiva, o amor pela aventura intelectual e o sentimento de descobrir novos mundos mediante empresas didáticas audaciosas. Nesse sentido o professorado não sugere ou impõe sua verdade, mas "oferece o exemplo vivo sobre como se busca; mostra a clareza do pensamento, a paixão pela verdade e o respeito aos demais, que é inseparável desta. O mestre é assim denominado porque, mesmo afirmando suas próprias convicções, não quer impô-las a seu discípulo; não busca adeptos, não quer formar cópias de si mesmo, mas inteligências independentes, capazes de seguir seu próprio caminho. Além disso, é um mestre somente enquanto sabe entender qual é o caminho adequado e sabe ajudar seu aluno a encontrá-lo, a não trair a essência de sua pessoa" (Magris, 2001, p.39-40).

É nessa mesma direção de "ensinar a verdade sobre o mundo e a sociedade" que Noam Chomsky realiza sua proposta pedagógica, inspirado ao mesmo tempo nas proposições de Freire e de Giroux. "A aprendizagem verdadeira, de fato, está relacionada com o descobrir a verdade, não com a imposição de uma verdade oficial; esta última opção não leva ao desenvolvimento de um pensamento crítico e independente. A obrigação de qualquer mestre é ajudar seus estudantes a descobrir a verdade por si mesmos, sem excluir, portanto, a informação e as idéias que podem ser embaraçosas para os mais ricos e poderosos: aqueles que criam, elaboram e impõem a política escolar" (Chomsky, 2001b, p.29). Proposta que do ponto de vista da psicologia de Jean Piaget também era assinalada ao explicar o pensamento de Comenius: "O verdadeiro critério de uma pedagogia ativa (forma de educação talvez tão escassa hoje em dia quanto no século XVII) baseia-se, em nossa opinião, na forma de adquirir a verdade: não existirá atividade autêntica enquanto o aluno aceitar a verdade de uma afirmação somente porque foi transmitida pelo adulto, graças à autoridade explícita ou implícita da palavra do mestre ou do texto do manual; em contrapartida, existirá atividade quando o aluno descobrir por si mesmo ou reconstruir o verdadeiro mediante ações materiais ou interiorizadas, que consistem em experimentar ou em raciocinar por si mesmo" (Piaget, 1957, p.191). Assim, o alunado deixa de ser um recipiente a ser preenchido, segundo Freinet (1974; 1996), ou um mero objeto para se transformar "em agente da história, na busca incessante da verdade" (Chomsky, 2001b, p.20), enquanto que o professorado passa a ser um intelectual, tal como se enfatizou a partir da teoria crítica da educação (Giroux, 1990). Intelectual que deve juntar os dois pólos: rigoroso e indagador com o conhecimento, e comprometido com a verdade e com os princípios éticos de justiça social.

Em suma, a busca da verdade deve ser um dos referentes prioritários de todo sistema educativo em uma sociedade democrática. "Em uma democracia, o primeiro objetivo da educação é fundamentar as virtudes tais como a tolerância, a integridade, o dizer a verdade, a imparcialidade, a fraternidade e o uso da razão crítica, virtudes sem as quais a 'reprodução social consciente' poderia ser impossível, pois são princípios fundamentais do modo de vida democrático" (Carr e Hartnett, 1996, p.188, citado por Gimeno Sacristán, 1998, p.321). Como destaca Guillermo Domínguez, no final de seu livro *Arredor da verdade*, "a busca da verdade é possível, e é possível a partir do sujeito e dentro do discurso. A problematicidade do conceito de mundo ou da 'realidade' não deve nos dissuadir nem nos fazer vacilar nessa busca. Nela se encontra uma das chaves da liberdade humana. É por isso que a noção de verdade é algo mais do que um simples referente teórico" (2003, p.85).

CONTEÚDOS E ESTRATÉGIAS EDUCATIVAS

Tanto no plano dos conteúdos quanto da metodologia, a busca da verdade traz junto com ela – nesses tempos de globalização neoliberal, guerra preventiva e terrorismos – diferentes tipos de conseqüências educativas. As mais importantes, em nossa opinião, são: analisar a história, ir às causas dos problemas, analisar o conceito de terrorismo, questionar os fundamentalismos, analisar os atentados de antes e depois de 11 de setembro, lutar contra a manipulação da informação e a institucionalização da mentira. A seguir, cada uma delas é apresentada.

Analisar a história

Na análise de qualquer processo social, a contextualização histórica não é só uma necessidade para poder entendê-lo corretamente, mas também é necessária para prever o futuro com maior garantia e poder tirar conclusões educativas. Assim, tanto em relação ao 11 de setembro como à guerra do Iraque e aos atentados do 11-M em Madri, o professorado, principalmente o de História, deveria aproveitar esses episódios bélicos e terroristas para fomentar a rejeição da violência e buscar as causas desses fatos, e não justificativas. Portanto, a busca da verdade leva-nos, em primeiro lugar, à *análise histórica*, pois esse é um tipo de conhecimento indispensável para poder compreender os problemas atuais, dar melhores possibilidades para discernir a verdade, e até mesmo para planejar o futuro com melhores garantias. Além disso, "em história não existem parênteses, pois a humanidade profunda, a dignidade, a conformidade com o bem moral estão além do direito, da legalidade" (Quint, 2002, p.85).

A análise histórica também deve ter um caráter preventivo para evitar as situações de injustiça no presente e no futuro. De acordo com o pensamento de várias pessoas, a defesa da memória histórica é uma das resistências diante dos totalitarismos. "O totalitarismo tem necessidade de destruir o passado, de poder dispor dele à mercê, a partir do momento em que o poder totalitário encontra legitimação somente na premissa de encarnar uma Verdade absoluta na contingência do tempo histórico. Por isso, os fatos devem poder ser permanentemente mostrados de maneira tal que 'provem' a legitimidade do poder e de seus atos singulares" (Flores d'Arcais, 1996, p.111). O franquismo, tanto em relação ao período da II República quanto em sua doutrinação justificatória, é um bom exemplo disso. Sem a defesa da memória histórica "corremos o risco de que ela seja esquecida por nós, e sem ela a plenitude e a complexidade da vida não têm nenhum sentido" (Magris, 2001, p.10). Em uma linha parecida se pronunciam outros autores, como é o caso de Luis Rojas Marcos quando afirma, em relação aos atentados de 11 de setembro nos Estados Unidos, "a História é o melhor antídoto contra a visão distorcida do presente" (2002, p.137).

Tariq Alí igualmente se pronunciou contra a "ilegalidade da história" criada pela cultura dominante, "que, deste modo, reduziu o processo democrático a uma farsa. O resultado é uma mistura de cinismo, desconsideração e escapismo. O ambiente mais adequado para que surjam irracionalidades de toda espécie. Os movimentos religiosos reformistas floresceram nos últimos 50 anos em culturas bem diversas. E o processo ainda não terminou. O motivo básico é que as demais vias de fuga ficaram bloqueadas pelo pai de todos os fundamentalismos: o imperialismo norte-americano" (2002, p.369).

No caso do 11-S, e sem cair em nenhum tipo de antiamericanismo, seria conveniente que o professorado explicasse ao mesmo tempo a história recente dos Estados Unidos, por ter utilizado e fomentado políticas e práticas igualmente condenáveis que podemos enquadrar na categoria de *terrorismo de Estado*, tal como Noam Chomsky[2] vem denunciando há décadas. Nesse sentido é pertinente a pergunta lançada por Jon Sobrino: "O que fez esse país em seus dois séculos de existência para incitar tamanho ódio?" (2002a, p.130). E para responder essa pergunta é imprescindível a análise da história dos Estados Unidos, principalmente a partir da Segunda Guerra Mundial. Alguns exemplos que podemos utilizar em sala de aula, e que não podem ser ocultados se usarmos o critério da verdade e do rigor histórico, podem ser encontrados em diferentes livros, como no de Gore Vidal (2002, p.331-335), que reproduz um documento elaborado pela Federação de Cientistas Norte-Americanos que reúne as intervenções militares norte-americanas a partir do final da Segunda Guerra Mundial; no de Z. Sardar e M. Wyn Davies (2003, p.133-144), que apresentam um texto de Zoltan Grossman intitulado "Um Século de Intervenções Militares Norte-Americanas, de Wounded Knee ao Afeganistão", a partir do ano de 1890; ou no de Chomsky (2002a). Gore Vidal destaca que até a guerra em Kosovo (1999), os Estados Unidos participaram em mais de 200 ações militares. Além disso, "nessas centenas de guerras contra o comunismo, o terrorismo, a droga ou, às vezes, qualquer outra pequena coisa, entre Pearl Harbor e a terça de 11 de setembro de 2001, sempre fomos os primeiros a atacar" (2002, p.335).

Nesse mesmo sentido concorda Chalmers Jonson, acadêmico da Berkeley University, no número de outubro de 2001 do *The Nation*, ao denunciar todas as conspirações, golpes de Estado, perseguições, guerras, etc. na América Latina, África, Ásia e Oriente Médio em que os Estados Unidos estiveram envolvidos desde o fim da Segunda Guerra Mundial até hoje, que foi reunido por Tiziano Terzani (2002, p.40). Também é muito ilustrativa a denúncia que faz esse acadêmico sobre a manutenção norte-americana de suas bases militares: "Apesar do fim da guerra fria e do desmantelamento da União Soviética, os Estados Unidos mantiveram intacta sua rede imperial de cerca de 800 instalações militares no mundo". Finalmente, esse autor diz o mesmo que muitos autores norte-americanos e não-norte-americanos: "Os assassinos suicidas do 11 de setembro não atacaram os Estados Unidos, atacaram a política externa norte-americana".

Com a análise desses e de outros exemplos estamos em melhores condições de analisar a pergunta que o presidente fez depois do 11 de setembro: "Os americanos perguntam-se: por que nos odeiam tanto?".[3] A resposta para essa pergunta não é a que foi dada pelo próprio Bush: "Porque odeiam nossas liberdades",[4] ela deve ser buscada na injustiça e na dominação. Como assinalou Jon Sobrino, "no Ocidente fala-se muito em liberdade de expressão. Falamos em vontade de verdade. E não é a mesma coisa. A tragédia das torres gêmeas é o ato terrorista mais propagandeado na história da humanidade (a destruição do Afeganistão não se compara a ele nem de longe), mas não comunicou toda a verdade, nem nos fatos e menos ainda nas causas. Liberdade de expressão (que custa dinheiro) não é o mesmo que vontade de verdade, que somente requer honradez, lucidez e força moral. No mundo dos pobres é possível ver com toda clareza: aqueles que têm a verdade não têm voz, e aqueles que têm muita voz não estão interessados na verdade. Somente com a vontade de verdade descobre-se a verdade maior. É verdade que existe terrorismo, mas a verdade é maior. As potências usam-no quando lhes apetece: em Auschwitz, em Hiroshima e em Gulag, há tempos. Os Estados Unidos também, na América Latina, nas décadas de 1960 e 1980, e no Iraque e no Sudão, mais recentemente. Hoje, por meio de três países, Uganda, Ruanda e Burundi, mantêm viva a guerra pelo minério coltan na República do Congo, com 80.000 mortos ao mês em dois anos. E mantêm o terrorismo sobre o qual não se fala; impera intrépido o terrorismo da fome, da pobreza, aquele que causa milhões de excluídos e refugiados, aquele que conduz à AIDS, à ignorância e ao desprezo" (Sobrino, 2002a, p.131-2 e 2002b, p.180). Em suma, a pergunta-chave que devemos fazer é: quantas pessoas sofreram ou morreram no mundo como conseqüência direta ou indireta da política externa norte-americana?

Também merece destaque, como vem denunciando o admirado Noam Chomsky desde a década de 1970, *a enorme distorção da história e da política externa norte-americana para a imensa maioria da população desse país* e do conjunto do mundo, situação que não se pode separar do papel dos meios de comunicação na capacidade potencial de mascarar a realidade. É o que Chomsky denomina *os mitos e a propaganda* da política externa norte-americana (1984) canalizada pela "pedagogia das mentiras" (2001b). Como constatou Edward S. Herman, "uma das características mais estáveis da cultura norte-americana é a incapacidade ou a não-aceitação em reconhecer os crimes dos Estados Unidos" (citado por Vidal, 2002, p.322). O historiador Charles A. Beard assinalou que desde a Segunda Guerra Mundial os Estados Unidos se viram envolvidos no que ele denominou de "a guerra perpétua em prol da paz perpétua", ou, como disse Gore Vidal, "o clube do inimigo do mês", em referência ao fato de que todos os meses há um novo e horrendo inimigo que os Estados Unidos devem atacar antes que ele destrua este país (2002, p.330).

Procurar as causas dos problemas

A busca da verdade tem de nos levar, em segundo lugar, ou paralelamente ao anterior, à análise das *causas dos problemas*. De fato, entender e explicar um acontecimento tem de nos levar, necessariamente, à análise das causas que o provocam, tal como se deve fazer nos processos de análise e de resolução de conflitos. Conforme manifestamos (Jares, 2001a e 2001b), para poder resolver os conflitos o primeiro passo é compreendê-los em toda sua extensão, sem apriorismos ou preconceitos. Analisar as causas deve nos levar a levantar um mapa do conflito que nos sirva de guia para sua resolução. Conforme José M. Tortosa, "se não formos às causas, a violência voltará a se apresentar" (2001a, p.35). No caso do 11 de setembro, as causas principais estão relacionadas com:

- a pobreza e a desigualdade crescentes no mundo entre ricos e pobres, agravadas com a globalização neoliberal (tal como vimos no Capítulo 1);
- o terrorismo de Estado praticado pelos Estados Unidos e sua política de estilo imperialista seguida nas últimas décadas, principalmente em relação ao contencioso palestino-israelense e às guerras do Golfo, cla-

ramente orientadas para o controle dos recursos e da geopolítica da região, estreitamente ligada à situação de Israel;
- o fanatismo de um setor da população defendido por grupos extremistas muçulmanos, utilizando uma interpretação interessada e fundamentalista do Alcorão, tal como nos advertiram diversos intelectuais muçulmanos.

Em suma, há inúmeras causas que foram sendo gestadas ao longo de um segmento de nossa história recente e que descartam as explicações simplistas, distorcidas e interessadas dadas pelas próprias autoridades norte-americanas e de outros países. Conforme Tiziano Terzani, "nada da história humana é fácil de explicar, e entre um fato e outro raras vezes existe uma correlação direta e precisa. Cada acontecimento, até mesmo de nossa vida, é o resultado de milhares de causas que produzem, junto com esse acontecimento, outros milhares de efeitos, que ao mesmo tempo são as causas de outros milhares de efeitos. O ataque às Torres Gêmeas é um deles: o resultado de muitos e complexos fatos precedentes. Sem dúvida, não é o ato de 'uma guerra de religião' dos extremistas muçulmanos pela conquista de nossas almas, uma cruzada às avessas, (...) nem tampouco é um 'ataque à liberdade e à democracia ocidental', como gostaria a simplíssima fórmula usada agora pelos políticos" (2002, p.40).

As explicações simplistas e interessadas dadas pela administração norte-americana, e por outras ligadas a ela, foram utilizadas para criminalizar o Islã como um todo e desencadear uma política cultural de hostilidade para com o muçulmano. De acordo com o ensaísta palestino Edward Said oito dias depois dos atentados, "não há um só Islã: há vários Islã, assim como há vários Estados Unidos. A diversidade existe em todas as tradições, religiões ou nações, embora alguns de seus seguidores tenham inutilmente tentado traçar fronteiras ao redor de si mesmos e definir claramente seus credos" (2001b). Diversos textos incidiram nessa questão depois dos atentados, entre eles o manifesto intitulado "Não existe absolutamente nada que justifique o terrorismo" assinado pelo poeta palestino Mahmud Darwish e por outros intelectuais palestinos (Darwish et al., 2001) no qual se condena:

- o terrorismo: "o terror jamais prepara o caminho para chegar à justiça, mas conduz ao caminho mais curto para chegar ao inferno";
- a polarização do mundo em dois grupos: "um de bondade absoluta, o outro de maldade absoluta";
- a demonização da cultura árabe e islâmica: "nesse contexto, a insistência dos modernos orientalistas de que o terrorismo está na própria natureza da cultura árabe e islâmica não contribui em nada para o diagnóstico do enigma e, portanto, não nos oferece nenhuma solução. Faz, na verdade, com que a solução seja mais enigmática, porque fica presa ao jugo do racismo".

– Finalmente, o manifesto incita a superação da dor por meio da análise das causas, fugindo do "conflito de culturas" e, "ao contrário", "meditando sobre a sinceridade da política externa norte-americana.

No plano dos conteúdos, os materiais curriculares devem fazer o máximo para introduzir as temáticas que destacamos como causas explicativas do terrorismo, assim como informação referente às culturas árabe e muçulmana em geral, devendo, ao mesmo tempo, questionar os preconceitos que estão sendo construídos sobre ela. Além disso, tanto no caso da Espanha quanto da Europa de maneira geral, devemos corrigir essa invisibilidade da cultura árabe porque a imigração destes países ocupa um lugar de destaque no total de imigrantes.[5]

Analisar o conceito de terrorismo

A busca da verdade, tanto em relação aos atos terroristas do 11-S ou do 11-M quanto em relação à guerra do Iraque, deve nos levar à *análise do próprio conceito de terrorismo*. Como dissemos no Capítulo 2, o terrorismo é um fenômeno complexo, com causas e ações diferentes. Também afirmamos que é um fenômeno muito propenso à manipulação ideológica e emocional. Assim, o ocorrido em 11 de setembro em Nova York e em Washington é terrorismo, mas a resposta norte-americana no Afeganistão e no Iraque, decidida unilateralmente pelos Estados Unidos, transformando-se em juiz e parte, é "guerra contra o terrorismo"[6] ou "compromisso com a proteção da liberdade, da oportunidade e da segurança das pessoas do mundo inteiro", tal como é ensinado nas "Sugestões para Educadores" do Departamento de Educação dos Estados Unidos (www.ed.gov/inits/september11/educators.html). Do mesmo modo, a invasão militar do Iraque pelos exércitos norte-americano e britânico é guerra contra o terrorismo, enquanto que a resistência iraquiana contra as tropas ocupantes é terrorismo. São dois exemplos dos dias difíceis em que vivemos e que não acabam aí. Exemplos que ilustram que historicamente aqueles que detêm o poder arrogam-se a capacidade de decidir o que é terrorismo, guerra ou qualquer resposta violenta. Mas, como vimos no Capítulo 3, existem diferentes formas de terrorismo e diferentes formas de defini-lo, assim como diferentes causas que o explicam e/ou justificam em função dos interesses da pessoa ou instituição que o define.

Mas, o fato de estarmos contra todas as formas de terrorismo não significa que ele não exista e que, muito contra nossa vontade, tenha uma evidente incidência em nossas realidades. E, sendo como é, uma das chaves que explicam e influenciam a realidade incerta de nossos dias, não resta dúvida de que deve ter seu espaço no sistema educativo para poder compreendê-lo, o que nada tem a ver com justificá-lo. Como assinalou Michael Ignatieff (2004a), "a indignação moral não pode paralisar a capacidade de compreender as guerras atuais e o terrorismo a partir da lógica daqueles que a justificam, se o que queremos é erradicá-los da face da terra. Ao mesmo tempo, junto com sua análise, devemos favorecer atitudes de rejeição contra todo tipo de violência e a solidariedade com as pessoas que a sofrem. Como desenvolvemos no Capítulo 2, nossa proposta caminha no sentido de formar uma cidadania valente e decisivamente lutadora contra ele, mas a partir da racionalidade, do respeito às regras do estado de direito e da verdade".[7] É por isso que, reconhecendo tanto as dificuldades de formação que em geral se detectam sobre essa temática como as tensões emocionais que geralmente costumam provocar, não podemos responder apenas com o silêncio e a rejeição. As duas manifestações são necessárias em determinados momentos, mas, por serem necessárias, precisamos de outras respostas educativas, entre elas a análise do que é o terrorismo e sua evolução histórica é indispensável. Como assinalamos na Introdução, a ignorância, assim como a indiferença, não é boa conselheira para abordar os problemas sociais, e muito menos um tão emocionalmente complexo, perigoso e complicado como é o terrorismo.

Mas mesmo reconhecendo seu elevado grau de dificuldade devemos encarar essa questão com a maior preparação e objetividade possíveis. Para isso, o primeiro objetivo a cumprir é que os educadores tenham uma formação mínima sobre o que é o terrorismo, sua configuração histórica e as variantes que ocorrem hoje. Mas a análise do conceito de terrorismo deve nos servir não só para tornar seu significado conceitual, sua configuração histórica, seus usos ideológicos interessados, etc. mais claros, como também para, tal como propusemos no capítulo anterior, educar em sua mais firme rejeição, pois ele vai contra o princípio fundamental do respeito à vida.

Questionar os fundamentalismos

A *busca da verdade deve questionar os fundamentalismos de todo tipo,* pois eles negam a reflexão e o exame crítico, a autocrítica e a crítica, processos inerentes a uma autêntica educação e a uma sociedade livre. Por isso a busca da verdade é contrária aos fundamentalismos, porque estes se estabelecem na doutrinação mediante a imposição de uma verdade que não pode ser examinada e muito menos criticada. Conforme assinala Leonardo Boff, o fundamentalismo "não é uma doutrina, mas uma forma de interpretar e viver a doutrina. É assumir a letra das doutrinas e as normas sem prestar atenção em seu espírito e em sua inserção no processo sempre mutável da história, que obriga a efetuar contínuas interpretações e atualizações precisamente para manter sua verdade essencial. O fundamentalismo representa a atitude daquele que confere um caráter absoluto a seu ponto de vista pessoal (...) Daquele que se sente portador de uma verdade absoluta e não pode tolerar nenhuma outra verdade, e seu destino é a intolerância. E a intolerância gera o desprezo ao outro; o desprezo engendra a agressividade; e a agressividade gera a guerra contra o terror, que deve ser combatido e exterminado" (2003, p.25).

Embora hoje seja comum associar o fundamentalismo ao mundo islâmico, ele não nasceu nessa cultura – Leonardo Boff indica que "o berço do fundamentalismo está no protestantismo norte-americano, surgido em meados do século XIX" (Boff, 2003, p.13), criando-se o termo em 1915 –, nem ocorre somente no âmbito religioso. Assim, existem fundamentalismos religiosos – católico, protestante, muçulmano, judeu[8] –, econômicos – o capitalismo como único sistema possível de organização social –, políticos e ideológicos, pedagógicos, fundamentalismos artísticos, etc. Portanto, devemos desmascarar essa idéia segundo a qual o fundamentalismo ocorre somente no âmbito religioso e, principalmente, na religião muçulmana; ao contrário, o avanço do conservadorismo é um fato em diferentes países e culturas. A história do Ocidente está repleta de acontecimentos fundamentalistas e todos eles com conseqüências trágicas. Diferentes autores, Günter Grass e Juan Goytisolo (1998, p.87) e Tariq Alí (2002), por exemplo, denunciaram o sistema capitalista que se comporta como um tipo de fundamentalismo; inclusive Goytisolo precisa mais sua denúncia ao criticar o fundamentalismo que ele considera o mais grave de hoje, que é a tecnociência, "naturalmente ligado aos interesses do grande capital".[9]

No caso do mundo muçulmano, devemos apoiar as lutas para desmascarar o conservadorismo islâmico, disfarçando de retórica religiosa sua "manipulação cultural, que pode ser comparada à utilização da mensagem cristã pela Inquisição ou a do socialismo pelo sistema totalitário soviético. Em outras palavras, é uma desvalorização da religião por grupos que querem conseguir o poder político" (Naïr, 1995, p.89). O mesmo Samí Naïr chama nossa atenção sobre os efeitos devastadores da aplicação da lei religiosa islâmica, a *sharia*: "A experiência confirma que onde se impõe a *sharia*, aparece o despotismo sangrento dos religiosos fanáticos, o desprezo pelos direitos humanos (pois os integristas não consideram o homem, mas o crente) e, finalmente, o terrorismo contra a mulher, como ocorre no Irã, na Arábia Saudita ou no Sudão" (1995, p.90).

É curioso, e acho que é um bom exercício didático, confrontar a linguagem utilizada pelo presidente norte-americano George W. Bush e por Osama Bin Laden. Mesmo com evidentes diferenças entre eles, ambos representam, no entanto, dois bons exemplos de posições fundamentalistas:

– ambos utilizam uma linguagem cheia de citações bíblicas;
– ambos recorrem a Deus para justificar suas decisões;
– ambos defendem suas posições em nome de Deus e diante do outro, que é o inimigo satânico;
– ambos terminam seus discursos dando graças a Deus.
– ambos se consideram em posse da verdade absoluta e ambos querem impô-la ao resto do mundo;

- ambos tentam colocar seus concidadãos na alternativa "está comigo ou contra mim";
- ambos não aceitam a divergência nem a dúvida. As duas são consideradas ofensivas, antipatrióticas e suspeitas.

Vejam no Quadro 4.1 alguns exemplos dessa linguagem:

Quadro 4.1
Conceitos fundamentalistas nos discursos de G. W. Bush e de Bin Laden

Conceitos fundamentalistas	George W. Bush e o fundamentalismo cristão-capitalista	Osama Bin Laden e o fundamentalismo islamita
Ambos consideram que representam a luta do bem contra o mal, nós, os bons, diante dos outros, os maus (polarização). Tentam colocar seus concidadãos e o resto dos países na alternativa "está comigo ou contra mim" (maniqueísmo).	– A luta é do bem (América) contra o mal (terrorismo islâmico). – "Somos uma nação pacífica." (Bush, discurso de 07/10/2001) – "Os objetivos são claros. Seu objetivo é justo" (referindo-se às forças armadas norte-americanas). (Bush, discurso de 07/10/2001)[10]	A guerra é do bem (islamismo) contra o mal (Ocidente, em geral, e especificamente os Estados Unidos). No discurso de Bin Laden de 07/10/2001, ele dividiu o mundo em dois lados: o dos fiéis e o dos infiéis: "Eu digo a eles que esses acontecimentos dividiram o mundo em dois lados, o dos crentes e o dos infiéis", assinalando que o chefe dos infiéis internacionais, o símbolo mundial moderno do paganismo, é formado pela América e por seus aliados.
Justificam suas ações em nome de Deus, considerando seu povo como o escolhido por Ele.	– "Um comandante-em-chefe envia seus filhos e filhas da América para a batalha em um país estrangeiro, mas com o maior dos cuidados e depois de muitas orações." (Bush, discurso de 07/10/2001)	– "Aqui está a América, ferida por Deus Onipotente em um de seus órgãos vitais, com seus maiores edifícios destruídos. Pela graça de Deus (...) Deus abençoou um grupo da vanguarda dos muçulmanos, a primeira linha do Islã, para destruir a América.

(continua)

Quadro 4.1 (*Continuação*)
Conceitos fundamentalistas nos discursos de G. W. Bush e Bin Laden

Conceitos fundamentalistas	George W. Bush e o fundamentalismo cristão-capitalista	Osama Bin Laden e o fundamentalismo islamita
Justificam suas ações em nome de Deus, considerando seu povo como o escolhido por Ele. (*Continuação*)	– "Nossa nação desloca tropas e cria alianças para que o mundo seja mais seguro, devemos também lembrar nosso chamado, como país bem-aventurado, de fazer com que esse mundo seja melhor." (Bush, discurso sobre o Estado da Nação, 28/01/2003) – "Meus concidadãos, agora devemos prosseguir com segurança e fé. Nossa nação é forte e firme. A causa a que servimos é correta porque é a causa de toda a humanidade. O impulso da liberdade em nosso mundo é inequívoco, e quem faz isso não é somente o nosso poder. Devemos confiar no grande poder Daquele que guia o passar dos anos. E em tudo o que nos espera, podemos contar que Seus propósitos são justos e válidos." (Bush, discurso sobre Estado da Nação, 20/01/2004). – "Os Estados Unidos são uma nação com uma missão, essa missão vem de nossas crenças mais básicas. Não temos desejo algum de dominar, nem ambições imperiais. Nosso objetivo é uma paz democrática, uma paz baseada na dignidade e nos direitos de cada homem e de cada mulher.	Deus os abençoe e dê a eles um lugar supremo no céu, porque Ele é o único capaz e autorizado para fazê-lo (...). "(Osama Bin Laden, discurso de 07/10/2001) – A concretização mais palpável dessa característica são os textos da Declaração da *Jihad* (Guerra Santa). Desde o início até o final Deus é constantemente invocado como pretexto e objeto da declaração de guerra. (Ver, por exemplo, a *Jihad* de 23/2/1998 assinada, entre outros, por Bin Laden, em Mac Liman, 2002, p. 97-100)

(*continua*)

Quadro 4.1 (*Continuação*)
Conceitos fundamentalistas nos discursos de G. W. Bush e Bin Laden

Conceitos fundamentalistas	George W. Bush e o fundamentalismo cristão-capitalista	Osama Bin Laden e o fundamentalismo islamita
Justificam suas ações em nome de Deus, considerando seu povo como o escolhido por Ele. (*Continuação*)	Os Estados Unidos agem nessa causa com amigos e aliados do nosso lado. No entanto, entendemos nosso chamado especial: Esta grande república irá dirigir a causa da liberdade. "(Bush, discurso do Estado da Nação, 20/01/2004) – "É o grande atributo dos Estados Unidos. O nosso país é extremamente grandioso, porque as pessoas são tão fortes, tão flexíveis, tão compassivas. E tão decentes. Acreditamos nos valores com toda nossa alma que, simplesmente, não mudaremos. Acreditamos que todo o mundo tem dignidade, todos têm um valor. Acreditamos na liberdade. Acreditamos que as pessoas sentem falta da liberdade. Temos uma obrigação de propagar a liberdade no mundo. E não temos medo de liderar. Este país está fortemente alicerçado sobre a base dos valores que nos tornam grandiosos. E não temos o menor temor de compartilhar esses valores em um mundo que precisa de paz e liberdade. Eu me orgulho de estar aqui. Eu me orgulho de liderar a nação mais grandiosa da Terra.	

(*continua*)

Quadro 4.1 (*Continuação*)
Conceitos fundamentalistas nos discursos de G. W. Bush e Bin Laden

Conceitos fundamentalistas	George W. Bush e o fundamentalismo cristão-capitalista	Osama Bin Laden e o fundamentalismo islamita
Justificam suas ações em nome de Deus, considerando seu povo como o escolhido por Ele. (*Continuação*)	Eu me orgulho de estar diante de alguns dos grandes cidadãos dos Estados Unidos. Que Deus abençoe a todos e que Deus continue abençoando nosso grande país." (Bush, "Declarações do presidente sobre a guerra contra o terrorismo", Roswell Convention and Civic Center, Roswell, Novo México, 22/01/2004)	
Costumam terminar seus discursos invocando a Deus.	– "Queira Deus continuar abençoando a América." (Bush, final do discurso de 07/10/2001) – "Que Deus abençoe a todos e que Deus continue abençoando nosso grande país." ("Declarações do presidente sobre a guerra contra o terrorismo", Roswell Convention and Civic Center, Roswell, Novo México, 22/01/2004) – "Que Deus continue abençoando os Estados Unidos da América do Norte." (Discurso do Estado da Nação, 20/01/2004)	– "Deus é o maior e glória ao Islã." "(Final da declaração de Bin Laden em 07/10/2001)
Justificam e utilizam a violência como recurso inevitável (é próprio do fundamentalismo responder ao terror com o terror).	– Guerras ao Afeganistão e ao Iraque; detenções em massa de suspeitos sem nenhum tipo de defesa jurídica.	– "O preceito de matar os americanos e seus aliados – civis e militares – é um dever individual para cada muçulmano que possa fazê-lo, em qualquer país onde

(*continua*)

Quadro 4.1 (*Continuação*)
Conceitos fundamentalistas nos discursos de G. W. Bush e Bin Laden

Conceitos fundamentalistas	George W. Bush e o fundamentalismo cristão-capitalista	Osama Bin Laden e o fundamentalismo islamita
Justificam e utilizam a violência como recurso inevitável (é próprio do fundamentalismo responder ao terror com o terror). (*Continuação*)	– "Esse tipo de atos – referindo-se aos atentados de 11-S – são uma mostra de agressão caracterizada contra vidas humanas inocentes, um flagelo mundial que somente pode ser erradicado pelo recurso à força." ("Carta da América", Instituto de Valores Americanos, assinada, entre outros, por F. Fukuyama e S. Huntington[11], fevereiro de 2002)	isso for possível, com a finalidade de libertar a Mesquita de Al-Aqsa e a mesquita santa (a Meca) de seu poder, e para que seus exércitos saiam de todas as terras do Islã, (...). "(Declaração de *Jihad*, Guerra Santa, da Frente Islâmica Mundial de 23/2/1998. Entre os cinco assinantes está Bin Laden) – Diante da ocupação de bases militares em territórios sagrados (bases americanas na Arábia Saudita), a resposta ocidental, aliado de Israel em sua guerra com os palestinos, etc. justificam os atentados de 11-S.
Estabelecidos na cultura do ódio, da ameaça e da vingança, carregam em si mesmos a idéia de inimigo e a necessidade de acabar com ele. As ameaças são um recurso habitual em seus discursos.	– Bush sobre Osama Bin Laden: "Nós o queremos vivo ou morto". – Bush: "Encontraremos os assassinos e eles aprenderão o que significa a justiça americana". (Em resposta aos atentados terroristas de Riad, *El País*, 14/05/2003) – Bush: "A rápida destruição do regime iraquiano é uma clara mensagem para todos aqueles que tentam nos ameaçar, para seus amigos e para seus aliados". (Em relação a Síria e ao Irã, *El País*, 16/04/2003).	– "Juro por Deus que a América não viverá em paz até que a paz não reine na Palestina e até que todos os exércitos dos infiéis não saiam da terra de Mahoma, (...)." (Declaração de Bin Laden de 07/10/2001) – "Eu busco refúgio em Deus contra eles e peço que nos deixe ver o que eles merecem." (Declaração de Bin Laden de 07/10/2001)

Compreender os atentados de antes e depois do 11 de setembro

A busca da verdade também deve nos levar à *análise dos outros atentados de antes e depois de 11 de setembro*, fundamentalmente, a pobreza e a exclusão social em época de globalização neoliberal que desenvolvemos no Capítulo 1. Os atentados de 11 de setembro também foram os mais difundidos da história da humanidade. O apoio que tiveram da mídia é único no gênero. No entanto, e reiterando mais uma vez sua condenação e exigindo justiça para os culpados, a árvore do 11 de setembro não pode nos impedir de ver o bosque do horror e do sofrimento que assola a maioria da humanidade, por mais que esse bosque já não se encontre nos Estados Unidos, embora em parte sim. De fato, a questão não é fazer comparações nem estabelecer morte de primeira ou de segunda, a morte iguala todos os seres humanos, só que no mesmo dia em que morriam quase 3.000 pessoas em Nova York, em Washington e na Pensilvânia em virtude desses atentados selvagens, 40.000 pessoas morriam no planeta por causas evitáveis vinculadas à fome. Pessoas igualmente dignas e necessárias para a vida como as que encontraram a morte nesse fatídico 11 de setembro.

Um exemplo muito ilustrativo que podemos utilizar para compreender os atentados de antes e depois do 11-S é o comunicado enviado via Internet pela denominada Agência de Notícias Anarquistas do Brasil, exatamente no dia 20 de setembro. Por seu valor didático nós o reproduzimos no Quadro 4.2.

Portanto, como dissemos no item "Enfatizar o valor da vida humana, da dignidade de todas as pessoas e da cultura da não-violência, da paz e da solidariedade" no capítulo anterior, no plano educativo a realidade da pobre-

---

Quadro 4.2

35.615 crianças morreram de inanição em 11 de setembro de 2001

- Vítimas: 35.615 crianças (Fonte: Organização para a Agricultura e Alimentação, FAO).
- Lugar: países pobres
- Programas especiais de televisão: nenhum
- Artigos na imprensa: nenhum
- Mensagens do presidente: nenhuma
- Atos de solidariedade: nenhum
- Minutos de silêncio: nenhum
- Fóruns organizados: nenhum
- Mensagens do Papa: nenhuma
- Operações da Bolsa de Valores: não deram a mínima
- Euro: seguiu seu caminho
- Nível de alerta: zero
- Mobilização militar: nenhuma
- Teorias conspiratórias: nenhuma
- Principais suspeitos: países ricos

za, que envergonha toda a humanidade, deve gozar de uma prioridade absoluta por sua existência, por ser a causadora do maior número de mortes e de sofrimentos no planeta, por ser foco de instabilidade e caldo de cultura para o terrorismo. A pobreza ou a carência de um nível mínimo de consumo pode parecer algo impróprio de nosso tempo para a maioria dos ocidentais, "no entanto, não são casos isolados ou 'marginais'; é a situação normal e habitual da maioria dos seres humanos que vive atualmente. O 'marginal' é ter uma casa, água encanada, alimentação, ensino, etc. Um ser humano, escolhido à sorte, que estiver nascendo hoje em algum lugar deste planeta que se chama Terra, tem 75% de probabilidade de nascer para viver na pobreza" (Lóring, 2001, p.14). Essa situação de agravamento da pobreza e da exclusão social, embora não a explique em sua totalidade, não pode deixar de ser relacionada com a extensão da globalização neoliberal que desenvolvemos no Capítulo 1.

Lutar contra a manipulação da informação e a institucionalização da mentira

Como vimos, a luta contra a manipulação da informação e a institucionalização da mentira tem uma relevância especial para estabelecer e concretizar o compromisso com a busca da verdade. É, sem dúvida, um dos grandes desafios que devemos enfrentar na sociedade da informação em que vivemos. Hoje, os meios de comunicação são o meio, o lugar sagrado para a institucionalização da mentira. É óbvio que nos referimos ao seu uso perverso, não à sua natureza. Além disso, não devemos esquecer que "a informação não garante o conhecimento e muito menos equivale à sabedoria" (Sampedro, 2003, p.113); por isso a importância da educação como espaço de escrutínio e de análise racional.[12] Como já havia assinalado Albert Camus nos anos de 1950, " a liberdade não é dizer qualquer coisa e multiplicar a imprensa marrom, nem instaurar a ditadura em nome de uma futura libertação. A liberdade consiste, sobretudo, em não mentir. Lá, onde a mentira prolifera, a tirania se anuncia ou se perpetua" (2002, p.168).

A manipulação da informação deve ocupar, então, um lugar preferencial como objeto de análise nas escolas. Conforme ficou comprovado tanto na primeira guerra do Golfo (AA.VV, 1991) quanto nos casos dos atentados terroristas de 11-S e de 11-M ou nas guerras atuais do Afeganistão e do Iraque, a manipulação da informação aparece novamente em cena como um meio a mais que acompanha a contenda bélica.[13] Nos Estados Unidos a situação de guerra criou um ambiente complicado para os valores democráticos, e, entre eles, para o pluralismo da informação. Não foi só a censura imposta pelo governo que funcionou, mas também a autocensura em muitos meios de comunicação, justificada pela necessidade de apoiar a guerra. Os meios de comunicação norte-americanos parece que quase sempre informavam "acusando" ou "desculpando", mais preocupados em convencer do que em buscar a verdade.[14] ... "O aumento da intolerância diante das opiniões contrárias também é um indício da deterioração da vida democrática. Será que é normal boicotar artistas e músicos, deixá-los fora das rádios e das televisões, jogar no lixo ou queimar seus discos ou cobri-los de injúrias infames?" (Todorov, 2003, p.66).

Analisar com os estudantes os casos de músicos e atores norte-americanos vetados por se pronunciarem contra a guerra do Iraque é um bom exercício didático para sensibilizá-los contra a censura e a manipulação da informação. Um bom exemplo desses casos é o das *Dixie Chicks*, três mulheres texanas que modernizaram o *country* e que passaram de heroínas a "vagabundas e traidoras", além de serem ameaçadas e boicotadas, ao criticarem Bush por sua guerra do Iraque (*El País Semanal*, nº 1413, 26/10/2003). Também não podemos esquecer que depois do 11-S músicas como *Imagine*, de John Lennon, ou *Bridge over troubled water*, de Paul Simon, foram proibidas nas emissoras de rádio.

Na Galícia, a campanha "Censura nunca mais" teve um grande impacto nas escolas e nos meios de comunicação, sendo desenvolvida espontaneamente em boa parte das escolas como ato de protesto contra a circular da *Consellería de Educación de la Xunta de Galicia* de 12 de março de 2003, enviada pela *Dirección Xeral de Centros e Ordenación Educativa,* assinada por seu diretor-geral, a todas as escolas de ensino médio pelas quatro *Delegaciones Provinciales de Educación*. Essa circular pedia aos diretores das escolas que proibissem a fixação de cartazes e a realização de qualquer tipo de referendo ou similar que não fosse "do âmbito educativo", com clara referência à questão da maré negra do Prestige, à forte presença do movimento "Nunca mais" nas escolas e à guerra do Iraque. Nessa circular, taxava-se nada menos do que ilegal "que uma escola colete ou emita, por qualquer meio ou procedimento – resolução, acordo, assembléia, consulta, votação, 'referendo' ou similar – declarações ou manifestações de conhecimento, juízo de valor ou vontade sobre questões alheias ao âmbito que por competência lhe é próprio". Ela também advertia os diretores que "é de sua competência garantir nas mesmas o cumprimento das leis e demais disposições vigentes". Se isso não é uma intimidação e ameaça, por que o Conselho lembra disso nesse exato momento? Será que duvida ou duvidava que os diretores não cumpririam com sua primeira função? E se isso acontecer, por que a Inspeção não age? Será que os temas transversais, principalmente a educação para a paz e a educação ambiental, são ilegais?

Tal como aparece na imprensa daqueles dias, muitos professores e pais de alunos responderam vestindo camisetas com "Nunca mais" ou "Não à guerra" e intensificando os atos de protesto contra a guerra do Iraque. Sindicatos, partidos de oposição, movimentos de renovação pedagógica, associações de mães e pais de alunos, representantes de estudantes, diretores de escolas de ensino médio, etc. pediram a retirada dessa circular, em muitos casos pedindo a demissão do Conselheiro de Educação, Celso Currás. A presidente das Associações de Mães e Pais de Alunos (ANPAs), Nuria Martínez, garantia publicamente (*La Voz de Galicia*, 19/3/2003), que não havia recebido nenhum comunicado, nem *e-mail* ou ligação telefônica das mães e dos pais queixando-se dos cartazes contra a guerra ou por fazer algum referendo, argumento que havia sido veementemente dado pelo conselheiro para emitir essa Circular (*La Voz de Galicia*, 19/3/2003), que também aparece em um contraditório, porém revelador, artigo de sua autoria publicado no *Faro de Vigo* (23/3/2003) que termina com a esclarecedora frase "como supremo responsável pela educação na Galícia, tenho a obrigação de evitar que manipulem nossos alunos". A Confederação de Associações de Pais de Escolas Públicas da Galícia (CONFAPA) também exigiu a retirada imediata da circular, mostrando ao mesmo tempo sua queixa pela tentativa de justificar a ordem por supostas reclamações dos pais, informando que em nenhuma associação galega de pais aparece um só pai que tenha feito isso (*Faro de Vigo*, 26/3/2003). Como, tampouco, o senhor conselheiro em nenhum momento foi capaz de mostrar esses comunicados ou identificar os denunciantes.

Os partidos de oposição ao governo conservador espanhol do Partido Popular levaram a questão ao parlamento autônomo galego por considerar que era um atentado contra a liberdade de expressão e aos direitos fundamentais dos professores e dos alunos. O Partido Popular defendia-se dizendo que não se podia fazer política nas escolas (como ele nos fazia lembrar dos tempos do franquismo!) e o presidente da *Xunta*, Manuel Fraga Iribarne – ex-ministro franquista – acusava alguns docentes de "violar a consciência" dos estudantes, e ao mesmo tempo advertia os diretores que eles iriam enfrentar "medidas disciplinares" (*Faro de Vigo*, 22/3/2003). O atual chefe da oposição, Mariano Rajoy, então vice-presidente do governo, também interveio na polêmica denunciando aquilo que, segundo ele, estava acontecendo na Galícia com a "manipulação" e a "utilização" dos estudantes para levá-los "a manifestações ou para outras coisas" (*Faro de Vigo*, 26/3/2003). Nesse mesmo dia, tornava-se público o "Manifesto pela liberdade de expressão", em que os sindicatos, MRPS, federações de ANPAs, organizações de estudantes, etc. exigiam que o Conselho retirasse a polêmica circular. A Comissão de Diretores de Institutos da Galícia respondeu às declarações do presidente da *Xunta* e dos responsáveis pelo Conselho, acusando-os de irritarem as classes ao querer proibir os cartazes contra a guerra, pedindo sua demissão e interpretando as críticas de Fraga "como uma tentativa de provocação". Antonio Vázquez, porta-voz da Comissão de Diretores, sentenciava "a irritação é tão grande entre os jovens que, se agora quiséssemos retirar os cartazes, haveria até problemas de ordem pública" (*Faro de Vigo*, 20/3/2003).

A polêmica também chegou ao âmbito jurídico, com diversos especialistas se pronunciando sobre a questão. Assim, Fernando Abel Vilela, professor de Direito Administrativo na Universidade de Santiago de Compostela, realizou um estudo da circular e suas conclusões foram taxativas: a circular viola os artigos 20 e 27 da Constituição (*La Voz de Galicia*, 20/3/2003). Depois de mais de duas semanas de discussão, e com uma opinião praticamente unânime contra a circular, o conselheiro de Educação viu-se obrigado a vir aos meios de comunicação para informar que a carta havia sido mal-interpretada e que os cartazes do "Nunca mais" e "Não à guerra" "estavam autorizados", embora com a condição de que o Conselho Escolar de cada escola desse o visto de aprovação (*Faro de Vigo*, 27/3/2003). Mas já era muito tarde; a plataforma formada para exigir a retirada da circular continuava insistindo em sua demanda (*La Voz de Galicia*, 5/4/2003). O presidente da *Xunta* também continuava insistindo em suas teses acusatórias já mostradas (*La Voz de Galicia*, 5/4/2003). Mas, sem dúvida, o mais importante desse conflito foi a contundente resposta educativa dada nas escolas da Galícia para esse ataque à liberdade de expressão e ao sentido educativo do que significa educar para a paz. Nos dois sentidos, a resposta foi ao mesmo tempo admirável e motivo de esperança.

A seguir, vamos ver três exemplos atuais de manipulação da informação e institucionalização da mentira que podem ser utilizados em sala de aula: os atentados de 11-S, a guerra do Iraque, tanto em relação aos argumentos do governo norte-americano como aos que foram apresentados pelo então governo espanhol, e os atentados terroristas de 11-M em Madri.

Os atentados de 11 de setembro

Além da distorção da história e da exaltação patriótica cerceadora que vimos no item "Conteúdos e estratégias educativas" deste capítulo, é preciso analisar a manipulação midiática que envolveu tais atentados em diferentes sentidos. Um deles é em relação ao Islã.[15] Assim, em termos gerais os atentados de 11-S evidenciaram um desconhecimento muito grande do Islã. "Basta rever as manchetes da imprensa ocidental ou ver as notícias da televisão para comprovar que o desconhecimento, acompanhado da ditadura da atualidade, prejudica a análise e a compreensão da realidade dos árabes e de tudo que se refere ao mundo árabe em geral" (Desrues, 2001, p.4). Ignorância que, sem dúvida, facilita o rótulo e a estigmatização dos muçulmanos como "inimigos", "mouros", "fundamentalistas", etc.[16]

No caso do 11 de setembro, e da posterior guerra do Afeganistão, um novo passo foi dado nessa espiral quando o Pentágono criou o "bem orwelliano", nas palavras de Ignacio Ramonet (2002), Escritório de Influência Estratégica, "explicitamente encarregado de difundir informações falsas para envenenar a imprensa internacional e influenciar a opinião pública e os dirigentes políticos tanto nos países amigos como nos Estados inimigos". Como nos anos do macarthismo e da guerra fria, sob o controle do Ministério norte-americano de Defesa, "foi estabelecido uma espécie de Ministério da desinformação e da propaganda para instaurar, como nas ditaduras ubuescas, a verdade oficial" (Ramonet, 2002). Luis Rojas Marcos também destacou o papel influenciador da televisão após o 11-S e seu papel como "instrumento de manipulação da realidade" (2002, p.16). Tiziano Terzani foi testemunha dessa manipulação informativa com as crônicas enviadas por correspondentes na guerra dos Estados Unidos no Afeganistão (2002, p.102-103). Nesse mesmo sentido se expressa Joaquín Estefanía (2002a), ao falar de um "novo macarthismo", quando os dirigentes políticos conservadores da Europa e da América do Norte tentam desacreditar ou anatematizar o movimento antiglobalização. Facilitar a compreensão desse tipo de processos diante do poderio midiático que mostra os efeitos, mas não as causas, sem dúvida poderá ajudar a tomar uma decisão mais racional e menos inclinada ao medo, à angústia e à ameaça que nos espreita.[17]

A busca da verdade e o exemplo da guerra dos Estados Unidos contra o Iraque: contra as armas de manipulação em massa

> A razão pela qual continuo insistindo que havia uma relação entre o Iraque e a Al Qaeda é porque havia uma relação entre o Iraque e a Al Qaeda.
>
> (George W. Bush, 17 de junho de 2004)

Um segundo exemplo atual e contundente de manipulação da informação e institucionalização da mentira é a segunda guerra dos Estados Unidos contra o Iraque iniciada em março de 2003, e que, mesmo um ano e meio depois, apesar de ter sido declarada formalmente concluída, continuamos vendo sua nova fase de luta contra a resistência iraquiana e o considerável aumento da lista de baixas, sobretudo entre a população civil. Além de ser um triste episódio, principalmente para a história norte-americana e para uma parte da humanidade, sua análise é necessária para facilitar a compreensão da realidade pelos estudantes e como exemplo magnífico para entender a manipulação e o engano em grande escala, para compreender a institucionalização das mentiras como prática política para justificar o injustificável: uma guerra ilegítima, ilegal e imoral.

Como já sabemos, os argumentos usados com veemência pela administração conservadora norte-americana para invadir militarmente o Iraque foram basicamente dois: que o Iraque possuía armas de destruição em massa e que tinha ligação com a rede terrorista Al Qaeda. A esses dois grandes argumentos somaram-se outros, como: o não-cumprimento das resoluções das Nações Unidas pelo Iraque, que este estava se preparando para fabricar a bomba atômica e que era preciso destituir o ditador Saddam Hussein para "libertar" e "democratizar" o país, processo que, por sua vez, serviria de exemplo para os demais países da região. Este último argumento, depois de ir se comprovando a inconsistência dos anteriores, era um dos usados com mais veemência pela administração norte-americana e pelos países coligados. Assim, George W. Bush em seu discurso diante da Assembléia Geral das Nações Unidas, em 23 de setembro de 2003, afirmou: "O êxito do Iraque livre será observado e notado por todas as nações. Milhões de pessoas verão que a liberdade, a igualdade e o progresso substancial são possíveis no centro do Oriente Médio. Os líderes da região presenciarão as provas mais claras de que as instituições livres e as sociedades abertas são o único caminho para o êxito e para a dignidade nacional a longo prazo. E um Oriente Médio transformado beneficiará todo o mundo, ao enfraquecer as ideologias que exportam a violência para outros países". Mas nesse mesmo discurso continuava insistindo nos dois argumentos principais para iniciar a guerra – "O regime de Saddam Hussein cultivou vínculos com o terrorismo enquanto construía armas de destruição em massa".

Os fatos demonstraram que não é nem uma coisa nem outra. Em relação ao suposto êxito sobre o qual Bush e seus aliados incondicionais falam, e continuam insistindo, é possível dizer que já são poucos os que duvidam do grande fiasco da guerra do Iraque:

- Por um lado, no plano econômico com o aumento do preço do barril de petróleo, até certo ponto por causa dessa guerra e, por outro, os elevados custos da guerra, com sua repercussão no vertiginoso aumento do déficit público norte-americano.
- O elevado preço em vidas humanas. Na parte iraquiana, desde que começou a invasão, algumas ONGs falam de 16.053 civis mortos e 6.370 soldados. No entanto, *The Lancet*, especialistas norte-americanos em saúde, concluiu que o número estimado de mortes sobe para 100.000 pessoas (*El País*, 29/10/2004). Na parte norte-americana são mais de 1.100 soldados mortos.
- A situação caótica e de descontrole em que vive o país depois da invasão.
- A destruição cultural que, tal como demonstra Fernando Báez (2004), significa uma grande catástrofe tanto no que se refere ao desaparecimento ou destruição de milhares de obras do Museu Arqueológico como a destruição dos edifícios da Biblioteca Nacional e do Arquivo Nacional, bibliotecas universitárias destruídas, sítios arqueológicos saqueados, etc. Ainda mantemos vivas na memória as imagens dos ladrões levando as peças do Museu Arqueológico diante da indiferença dos soldados norte-americanos. Eles não podiam nem imaginar que diante de seus narizes estava sendo destruída parte das raízes da civilização ocidental! Mas os poços de petróleos contaram com proteção militar desde o início.

Além de utilizar os discursos e as declarações públicas de George W. Bush, um segundo exercício didático que consideramos igualmente imprescindível é a análise comparativa do que foi dito por Colin Powell, secretário de Estado dos Estados Unidos, em sua famosa intervenção diante do Conselho de Segurança da ONU no dia 5 de fevereiro de 2003,[18] e os fatos que um ano depois foram confirmados pelo próprio inspetor norte-americano David Kay, enviado pela administração Bush para encontrar as supostas armas de destruição em massa,[19] assim como pelos relatórios posteriores encomendados pela administração norte-americana. Os argumentos de ambos estão sintetizados no Quadro 4.3.

O ex-funcionário Kay deu por encerrada a possibilidade de que fossem encontradas armas de destruição em massa no Iraque. "Acho que o esforço que se colocou nesse assunto foi suficientemente intenso, por isso é muito improvável que existam grandes reservas de armas químicas (no Iraque)", pontuou. Kay havia renunciado na semana anterior à direção do Grupo Survey – encarregado de procurar armas no Iraque –, depois de tê-lo dirigido durante seis meses. Mas é preciso dizer ao Sr. Kay que não é verdade que "estávamos todos equivocados", tal como afirmou em 27 de janeiro diante do Comitê de Serviços Armados do Senado norte-americano (ver a imprensa de quarta-feira, 28 de janeiro de 2004).[20] Ou será preciso lembrá-lo das milhões de pessoas manifestando-se em todo o mundo, dos pronunciamentos dos centros de pesquisa para a paz, um grande número de centros universitários, das opiniões dos inspetores das Nações Unidas, etc. contra a guerra?

Mas além dos dados proporcionados por David Kay, em janeiro de 2004, foi publicado um relatório de mais de 100 páginas pelo Instituto Carnegie Endowment, o qual concluía que o Iraque não representava um perigo imediato, que as inspeções das Nações Unidas estavam funcionando, que a ameça dos arsenais de Saddam foi superestimada e que não havia nenhuma evidência sólida de colaboração do regime iraquiano com a Al Qaeda. O relatório destaca o fato de que os Estados Unidos não encontraram provas dos arsenais apesar de destinar 900 milhões de dólares e toda sua tecnologia na busca das armas, diante dos 30 milhões anuais dos Inspetores da ONU.

Quadro 4.3
Comparação entre o que foi dito por Colin Powell e os fatos posteriores

Discurso de Colin Powell (fevereiro de 2003)	Os fatos um ano e meio depois
1. "Sabemos por fontes que uma brigada de mísseis nas imediações de Bagdá disparava *lança-foguetes e peças de artilharia com material químico* em várias localidades."	1. O ex-inspetor de armas dos Estados Unidos, David Kay: *"Não encontramos nenhuma arma química no campo de batalha. Nem sequer em pequenas quantidades"*. O relatório do inspetor-chefe de armamento dos Estados Unidos, Charles Duelfer, confirmou em outubro de 2004 que Saddam não possuía armas químicas.

(continua)

Quadro 4.3 (*Continuação*)
Comparação entre o que foi dito por Colin Powell e os fatos posteriores

Discurso de Colin Powell (fevereiro de 2003)	Os fatos um ano e meio depois
2. "Nós temos fotos de satélite que indicam que *materiais proibidos* foram transportados das instalações de armas de destruição em massa."	2. O equipamento especializado para o transporte de armas químicas e biológicas foi usado para o *traslado de materiais tóxicos usuais*. Os mísseis que foram vistos enquanto eram trasladados faziam parte dos que foram destruídos pelos inspetores da ONU. O relatório do inspetor-chefe de armamento dos Estados Unidos, Charles Duelfer, confirmou em outubro de 2004 que Saddam não possuía nem armas biológicas nem químicas nem nucleares.
3. "Temos descrições de primeira mão de *fábricas de armas biológicas móveis, sobre rodas*. Os caminhões e vagões se movem facilmente e foram projetados para burlar a busca dos inspetores."	3. Kay disse que o consenso entre a espionagem sobre os três caminhões encontrados no Iraque era de que eram *usados para a produção de hidrogênio*. O relatório do inspetor-chefe de armamento dos Estados Unidos, Charles Duelfer, confirmou em outubro de 2004 que Saddam não possuía armas biológicas, químicas ou nucleares.
4. "*Saddam nunca prestou contas de uma grande quantidade de armas químicas*: 550 peças de artilharia com gás mostarda, 30.000 munições vazias e recursos suficientes para aumentar o arsenal e chegar a 500 toneladas de agentes químicos."	4. Kay informou em outubro que, segundo diversas fontes, "o Iraque não tinha um programa de armas químicas grande, em andamento, nem controlado de maneira centralizada depois de 1991". Além disso, "*a maioria das reservas foi destruída depois de 1995*". O relatório do inspetor-chefe de armamento dos Estados Unidos, Charles Duelfer, confirmou, em outubro de 2004, que Saddam não possuía armas químicas.
5. "Desde 1998 os esforços (de Saddam) para reconstruir seu programa nuclear centraram-se em adquirir o terceiro e último componente: material suficiente de fissão para causar uma explosão nuclear (...) *Saddam Hussein está decidido a conseguir a bomba atômica*."	5. Kay citou cientistas e funcionários iraquianos que garantiam que Saddam queria desenvolver armas nucleares, mas disse: *"Não temos evidência de que o Iraque tivesse dado passos decisivos depois de 1998 para reconstruir armas nucleares ou produzir material de fissão"*.[21] O relatório do inspetor-chefe de armamento dos Estados Unidos, Charles Duelfer, confirmou em outubro de 2004 que Saddam não possuía armas nucleares nem possibilidade alguma de construí-las.

Posteriormente, em junho de 2004, tornou-se público o relatório preliminar da Comissão de Investigação do Congresso dos Estados Unidos, formada por políticos e diplomatas escolhidos por acordo entre republicanos e democratas, que *chegaram à conclusão de que o Iraque não tinha relação alguma com a rede terrorista Al Qaeda*, segundo grande argumento da administração norte-americana para invadir o Iraque. O primeiro argumento para invadir o Iraque ficou invalidado definitivamente no relatório de pouco mais de 1.000 páginas elaborado pelo inspetor-chefe de armamento dos Estados Unidos, Charles Duelfer, escolhido pessoalmente pelo presidente Bush para que desse a última palavra sobre o argumento decisivo para invadir o Iraque. Ele também é especialista da Agência Central de Inteligência (CIA). Esse enviado especial do governo dos Estados Unidos para buscar vestígios das armas de destruição em massa no Iraque diz que essa ameaça era fraca e que os arsenais que havia nos anos de 1990 praticamente não existiam antes da invasão do país árabe em março de 2003. O relatório apresentado no Congresso norte-americano em 6 de outubro de 2004 confirmou o que todo o mundo já sabia: Saddam Hussein não possuía armas químicas, bacteriológicas e nuclares quando foi invadido pelos Estados Unidos, destacando, também, que ele não tinha possibilidade alguma para fabricá-las, ainda que quisesse. No entanto, diante dessas duas evidências, surge outra situação terrível: nem o presidente nem seu "núcleo duro" reconheceram o tremendo erro, nem pediram desculpas por isso.

No mais puro circo do cinismo, que jamais poderíamos ter imaginado, o presidente Bush e seu vice-presidente Dick Cheney agarram-se às supostas más intenções do ditador para atribuir a ele a vontade de querer ter essas armas, e com isso justificar sua irresponsável e imprevisível aventura bélica. Apesar de todas as provas, merece destaque a atitude dos manda-chuvas norte-americanos insistindo "nos vínculos muito bem-estabelecidos" entre o regime de Saddam e a Al Qaeda. Também nos causa uma grande perplexidade quando ambos os líderes continuam afirmando que o mundo agora é mais seguro, uma vez que Saddam foi destituído. São bons exemplos de como fazer da mentira e do cinismo a principal estratégia política de ação, estratégia que tem bons seguidores na Espanha, tal como veremos posteriormente. Contudo, nas mais de 300 páginas do relatório preliminar, entregue em 16 de junho, se estabelece de forma taxativa que "não existe nenhuma prova crível" de que Saddam tenha ajudado Osama Bin Laden na preparação dos ataques contra os Estados Unidos no 11-S. Mas, depois da guerra do Iraque, o terrorismo é uma prática cotidiana neste país, e é bem provável que hoje existam vínculos entre grupos iraquianos e o terrorismo global islamita. São duas das terríveis conseqüências que "devemos agradecer" à irresponsável, incompetente e desrespeitosa administração norte-americana governante.[22] E tem mais: dado o estado atual de descontrole e desarticulação do Iraque e as preocupantes perspectivas que se avizinham, alguns estrategistas norte-americanos irão lembrar por muito tempo do valioso papel que Saddam Hussein proporcionou a eles.

Um terceiro exercício didático recomendável é o de comparar as conseqüências da estratégia de vigilância, que estava sendo realizada pelos inspetores das Nações Unidas, com a guerra do Iraque decidida pela administração norte-americana com o apoio incondicional de Blair e de Aznar. Comparação que sintetizamos no Quadro 4.4.

Quadro 4.4
Comparação do procedimento dos Inspetores das Nações Unidas e o da guerra adotada

Inspetores das Nações Unidas	Guerra do Iraque
Ponto de partida: decisão acordada pela comunidade internacional, cumprindo com a decisão adotada pelas Nações Unidas. Reforço desse organismo e da legalidade internacional.	Decisão unilateral norte-americana, previamente adotada de ir à guerra, com o apoio de determinados países, significando o desprezo pelas Nações Unidas. Ataque a esse organismo por sua suposta "incapacidade". Política norte-americana de desprestígio e desqualificação do trabalho dos inspetores, "o linchamento de Blix e Elbaradei" que nos relata Hans Blix em seu livro (2004) quando suas avaliações não coincidem com a decisão tomada.
Método: supervisão de inspetores, pela Comissão das Nações Unidas de Vigilância, Verificação e Inspeção (UNMOVIC). Trabalho de campo durante vários anos, "sem encontrar vestígios de armas químicas" (Blix, 2004, p. 298).	Informação externa, não confrontada diretamente nem com fontes fidedignas. Não respeitaram o trabalho dos inspetores, "tanto diretamente como por meio de informação que eram filtradas pelos meios de comunicação" (Blix, 2004, p. 256). Críticas que se mostraram infundadas e injustas. Blix denuncia o vice-presidente Dick Cheney que havia dito a ele e a Elbaradei que não teria dúvida em "desacreditar" as inspeções (Blix, 2004, p. 257).
Resultado: Eficácia no controle do armamento.	Guerra ilegal e ilegítima.
Financiamento econômico: absolutamente desproporcional em relação aos altíssimos custos da guerra. O número de inspetores não chegava a 200, com um custo anual de cerca de 80 milhões de dólares.	Os 300.000 soldados deslocados representam um custo aproximado de 80 bilhões de dólares anuais (Blix, 2004, p. 318), enquanto que outras fontes aumentam a cifra para 125 bilhões (por exemplo no *site*: www.costofwar.com, se fornece essa cifra e ao mesmo tempo se mostra comparações com determinados gastos sociais). Só o orçamento destinado à destruição de armas de destruição em massa – vários bilhões de dólares – superava em vários anos o orçamento da UNMOVIC (Blix, 2004, p. 298).

(continua)

Quadro 4.4 (*Continuação*)
Comparação do procedimento dos Inspetores das Nações Unidas e o da guerra adotada

Inspetores das Nações Unidas	Guerra do Iraque
Conseqüências humanas: ausência de perdas em vidas humanas	Segundo diferentes fontes, as cifras de mortos no lado iraquiano vão de 25.000 a 100.000 pessoas.[23] Do lado invasor, os mortos já ultrapassam mil, dos quais 880 são soldados norte-americanos, 60 britânicos, 19 italianos e 11 espanhóis, entre outros (início de julho de 2004).
Conseqüências na segurança do Iraque: ausência de atentados e de pilhagem no país.	Um Iraque fora de controle e com atentados quase que diários. A ausência de ordem pública ao acabar a guerra trouxe junto com ela o seqüestro, a violação e a morte de centenas de mulheres. As forças da coalizão perpetraram torturas e maus-tratos de forma generalizada (Anistia Internacional, 2004).
Conseqüências nas relações entre o Ocidente e o mundo árabe e muçulmano: respeito e aceitação do cumprimento das resoluções das Nações Unidas.	É realmente incalculável e imprevisível o ódio e o fanatismo gerado pela invasão do Iraque.
Conseqüências nas relações entre os países europeus e entre estes e os Estados Unidos: acordo, até que os Estados Unidos decidiram invadir militarmente o Iraque para acabar com Saddam.	Ruptura entre países europeus e entre a "velha" Europa e os Estados Unidos. Crise que chegou à própria OTAN.[24]

Em suma, é possível ver que o senso ético da decisão, o custo econômico, cultural, social, político, a perda de vidas humanas, a destruição econômica do Iraque, etc., fazem com que a comparação entre ambas as alternativas seja muito desfavorável para a alternativa bélica adotada, que exige como passo seguinte cobrar responsabilidades para não cair na impunidade. Esse exercício também deve nos levar a reformular a pergunta fundamental já feita sobre a suposta idoneidade da invasão e da ocupação de um país como estratégia para lutar contra o terrorismo. É óbvio que existe terrorismo e existe consenso sobre a necessidade de combatê-lo, mas não da forma como está sendo feito no Iraque. E tem mais: não só não se acabou com o terrorismo, como desde a invasão do Iraque ele aumentou de forma considerável. Além disso, esse infeliz acontecimento serve de pretexto para fomentar o terrorismo em outros lugares e "dar gás" aos terroristas. A política de Bush de fazer do Iraque o centro da luta contra o terrorismo internacional mostrou-se um autêntico fiasco,[25] mas com conseqüências que serão pagas por todos, e alguns já fizeram isso. Com sua guerra preventiva transformaram o Iraque em um novo símbolo, como é a Palestina, para o fomento do ódio e do terrorismo. É um legado que deixam para nós, e que não deveria ficar impune, tanto política como judicialmente.[26]

Os fatos provaram, tal como já havia sido anunciado por várias pessoas e instituições, que os argumentos dos belicistas não tinham fundamento e que, na realidade, eram uma imperfeita cortina de fumaça que tentava esconder os autênticos interesses norte-americanos. Em nossa opinião, as três grandes razões para iniciar essa guerra foram:

– *O controle dos recursos petrolíferos*

A quase totalidade de autores que trabalhou com esse tema dá a essa variável o papel central. "O baricentro do *heartland*[27] e dos recursos energéticos mundiais é o Golfo Pérsico, do qual partem todo dia 15 milhões de barris de petróleo bruto para os Estados Unidos, Japão e Europa. A importância dessa área é confirmada pelas recentes previsões do *World Energy Outlook 2002*, elaborado pela Agência Internacional da Energia (AIE): os analistas da AIE indicam que os consumos de petróleo passarão dos atuais 75 milhões de barris ao dia para 120 milhões de barris em 2030, enquanto a dependência do Oriente Médio em termos de abastecimento aumentará de 38% em 2000 para 54% em 2030" (Negri, 2003, p.50). Vale destacar também que boa parte do governo e dos altos cargos da atual administração norte-americana vêm da indústria petroleira – começando pelo próprio presidente George W. Bush –[28] do Pentágono ou da indústria militar.[29]

A aquisição de novas reservas de petróleo em território estrangeiro ficou explicitada como prioridade da atual administração norte-americana no relatório do *National Energy Policy Development Group*, publicado em 17 de maio de 2001, redigido pelo vice-presidente Richard Cheney. Por outro lado, Ahmed Chalabi, alternativa patrocinada no momento oportuno pelos Estados Unidos para substituir Saddam Hussein, e que agora especula-se que tenha enganado os norte-americanos sobre os supostos arsenais de armas de destruição em massa do Iraque, afirmava de forma vaga ao *Washington Post*, no dia 15 de setembro de 2002, que "as companhias americanas terão uma grande oportunidade no petróleo iraquiano". Também não houve nenhum tipo de escrúpulo dos dirigentes da atual administração norte-americana em apregoar aos quatro ventos e intimidar as nações que não estivessem prontas a apoiar o ataque norte-americano, no sentido de que aqueles que não apoiassem a guerra ficariam fora da divisão desse butim de guerra (Rumsfeld *dixit*).

Outros dados importantes em relação ao petróleo é que os Estados Unidos consomem a quarta parte do petróleo mundial e que o petróleo de produção nacional é insuficiente há anos, além de ser mais caro, para cobrir suas necessidades. Necessidades que, segundo as previsões de consumo até o ano 2020, indicam um maior consumo e uma maior dependência da importação, passando do 63% atual para 73% do total de petróleo consumido (Ragozzino, 2003, p.57). O próprio Bush deixa bem claro esse problema quando diz: "Com o andamento atual, dentro de 20 anos a América importará cerca de dois barris de petróleo de cada três, uma condição de crescente dependência de potências estrangeiras que nem sempre compartilham os interesses da América" (documento da chamada *Política Energética Nacional*, NEP, em inglês). Nesse documento também se analisa a oferta anual de petróleo no mundo e as reservas conhecidas, destacando que no ano 2000, 67% do petróleo está no Oriente Médio. Dessa região, a Arábia Saudita e o Iraque são os que contam com as maiores reservas. A região é, como aparece no documento, indispensável para os interesses da América do Norte. Sendo assim, como se pergunta Guglielmo Ragozzino, "como impedir que qualquer um feche a torneira se não se está lá para controlá-lo? Como proteger as operações das companhias americanas se não for utilizando a força?" (2003, p.58). A importância do petróleo para a geoestratégia norte-americana é explicada de forma nítida quando se comprova que não foi por acaso que na guerra do Iraque tenha sido dado maior prioridade à proteção dos poços de petróleo que à dos hospitais ou dos museus.

– *O domínio geopolítico da região e a consolidação da supremacia norte-americana a partir do unilateralismo*

Mas além dessa razão econômico-energética há um claro interesse em redesenhar o mapa geopolítico da região, ligado ao conflito palestino-israelense e à possível redefinição de relações com a Arábia Saudita. A essas razões devemos acrescentar outras duas mais que são, por um lado, a necessidade de "justificar" a indústria armamentista e de manter um inimigo diante do qual se rearmar, e, por outro, necessidades de política externa, tal como acontecia na Roma Imperial,[30] no sentido de buscar a reeleição do presidente Bush por meio da reafirmação nacional e até mesmo de prosseguir a vingança[31] depois do ataque terrorista de 11-S. No entanto, o ponto central das razões esboçadas é, para nós, o *unilateralismo norte-americano*.

As três prioridades definidas pelo governo norte-americano em matéria de segurança internacional – reforço do aparato militar, busca de novas fontes de petróleo e guerra contra o terrorismo – já se uniram em um único objetivo estratégico, de modo que será cada vez mais difícil analisá-las separadamente. Objetivos que estão preparados a partir da argamassa ideológica fundamentalista do império ou hegemonia norte-americana. Como dissemos, "a única maneira de identificar claramente a tendência global da estratégia norte-americana é vê-la como uma campanha direcionada para conseguir um único objetivo: em síntese, uma 'guerra pela supremacia americana'" (Klare, 2003, p.71).

– *O desejo de vingança pelos atentados de 11 de setembro e sua utilização em termos de política interna*

É o corolário da razão anterior, que tem uma leitura tanto em termos de política externa quanto interna. Em relação à primeira, a intenção é enviar uma mensagem aos navegantes de que ninguém pode se atrever a atacar a nação mais poderosa da Terra. Em termos de consumo interno, é preciso demonstrar aos votantes "capacidade de liderança" e que o republicanismo é a melhor opção para defender sua segurança, mesmo que seja à custa de determinados sacrifícios e liberdades.[32]

Uma análise parecida em relação às razões dos Estados Unidos para fazer a guerra ao Iraque pudemos encontrar ao reler o artigo *"Por que o Iraque?"* de Manuel Castells, publicado no *El País* de 2 de outubro de 2002, em que também afirmava que a decisão de atacar o Iraque, estimulada entre outros por Aznar, já estava tomada. Depois de analisar as diferentes causas dessa decisão, Castells termina afirmando que: "O fator essencial, como sempre em política, é político. É a tomada do poder, na administração de Bush, por um grupo de *falcões* em política externa, ideologicamente convencidos da necessidade e da conveniência do unilateralismo norte-americano, mediante a utilização de sua superioridade militar-tecnológica para pôr a ordem em um mundo cada vez mais perigoso. Com Pearl como ideólogo, Wolfowitz como estrategista político, Cheney como líder e Rumsfeld como executor, esse grupo viu a possibilidade, a partir do 11 de setembro, de aplicar a política que haviam proposto anteriormente. Com um Bush sem conhecimento nem experiência em política internacional e uma Condoleezza Rice transformada em confidente do presidente e antagonista de Colin Powell, esse grupo belicoso, convencido da bondade para o mundo do pleno exercício da superpotência americana, encontrou no sentimento popular de vulnerabilidade após o 11 de setembro o apoio político que faltava para seu projeto. Em torno dessa coerente estratégia articulam-se os sentimentos pessoais de Bush, a conveniência política dos republicanos, os poderosos interesses das empresas petroleiras, a busca de uma alternativa para a OPEP e para a Arábia Saudita e a possibilidade para Sharon de uma solução militar do conflito palestino" (Castells, 2002).

Se as causas da guerra são claras, as posições dos diferentes países também foram, tanto de seus governos quanto de seus cidadãos. De um lado estão os países que apoiaram ou apóiam a guerra, com ou sem o respaldo do Conselho de Segurança das Nações Unidas, e, de outro, os países que não queriam a guerra e compartilhavam a mesma opinião de dotar os inspetores de mais meios e tempo como forma de pressionar o regime de Saddam para que cumprisse as resoluções das Nações Unidas. No primeiro grupo estão os Estados Unidos com o apoio incondicional da Grã-Bretanha, da Espanha na fase do ex-presidente Aznar e da Itália, embora esses três países tenham pensado na necessidade de que os Estados Unidos contassem com o respaldo das Nações Unidas, principalmente em virtude das históricas manifestações de 15 de fevereiro de 2003. Logo outros países juntaram-se a eles enviando tropas ao Iraque. No segundo grupo destacam-se a França, a Alemanha, a Bélgica e a imensa maioria da população mundial, a diplomacia dos povos, tal como ficou demonstrado nas diferentes e diversas manifestações contrárias à guerra,[33] nas diferentes e numerosas pesquisas de opinião e nos diferentes manifestos contra a guerra.[34] Nesse sentido, ficou muito claro o divórcio e a ruptura social entre os governantes e os governados.[35] Segundo diferentes pesquisas, entre 75 e 91% da opinião pública espanhola estiveram contra a guerra. Na pesquisa feita pela empresa Opina para o *El País* (2/2/2003), 69% dos entrevistados afirmavam que o Iraque não significava uma ameaça suficiente para justificar a guerra; 82,1% consideravam que o mundo não seria mais seguro depois da guerra – isto é, rejeição à doutrina da guerra como instrumento de segurança – tal como, infelizmente, os acontecimentos estão corroborando mais cedo do que se pensava, e 81,3% estavam contra a participação espanhola na guerra. Essa opinião é mantida um ano e meio depois de ter começado a guerra, tal como demonstra a pesquisa da Opina feita no dia 1º de outubro de 2004 e publicada no *El País* em 15 de outubro, em que 79,5% dos espanhóis continuam pensando que a intervenção militar dos Estados Unidos no Iraque e seus aliados não foi justificada. Essa rejeição à guerra do Iraque é mantida também nos outros oito países em que o mesmo estudo foi feito, exceto em Israel. A percentagem da resposta "não" para a pergunta "Os Estados Unidos tinham razão em invadir o Iraque?" foi: Israel 26%, Rússia 54%, Canadá 67%, França 77%, Japão 71%, Espanha 80%, Coréia do Sul 85% e México 83%.[36]

A posição do governo conservador espanhol e a do Partido Popular sobre a guerra do Iraque

> Você e todas as pessoas que nos vêem podem estar certas de que estou dizendo a verdade. O regime iraquiano possui armas de destruição em massa, tem vínculos com grupos terroristas e demonstrou ao longo de sua história que é uma ameaça para todos. (José Maria Aznar, 13 de fevereiro, Antena 3 TV)

Um primeiro exercício didático para entender a manipulação à qual se pretendeu submeter a opinião pública espanhola para justificar essa guerra é a que nos proporciona o folheto distribuído pelo governo do Partido Popular da Espanha em todos os jornais de âmbito estatal no dia 14 de fevereiro de 2003 e que analisamos em outro lugar (Jares, 2003a). Nele, em sua primeira folha, são explicitados os *"cinco eixos que fundamentam a postura do governo do Partido Popular"*, entre os quais estão o desejo da paz e de trabalhar pela paz. Um dos fatos que contradizem esse anúncio é a deplorável intervenção, tanto na forma quanto no conteúdo, da ex-ministra de assuntos exteriores do governo espanhol Ana Palacio no Conselho de Segurança das Nações Unidas (05/02/03), deixando a Espanha como principal aliada dos Estados Unidos em suas pretensões, até mesmo de forma mais incondicional que o próprio governo de Tony Blair. É curioso que justamente a chefe da diplomacia espanhola seja uma das vozes mais obstinadas em defender a opção armada, posição essa que reitera na entrevista ao *El País* de 17/02/03. Outro fato contraditório é a permissão incondicional do governo espanhol para o uso das bases norte-americanas na Espanha, e até o envio de tropas espanholas de saúde em "missão humanitária", só que, curiosamente, para apoiar o lado norte-americano e, mais tarde, o envio de tropas espanholas ao Iraque.

Outro princípio desse folheto é *"o compromisso com o respeito às resoluções da ONU"*. Novamente a realidade dos fatos foi por outro caminho. E, fatal coincidência, no mesmo dia em que o governo do PP espalhava seu folheto de propaganda em toda a Espanha, os meios de comunicação reproduziam a informação dada inicialmente pelo *Washington Post* no dia 12, e confirmada pelo Pentágono no dia 13, de que soldados dos Estados Unidos já haviam invadido o Iraque para preparar a guerra (*El País*, 14/02/03). Como vimos no Capítulo 3, os Estados Unidos decidiram, unilateralmente, fazer a guerra, o tipo de guerra, o número de forças a serem utilizadas, o tipo de armas, o momento de atacar, etc. Sendo direto e claro, descumpriram o artigo da Carta das Nações Unidas de uma forma arrogante, com o apoio do então governo espanhol. Mas além desses fatos, o próprio Aznar[37] e seu vice-presidente, Rajoy,[38] não tiveram escrúpulos em afirmar publicamente que, aquilo que fôr dito pelas Nações Unidas, "é prescindível". Seria desejável que o governo espanhol empregasse o mesmo ardor em relação ao cumprimento das resoluções das Nações Unidas, com aqueles países que reiterada e publicamente descumprem esses acordos, como é o caso notório de Israel em relação à Palestina ou do Marrocos sobre o referendo do Saara, para dar dois exemplos. Estamos convencidos de que a manutenção dessa moral dupla é, sem dúvida, uma das razões que levaram milhões de pessoas às ruas em todo o mundo para o emblemático dia 15 de fevereiro de 2003.

O terceiro argumento do folheto é a insistência na posse de armas de destruição em massa pelo regime de Saddam Hussein. Já vimos a falsidade desse argumento, por isso não vamos insistir nele. O quarto é o desejo de que a ONU aprovasse uma nova resolução, não para cessar a guerra, mas para dar-lhe um caráter de legitimidade ou de multilateralidade, nova prova da parcialidade do governo espanhol para com o norte-americano. No entanto, como já comentamos, as pressões exercidas pelos Estados Unidos, Grã-Bretanha e Espanha não deram frutos, e eles não chegaram a apresentar essa proposta de resolução, pois não tinham votos suficientes para sua aprovação no Conselho de Segurança.[39] Mas os fatos mostraram que essa suposta pretensão da diplomacia espanhola não foi considerada, e a guerra ao Iraque foi igualmente apoiada, encenada na patética foto da Cúpula dos Açores, em que foi anfitrião o ex-presidente de Portugal Durão Barroso, atual presidente da Comissão Européia.

Na mesma linha didática é interessante, e, em nossa opinião, imprescindível, comparar o que foi dito pelo ex-presidente espanhol, Aznar, para justificar a guerra com os fatos e provas posteriores. A questão não é só analisar o que foi dito e feito pela administração norte-americana, mas também devemos fazê-lo em relação à posição defendida pelo governo espanhol. De igual modo é interessante analisar as posteriores contradições e mentiras negando o que havia sido dito. No Quadro 4.5 mostramos algumas das afirmações mais significativas sobre essa questão feitas por Aznar, as quais é bom não esquecer.

Em suma, observamos que os argumentos usados com veemência para justificar a guerra foram os mesmos utilizados pela administração norte-americana, isto é, as mesmas mentiras, com a única exceção de substituir segurança dos Estados Unidos pela segurança da Espanha. Concretamente:

Quadro 4.5
O que foi dito por Aznar

2 de fevereiro de 2003. Entrevista para a Europa Press: "O regime iraquiano, em função do armamento que possui, biológico, químico, e de suas relações com grupos terroristas, significa efetivamente uma ameaça para a paz e a segurança do mundo. E também uma ameaça para a paz e para a segurança da Espanha. Temos evidências suficientes nesse sentido. Todos os governos possuem informações de caráter reservado. O Governo espanhol possui informação, evidentemente, de que o regime de Saddam Hussein significa uma ameaça para a paz e para a segurança do mundo e também da Espanha".

5 de fevereiro. Congresso dos Deputados. "Todos sabemos que Saddam Hussein possui armas de destruição em massa. (...) Sabemos que vários grupos terroristas em todo o mundo estão tentando obter materiais químicos e bacteriológicos, e sabemos que o regime de Bagdá está em condições de oferecê-los. (...) Como disse o governante europeu, é só questão de tempo para que as armas de destruição em massa cheguem às mãos de grupos terroristas".

13 de fevereiro. Antena 3 TV. "O regime iraquiano, porque contra o povo iraquiano não há nada, possui armas de destruição em massa. Você e todas as pessoas que nos vêem podem estar certas de que estou dizendo a verdade. O regime iraquiano possui armas de destruição em massa, tem vínculos com grupos terroristas e demonstrou ao longo de sua história que é uma ameaça para todos".

18 de fevereiro. Cadeia COPE. "Estamos diante de uma ameaça e um risco certos. Estou dizendo a verdade: um regime que possui armas de destruição em massa e conexões terroristas é um risco para a paz e para a segurança do mundo".

18 de fevereiro. Congresso de Deputados. "Os próprios inspetores constataram armamento químico e bacteriológico não-declarado por Saddam".

6 de março. Congresso de Deputados. "O regime iraquiano mente sistematicamente sobre seus arsenais de destruição em massa".

30 de junho. Debate sobre o Estado da Nação. "O arsenal químico e bacteriológico cedo ou tarde aparecerá, porque as investigações já começaram".

- Garantir que Saddam possuía armas de destruição em massa e que estava ligado a redes terroristas, inclusive afirmando que o regime iraquiano tinha a pretensão de oferecer armamento de destruição em massa para grupos terroristas.
- Falar em nome de "todos", quando os inspetores das Nações Unidas nunca haviam afirmado que o Iraque possuía armas de destruição em massa. E mais: o serviço de inteligência espanhol, o Centro Nacional de Inteligência (CNI), limitou-se a assinalar que não tinha certeza da existência de tais armas. Até mesmo o então diretor do CNI, Jorge Dezcallar, tanto em uma conferência pública em setembro de 2002 como na Comissão de Fundos Reservados do Congresso, um ano depois, pôs em dúvida as supostas relações do regime de Saddam com a Al Qaeda (*El País*, 05/02/2004).[40] Apesar disso, como vimos no quadro anterior, Aznar garantiu em várias ocasiões que Saddam Hussein possuía armas de destruição em massa, e mesmo no dia 04 de março de 2004 no Congresso dos Estados Unidos continuou defendendo a guerra do Iraque, acusando de irresponsáveis àqueles que pretendiam reabrir o debate sobre a existência ou não das armas de destruição em massa.
- Afirmar que o regime iraquiano representava um perigo para a paz mundial e até mesmo para a segurança da Espanha.
- Pôr na boca dos inspetores das Nações Unidas o que estes nunca disseram: que Saddam possuía armas de destruição em massa.

A busca da verdade e os atentados de 11-M em Madri. Novamente a manipulação e as mentiras

Os trágicos atentados terroristas de 11 de março de 2004 em Madri provocaram em nós uma grande comoção, mas também uma grande e solidária resposta cívica de condenação.[41] A importância destes, primeiro pelo fato de ser o atentado com maior número de vítimas que ocorreu não só na Espanha como em toda a Europa e, segundo, pelas repercussões sociais e políticas que tiveram e estão tendo tanto na Espanha quanto em outros países, faz com que seja um acontecimento histórico que deve ser estudado em todas as escolas do país a partir de diferentes óticas.

Uma delas se refere à política de manipulação e mentiras que, como no caso da guerra do Iraque, foi praticada pelo governo conservador de Aznar. Outras intervenções educativas devem seguir o mesmo caminho do que foi colocado tanto neste como no capítulo anterior, isto é, fomentar a busca da verdade, expressar a condenação dos atentados e a solidariedade com as vítimas, rejeitar a vingança e o ódio, combater o medo e a desconfiança, expressar sentimentos e emoções, mostrar a ilegitimidade absoluta do terrorismo e do fanatismo, evitar a desqualificação de uma religião, um povo ou uma cultura, etc. Também deve aparecer como conteúdo prioritário a análise da extraordinária resposta cívica dada, principalmente, pelo povo madrileno e pelos povos da Espanha, por ter representado um exercício de civismo e solidariedade que nos emocionou e reconfortou. Sem dúvida, uma maravilhosa resposta que inspira e ilumina a esperança que abordaremos no capítulo seguinte.

Do mesmo modo, consideramos que a partir de hoje em todas as escolas da Espanha e da Europa o 11-M deve ser uma data tanto para lembrar, pela ferida e dor causadas, como para renovar nossa solidariedade com as vítimas. Portanto, deve ser uma data para a memória e a esperança. Isto é, da mesma maneira que celebramos o 30 de janeiro, aniversário da morte de Gandhi, como uma festa específica do mundo educativo para ressaltar os valores da paz e da não-violência, o 11-M é a data que deve ser institucionalizada em toda a sociedade européia, e, portanto, em todas as suas escolas, para analisar especificamente o significado dos terrorismos e como lembrança da dor causada, da condenação dos atentados e da solidariedade com as vítimas. Mas além de celebrar esse dia, nossa proposta vai além, no sentido de que, como já assinalamos, os terrorismos devem ser integrados aos conteúdos no currículo escolar como fenômenos que atentam contra o direito à vida e às regras básicas de convivência, analisando-os a partir da complexidade que expusemos no segundo item deste capítulo.

Entre os conteúdos e atividades que podemos abordar em relação ao 11-M, além dos apresentados tanto neste como no capítulo anterior, propomos os seguintes:

– *Analisar os fatos e a tentativa de manipulação do governo*

Os atentados de 11-M devem ser analisados nas salas de aula por sua relevância histórica e como tentativa de manipulação que teve a imediata reprovação dos cidadãos. Entre os materiais a serem utilizados devemos lançar mão das notícias da imprensa. Por exemplo, no *El País* de 27 de março de 2004 aparecia uma minuciosa síntese descritiva dos fatos entre o 11-M, dia dos atentados, e o 14-M, dia das eleições gerais na Espanha. Igualmente importante por sua relevância histórica e política é o uso da notícia em que se toma conhecimento do ato de censura da Comissão de Liberdades do Parlamento europeu que aprovou uma emenda em que denuncia "a pressão governamental sobre a televisão de serviço público TVE que favoreceu desinformações e manipulações flagrantes em relação aos abomináveis atos terroristas do último dia 11 de março". No mesmo documento também se critica duramente a situação da liberdade de expressão na Itália (*El País*, 31/3/2004). Também podemos utilizar alguns dos diversos livros já publicados sobre o 11-M, isso apesar de ter se passado somente seis meses desde os atentados, número que sem dúvida aumentará sensivelmente quando estivermos próximos de seu primeiro aniversário.[42]

Igualmente nos parece muito importante analisar as ligações telefônicas que o presidente do governo, em pessoa, fez aos meios de comunicação no próprio dia 11 às 13 horas, garantindo que a autoria dos atentados era do ETA. De onde vem tal interesse? Por que o presidente do governo liga pessoalmente para atribuir a autoria ao ETA? Essas e outras questões não devem passar despercebidas para nossos estudantes. Nesse sentido é muito reveladora a análise da carta enviada por Zaplana, então porta-voz do governo de Aznar, ao diretor do *El País*, assim como a resposta dada a ela por Jesús Ceberio, diretor do jornal (www.elpais.es).

Um terceiro exemplo para trabalhar em sala de aula a respeito das novas mentiras em relação ao 11-M é rever o que foi dito pela imprensa nos diversos países vizinhos. O diário *El País* de Madri em sua edição de 27 de março apresentava um resumo de diferentes jornais de referência de todo o planeta, conservadores e progressistas, que vinculavam desde o primeiro momento a extensão da queda do Partido Popular nas eleições de 14 de março com a decisão de Aznar de que a Espanha participasse na guerra do Iraque, contra a grande maioria dos cidadãos, e com a tentativa de seu Governo de manipular as informações que afirmavam que os atentados de 11-M eram produto do ETA.

Um quarto exercício consiste em analisar a ordem enviada por *e-mail* para as embaixadas espanholas pela então ministra de assuntos exteriores, Ana Palacio, comunicando que o massacre era de autoria do ETA. O texto completo foi enviado na própria quinta de 11 de março de 2004 às 17 horas e 28 minutos (Quadro 4.6).

Um quinto exercício leva-nos a analisar as pressões do governo de Aznar para conseguir que o Conselho de Segurança das Nações Unidas aprovasse, com inusitada rapidez, uma resolução condenando explicitamente o ETA como autor dos atentados de Madri. "A senhora Palacio", lembrem-se, "telefonou para as capitais dos países mais reticentes para convencê-los de que o ETA fosse mencionado na resolução". Esses países, cautelosos, entre os quais se incluía a Rússia, queriam que o apoio à Espanha em sua luta fosse "contra todo tipo de terrorismo, incluído o do ETA". Mas o governo espanhol negou-se e insistiu com o Conselho para que acusasse diretamente esse grupo pelo 11-M (ver fragmento da Resolução no Quadro 4.7).

Dizem os jornalistas que quando surgiram indícios de que o ETA não era o único suspeito "os embaixadores no Conselho de Segurança começaram a manifestar profunda inquietação, e até mesmo aborrecimento, com o governo espanhol". O *Financial Times* cita fontes do governo alemão que acusam o governo de Aznar de facilitar informação "com certo atraso", e Konrad Freiberg, chefe dos sindicatos alemães de polícia, afirma que as autoridades espanholas "guardaram informação de um modo completamente irresponsável".

Quadro 4.6

Texto completo da ministra de assuntos exteriores para as embaixadas

Data: 11-03-2004
Prioridade: Urgente
Classificação: Reservado
Número: 000395
Assunto: ATENTADO DO ETA EM MADRI

TEXTO:
Em relação ao brutal atentado cometido hoje em Madri e aos esforços de alguma força política para tentar confundir sobre sua autoria assinalo o seguinte:
O ministro do Interior confirmou a autoria do ETA. Assim, confirma o explosivo utilizado e o padrão utilizado nos mesmos, que é o habitual do ETA, bem como outras informações que ainda não foram tornadas públicas por razões óbvias. Para esse objetivo envio informação do EFE reunindo declarações do ministro Acebes, além da declaração institucional pronunciada às 15 horas pelo presidente do governo.
Vossa Excelência deverá aproveitar qualquer oportunidade que surgir para confirmar a autoria do ETA nesses brutais atentados, ajudando a dissipar qualquer tipo de dúvida que certas partes interessadas possam querer fazer surgir sobre quem está por trás desses atentados.
E se considerar oportuno, recorrer aos meios para expor esses fatos.
Fim
Assina: Palacio

Quadro 4.7

Fragmento da Resolução 1530 (2004) da ONU condenando os atentados e atribuindo sua autoria ao ETA, aprovada pelo Conselho de Segurança em sua 4932ª sessão, realizada em 11 de março de 2004

O Conselho de Segurança,
reafirmando os propósitos e princípios da Carta das Nações Unidas e suas resoluções pertinentes, especialmente sua Resolução 1373 (2001), de 28 de setembro de 2001,
reafirmando a necessidade de combater por todos os meios, de conformidade com a Carta das Nações Unidas, as ameaças à paz e à segurança internacionais que representam os atos de terrorismo,

1. condena nos termos mais enérgicos os atentados com bombas cometidos em Madri (Espanha) em 11 de março de 2004 pelo grupo terrorista ETA, que causou vários mortos e feridos, e considera que esses atos, como todo ato de terrorismo, representam uma ameaça para a paz e a segurança.
2. ......

– *Examinar e lembrar a resposta cívica e solidária: o papel da memória e da esperança*

Por seu significado histórico, devemos lembrar as gigantescas manifestações realizadas em toda a Espanha um dia depois dos atentados como um sinal de coragem e solidariedade cívica. Essa foi, sem dúvida, uma das grandes diferenças em relação às respostas dadas nos Estados Unidos para o 11-S. Longe de pedir vingança ou assustar-se diante de políticas regressivas em matéria de segurança, uma grande maioria do povo espanhol saiu às ruas em 12 de março para se solidarizar com as vítimas e para rejeitar os brutais atentados. Mas, ao mesmo tempo, em defesa da democracia e para buscar respostas para a grande pergunta que correu as manifestações: "Quem foi?".

Igualmente importante é a leitura dos relatos das vítimas que apareceram nos meios de comunicação. Nesse exercício de memória e esperança também é útil a leitura e o comentário da poesia feita sobre o 11-M, e assim nós a utilizamos. Poucos meses depois dos atentados surgiram dois livros com poetas bem diversos: *11-M: poemas contra el olvido*, Bartleby Editores (Madri) e *Madrid, once de marzo. Poemas para el recuerdo*, Pretextos (Madri). Contra a guerra do Iraque também foram publicados vários livros de poemas, entre eles *Em pié de paz. Escritores contra la guerra*, Plurabelle (Córdoba).

As novas mentiras: negar os fatos, proteger-se no "interesse nacional" e no cumprimento das resoluções das Nações Unidas para justificar a guerra ao Iraque

No entanto, cabe ressaltar que além das mentiras e deturpações da realidade que já vimos, mais de um ano depois da guerra, longe de reconhecer os erros cometidos, o ex-presidente Aznar e seu antigo governo deram um passo a mais na escalada do cinismo, argumentando que se a Espanha apoiou a invasão do Iraque pelos Estados Unidos e a Grã-Bretanha, enviando posteriormente tropas espanholas ao Iraque, foi, fundamentalmente, pelo interesse da Espanha, pela segurança do mundo e, segure-se leitor, pelo cumprimento das resoluções das Nações Unidas! Vamos aos fatos. O porta-voz do governo, Zaplana, afirmava que "Aznar não disse que era de seu conhecimento que havia armas" (*El País*, 04/02/04, p.16). E tem mais, recorria de novo à mais brutal falta de respeito ao deturpar totalmente os fatos afirmando que quando Aznar e o governo espanhol falaram em armas de destruição em massa estavam "fazendo referências às próprias declarações e resoluções da ONU". "A informação que temos é a informação das Nações Unidas; não temos informação própria, e o presidente nunca disse que era de seu conhecimento, diretamente; se ele sabe é em função dos documentos e da informação que nos facilitam e que, além disso, é pública" (*El País*, 04/02/04). Finalizava sua intervenção no RNE desse dia defendendo a coerência do governo espanhol na guerra do Iraque, porque "é o melhor para o interesse nacional e para a segurança do mundo".

Nessa mesma linha argumentativa explicava-se o ex-ministro da Economia espanhol e atual presidente do Fundo Monetário Internacional (FMI), Rodrigo Rato, ao justificar a intervenção da Espanha, nada menos do que nos relatórios da ONU![43] (*El País*, 04/02/04). Argumento sem credibilidade alguma, tal como prova o fato de que não tenha sido usado nem pela administração norte-americana de George Bush nem pela britânica de Tony Blair. E tem mais, ambos os países aceitaram criar cada um sua comissão para investigar os "erros da informação".[44] Mas o ex-presidente espanhol, José Maria Aznar, no discurso de 4 de fevereiro de 2004 na sede do Congresso dos Estados Unidos, convidado a proferir um discurso nessa instituição – coisa que não fez no parlamento espanhol – em uma sessão conjunta da Câmara de representantes e do Senado diante de apenas 40 a 50 congressistas das 435 cadeiras, voltou a justificar a guerra do Iraque, afirmando que é irresponsabilidade abrir o debate sobre as armas de destruição em massa: "Confundir o verdadeiro debate, a definição das autênticas prioridades, seria uma grave irresponsabilidade, que acabaríamos pagando caro", afirmou (*El País*, 05/02/04). Nem uma nota de autocrítica, nem o menor vestígio de dúvida, como, por exemplo, mostrava Colin Powell na entrevista a que nos referimos anteriormente publicada no mesmo dia 4 de fevereiro, na qual afirmava sua dúvida em invadir o Iraque se tivesse sabido antes que não possuía armas de destruição em massa, ou a expressada por Tony Blair no mesmo Congresso dos Estados Unidos no dia 17 de julho que acabou invocando o julgamento da história caso os fatos demonstrassem que a ameaça iraquiana não correspondia à antecipada pelos três protagonistas da Cúpula dos Açores. E não é só isso. De novo aparecem as mentiras e as deturpações: "Saddam Hussein violou de forma reiterada a legalidade internacional" – quando foram os Estados Unidos, com o apoio do governo conservador espanhol, que invadiram militarmente o Iraque sem o aval do Conselho de Segurança das Nações Unidas – ou a afirmação "a utilização de armas de destruição em massa pelos grupos terroristas é um risco".

Essas argumentações obedecem à estratégia elaborada pelo governo de Aznar de *reescrever as razões da guerra*. Para tanto, uma lista de argumentos de três folhas foi dividida entre os membros do governo, mostrada pelo diário *El País* no dia 05 de fevereiro de 2004. Nessa mesma notícia, em que reproduzia a foto das três folhas da lista, estava incluído um quadro que comparava o que foi dito por alguns ministros e o que estava escrito na lista. Por sua potencialidade didática, ele é transcrito a seguir no Quadro 4.8.

O argumento do "interesse nacional da Espanha" é mais do que surrealista e deve ser desmontado de forma contundente. Uma forma de fazer isso é procurar as respostas para a pergunta: onde está ou em que se resume o interesse nacional da Espanha para apoiar a invasão militar do Iraque e o posterior envio e manutenção das tropas espanholas no Iraque?, confrontando as possíveis respostas com os fatos:

Quadro 4.8
Comparação do que foi dito pelos ministros e o texto da lista do governo

Declarações dos ministros (3/2/2004)	Texto da lista
Sobre as armas de destruição em massa: "A informação que temos é a informação das Nações Unidas; não temos informação própria nem o presidente nunca disse que era de seu conhecimento, diretamente; se ele sabe é em função dos documentos e da informação que nos facilitam e que, além disso, é pública, porque fizemos referência a ela" (Eduardo Zaplana). *Sobre o apoio da Espanha à guerra*: (O governo tomou a decisão de participar na ocupação do Iraque) "de forma coerente com o que acreditava e continua acreditando que é o melhor para o interesse nacional e a segurança do mundo" (Eduardo Zaplana).	Ao longo de toda a crise do Iraque o governo espanhol somente invocou: – As afirmações contidas nos relatórios dos inspetores da ONU. – O interesse nacional da Espanha, mais bem defendido com uma atitude de determinação diante de toda a ameaça e toda ruptura da legalidade internacional, junto com os países que são aliados e amigos de nosso país.
Sobre as armas de destruição em massa: "Não cabe à Espanha demonstrar a existência dessas armas porque na comunidade internacional havia convicção sobre sua existência" (Ana Palacio).	É evidente que o Iraque não havia demonstrado para a comunidade internacional que tinha se desarmado de acordo com as resoluções do Conselho de Segurança. Como exemplo: Javier Solana (06/02/03): "Saddam Hussein está escondendo materiais que são perigosos, por isso essa situação não pode continuar."
Sobre a declaração de guerra: "Por isso parece claro que são as Nações Unidas que terão de rever quais foram os critérios usados para tomar determinadas resoluções, inclusive algumas por unanimidade" (Rodrigo Rato).	"É o Conselho de Segurança que declara que o Iraque não cumpriu com suas obrigações de desarme e que é uma ameaça. Assim consta na Resolução 1441 ..."

- Não se apresentou nem uma só prova de que o Iraque possuísse uma só arma dirigida ou que pudesse atacar a Espanha.[45]
- A morte de 11 espanhóis.
- O possível ganho econômico nunca pôde justificar a perda de vidas humanas ou a invasão militar de um país. Mas nem sequer nesse item

a Espanha foi bem tratada. Assim, o grande contrato que o Ministério da Defesa havia pretendido para determinadas empresas espanholas para abastecer o futuro exército iraquiano ficou a cargo de uma empresa norte-americana, como na realidade está sendo feito com a grande maioria dos contratos.

– A política externa de Aznar, e principalmente essa parcialidade dele com a política norte-americana, deixou seu rastro negativo na União Européia.

Finalmente, estamos observando que tanto na Espanha quanto nos Estados Unidos aqueles que tomaram ou apoiaram a decisão de ir à guerra agora se protegem dizendo que foram enganados pelos serviços de segurança, tentando isentar-se, assim, de qualquer responsabilidade política. Acabar com essa impunidade é um desafio político que os cidadãos devem empreender. Se a idéia de guerra preventiva reside na informação sobre as supostas ameaças para se antecipar a elas, como assinalou o ministro de Assuntos Exteriores do governo de Tony Blair, Robin Cook, que foi demitido durante a guerra do Iraque, "utilizamos a inteligência para justificar uma decisão política que já havíamos tomado". Os fatos comprovaram mais cedo do que pensávamos que não éramos irresponsáveis por não apoiar a guerra, como tampouco por exigir a verdade. Desde quando exigir a verdade é uma atitude irresponsável?

NOTAS

1. Nesse sentido, estamos de acordo com o caráter imperfeito do conhecimento da verdade que está na "Carta desde América" do conservador Instituto de Valores Americanos, entre os quais aparecem como assinantes Francis Fukuyama, Samuel Huntington, Amitai Etzioni e Michael Walzer: "Dado que nosso conhecimento da verdade tanto individual como coletiva é imperfeito, as divergências sobre esses valores devem ser debatidas de forma civilizada, com tolerância, baseando-se em uma argumentação razoável" (Mac Liman, 2002, p.109-124). Mas, em contrapartida, é curioso como não aplicam esse argumento à administração Bush em relação à guerra desencadeada no Afeganistão – também não vimos que isso tenha sido feito em nossos dias em relação à nova guerra dos Estados Unidos contra o Iraque. E tem mais: não só não aplicam essa proposição, como justificam a guerra ao Afeganistão, reivindicam o conceito de "guerra justa" e sua aplicação no Afeganistão. Essa linguagem dupla, além de uma evidente confusão sobre o que é o laicismo, de distorções e de esquecimentos históricos sobre a ação de seu país em guerras injustas e no assassinato de civis, ou do questionamento que faz das Nações Unidas, nos parece extremamente perigosa e irresponsável, motivos pelos quais discordamos frontalmente dessa Carta. No entanto, considero que é um bom documento didático para analisar essas questões, além de estar assinado pelos principais ideólogos do neoliberalismo (ver o texto integral em Mac Liman, 2002, p.109-124).

2. Ver, entre outros, Chomsky e Dieterich (1998); Chomsky (2001a), Chomsky (2002a) e Chomsky (2004).
3. Luis Rojas Marcos também se faz essa pergunta, "que se ouvia continuamente na rua e nos encontros familiares" (2002, p.45).
4. Se essa fosse realmente a razão, os ataques terroristas estariam presentes em outros países possuidores de maiores níveis de liberdade e de qualidade de vida que os Estados Unidos, como os países nórdicos ou alguns centro-europeus.
5. Na Espanha, além disso, temos o exemplo das cidades de Ceuta e Melilla, com uma porcentagem próxima de 50% da população escolarizada muçulmana, mas, em contrapartida, o currículo escolar silencia totalmente essa realidade.
6. O mesmo podemos aplicar ao conflito palestino-israelense.
7. Portanto, contrária a todo uso partidário do terrorismo com fins eleitorais.
8. Como escreve Leonardo Boff, "não há nada mais belicoso do que a tradição dos filhos de Abraão: judeus, cristãos e muçulmanos. Três povos irmãos, em que cada um vive com a convicção tribalista de ser o povo escolhido e o portador exclusivo da revelação do Deus único e verdadeiro" (2003, p.26).
9. Três textos que desenvolvem de forma clara as diferentes faces do fundamentalismo são Boff (2003), Garaudy (1992) e Lopes e Sá (1997).
10. Como assinala Norman Mailer (2003a, p.7), "os conservadores patrioteiros acreditam verdadeiramente que os Estados Unidos não só podem governar o mundo, mas que devem fazê-lo. Se não se subordinar a esse compromisso com o império, o país irá se destruir e o mundo o acompanhará".
11. Além de ser o autor da teoria do choque ou guerra de civilizações, é importante saber que foi "assessor do Pentágono e co-responsável pela desastrosa estratégia de guerra no Vietnã" (Boff, 2003, p.54).
12. Embora seja correto dizer que o sistema educativo, fundamentalmente por meio dos livros didáticos, reproduziu e reproduz processos de manipulação e falsificação da história e da realidade, prevemos um paulatino e cada vez mais intenso conflito entre o uso manipulador dos meios, assim como o tipo de cultura que se transmite – principalmente a televisiva – e o sistema educativo, ao menos com um setor muito significativo do professorado. Forges, em uma vinheta que costumo entregar aos meus alunos, antevia esse conflito há anos (*El País*, 3/2/1998) destacando essa contradição entre o que se ensina na escola e o que se vê na televisão.
13. Ésquilo (515-456 a.C), dizia que "na guerra, a verdade é a primeira vítima".
14. Situação que levou o *The New York Times*, que também havia apoiado a guerra como o Partido Democrata com o qual simpatiza, a pedir perdão a seus leitores ao ficar demonstrada a falsidade dos argumentos para a guerra. É um sinal de racionalidade que gostaríamos de ver em outros meios e políticos.
15. Em outro lugar (Jares, 2002b) desenvolvemos com mais detalhes o tratamento educativo desses atentados terroristas. Também foi abordado de forma ampla e excelente por Saéz (2002).
16. Um pequeno texto introdutório que podemos utilizar nas aulas do ensino médio para neutralizar esses estereótipos é o de Hélène Barnier (1997): *Percepciones sobre el mundo árabe*. Madri, CIP.
17. Um livro curto e de fácil leitura para trabalhar essa temática é: CHOMSKY, N. e RAMONET, I. (1995): *Cómo nos venden la moto*. Barcelona, Icaria.

18. Além da operação de *marketing* com a qual o secretário de Estado norte-americano tentou convencer, sem êxito, o Conselho de Segurança sobre a necessidade da guerra ao Iraque, os fatos mostraram que nenhuma de suas provas e argumentos foi comprovada um ano depois. Em um artigo no *El País* de 5 de fevereiro de 2004, Ernesto Ekraizer resenhava as diferentes afirmações públicas de Colin Powell, a última em 16 de setembro de 2001, quando deixava clara a incapacidade do regime de Saddam para fabricar armas e a inexistência de provas que justificassem a relação do regime iraquiano com os atentados de 11 de setembro. No entanto, a partir de dezembro desse mesmo ano as intervenções do secretário de Estado, como as de outros altos cargos do governo Bush, deram uma guinada radical e já não escondiam que "a mudança de regime é o objetivo" (Colin Powell, 02/12/2001).
19. Um quadro semelhante apareceu no diário *El País* de 4 de fevereiro de 2004, e no dia anterior no *The Washington Post*, sobre uma entrevista com Colin Powell em que afirmava que *não sabia se recomendaria a invasão do Iraque se soubesse que o Iraque não possuía armas de destruição em massa.*
20. Conforme já ressaltamos, a suposta existência de armas de destruição em massa foi o principal argumento usado com veemência pelos Estados Unidos, Reino Unido e pela Espanha para justificar a invasão do Iraque em março de 2003.
21. O itálico do quadro está no original.
22. Uma terceira nós poderemos comprovar nos próximos anos no sentido de ter uma compreensão cabal entre a magnitude do ódio que esta guerra está gerando e as respostas terroristas e de desconfiança para com o Ocidente em geral.
23. A maioria de civis. Segundo o último relatório da Anistia Internacional, o uso excessivo da força pelas tropas da coalizão, o tipo de armamento utilizado, etc., provocaram um grande número de mortos civis (2004, p.474).
24. A triste e famosa Carta dos Oito intitulada "Europa y América deben permanecer unidas" (*El País*, 30/1/03), impulsionada e firmada – entre outros – pelo ex-presidente do governo espanhol, Aznar, significou uma verdadeira "punhalada" contra a unidade européia. Nesse mesmo sentido coincidiram diferentes analistas (Aguirre e Pureza, 2003; Flores d'Arcais, 2003; etc.).
25. No discurso de Aznar diante do Congresso norte-americano em 4 de fevereiro de 2004, ele insistiu nessa tese, ao mesmo tempo em que pedia que esquecessem o debate sobre as armas de destruição em massa. Nessa intervenção, que não havia feito no Congresso espanhol, voltou a justificar a guerra contra o Iraque omitindo toda referência com a qual nos haviam enganado, nem uma só autocrítica de que nenhum dos argumentos dados para destruir Saddam era correto. Mas pedir o esquecimento é justamente o contrário do que aqui defendemos: esquecer, nunca. E isso, tanto para poder entender a história, o papel de cada um nela, como pelo respeito às vítimas da guerra.
26. No plano político, Aznar já recebeu sua recompensa com sua derrota e a do Partido Popular nas eleições gerais de 14-M de 2004, revalidada nas eleições para o Parlamento europeu em junho. Acalentamos grandes esperanças para que tanto Bush quanto Blair tenham a mesma recompensa em seus respectivos países.
27. O autor situa essa região desde o Golfo Pérsico até a Sibéria, passando pelas antigas repúblicas soviéticas, em cujo subsolo estão as duas terças partes das reservas de hidrocarboneto do globo.

28. De fato, Dick Cheney era administrador da Halliburton, empresa-líder em serviços petrolíferos; Condoleeza Rice trabalhou durante nove anos na Chevron; o secretário de comércio, Donald Evans, foi presidente da Tom Brown, e sua segunda mulher, Katthleen Cooper, era da Exxon. Outros vêm da indústria militar ou do Pentágono. São realmente dados significativos para entender a natureza e os objetivos dos governantes norte-americanos do momento (Taibo, 2002b, p.54), e, principalmente, a guerra do Iraque: curiosamente, aqueles que decidiram essa guerra vêm e têm ou tiveram ligações empresariais com a indústria petroleira e com o complexo militar-industrial. Que combinação! O número 65 de 2003 da revista *Greenpeace*, além de se pronunciar contra a guerra, reúne nas páginas 23-25 as atividades profissionais e políticas daqueles que dirigem a guerra contra o Iraque. Documento que utilizamos nas aulas diante da apatia dos estudantes. Para contatar o Greenpeace: www.greenpeace.org ou tel. 91 444 14 00.
29. Por isso, nos Estados Unidos alguns intelectuais e movimentos sociais começam a se preocupar que a combinação entre os interesses da indústria petrolífera e os da indústria bélica – combinação agora proeminentemente representada na associação no poder em Washington – acabe por determinar em um único sentido as futuras opções políticas norte-americanas no mundo, tanto em âmbito interno como em sua política externa.
30. Bush sabia que tinha uma vitória militar fácil para poder vendê-la para o consumo interno (razão que torna sua decisão ainda mais imoral pela enorme desigualdade militar). No entanto, a vitória tranqüila e rápida revelou uma cegueira enorme ao pressupor que o pós-guerra seria igualmente tranqüilo com a instauração de um governo militar norte-americano.
31. Essa razão também é colocada por Norman Mailer (2003).
32. Também se falou de uma quarta razão de caráter mais psicológico e à qual o próprio Bush se referiu: "Terminar o trabalho iniciado por meu pai". Não há dúvida de que ele pôde estar presente, sobretudo porque a maioria dos secretários de Estado e assessores do atual presidente esteve como assessores ou com cargos políticos com Bush pai na primeira guerra do Golfo, e que sempre criticaram que não tivessem acabado com Saddam naquele momento. Mas, de qualquer modo, consideramos que as autênticas razões de peso são as três que nós expusemos.
33. Embora as históricas manifestações de 15 de fevereiro de 2003 tenham brilhado com luz própria.
34. Entre eles o "Manifesto pela Paz e Contra a Guerra" aprovado pelas escolas participantes no Programa Educativo Municipal Aprender a Conviver de Vigo, assinado por outras escolas desta cidade, de Galícia e do resto do mundo. O texto pode ser visto, entre outros, no *site* do programa. www.aprenderaconvivir.org
35. Como também foi e é em virtude da maré negra do Prestige e sua nefasta gestão por autoridades espanholas e galegas, em ambos os casos, do Partido Popular.
36. Nessa mesma pesquisa também fica clara para a maioria dos cidadãos desses países a diferença entre a opinião sobre o que é a política da administração Bush e a opinião em relação ao povo norte-americano.
37. O ex-presidente Aznar declarou que achava importante o apoio das Nações Unidas, mas que não era "imprescindível" (*El País*, 11/9/2002).
38. Rajoy utilizou a expressão "prescindível" para se referir ao possível visto de aprovação das Nações Unidas. Também merece destaque o ataque que esse político

proferiu contra toda a oposição por sua rejeição à guerra exigindo "responsabilidade" (sic) (*El País*, 08/2/2003).
39. Mesmo com a aprovação do Conselho de Segurança continuaríamos pensando que é uma guerra imoral, cínica e infame – até para os interesses norte-americanos, tal como frisaram Clinton, Al Gore e o mesmíssimo Kissinger, entre outros.
40. Talvez essa tenha sido a razão para que Aznar não o convocasse até quatro dias depois dos atentados de 11-M em Madri.
41. Na mesma tarde do dia 11 enviei aos meios de comunicação dois comunicados de condenação aos atentados e de solidariedade às vítimas e a seus familiares. Um como presidente da Associação Espanhola de Pesquisa para a Paz (AIPAZ), com prévia aprovação unânime de sua Diretoria. O segundo como coordenador dos Educadores pela Paz-Nova Escola Galega.
42. Entre os títulos citamos: Artal (2004); Benito e outros (2004); Chalvidant (2004); Reinares e Elorza (2004); Rodríguez (2004).
43. Sinceramente, é difícil acreditar que esses argumentos possam ter sido utilizados somente um ano depois da guerra. Mais uma vez a realidade supera a ficção.
44. Não há dúvida de que são comissões controladas pelos respectivos governos norte-americano e britânico e, portanto, não são independentes como seria preciso. Do mesmo modo, são concessões diante da pressão pública e escudos protetores diante dela. Assim, por exemplo, não podemos esquecer que as milhares de páginas de informação que Bagdá entregou à ONU semanas antes da guerra foram praticamente seqüestradas pelo governo dos Estados Unidos, sem que ainda sejam conhecidas plenamente.
45. O mesmo podemos dizer no caso de Tony Blair que chegou a afirmar em seu parlamento que o Iraque possuía armas que podiam atacar a Grã-Bretanha em 45 minutos.

5
Educar a partir *da* e *para a* esperança

> A esperança é a exigência ontológica dos seres humanos. E tem mais, na medida em que mulheres e homens se tornam seres de relações com o mundo e com os outros, sua natureza histórica se encontra condicionada à possibilidade ou não dessa concretude. (Paulo Freire, 1997, p.35)
>
> A razão é realmente a esperança. (María Zambrano, 1993, p.38)

Conforme apresentou o Capítulo 1, perder a esperança nas possibilidades de transformação social é um dos fatores mais negativos criados pela ideologia neoliberal ao ser apresentado como uma espécie de estação final. Além disso, como dissemos, a incerteza, a marginalização social e a precarização geram atitudes e estados de opinião desesperançados e com tendência ao conformismo ou à busca da "salvação" individual em desacordo com os demais, revestidos de enérgicos e insensíveis competidores, inimigos que estão à espera do momento de agir. Não ter esperança também costuma levar, no caso do mundo ocidental, a opções de melhorar a vida de maneira individual ou consumista. Como assinala Christopher Lasch (1999, p.29-30), se o fato de melhorar a vida deixa de ser importante, as pessoas irão se refugiar em sua própria melhora psíquica, que, mesmo sendo necessária, se for vista como um programa único e autêntico, significa indiferença e "afastamento da política".

Ao mesmo tempo, a opção unilateral da política norte-americana com sua guerra preventiva, que vimos no Capítulo 2, não é exatamente um marco de esperança para encarar as relações internacionais. Além disso, os fatos trágicos que acontecem sucessivamente no Iraque e em outros países em que o conceito de guerra preventiva está sendo aplicado – como os casos de Israel ou da Rússia, entre outros –, assim como a expansão das diferentes formas de terrorismo, estão nos fazendo retroceder ao mais preocupante lado escuro da realidade com o recrudescimento do ódio, da instabilidade e da violência. Processos que não são exatamente incentivadores da esperança em um futuro de paz, democrático e de respeito com os direitos humanos.

Portanto, podemos ver que os dois processos destacados na Introdução deste livro como aqueles que estão marcando mais o mundo de hoje, longe de alentar a esperança, ao contrário, estão estruturados na criação do conformismo, da resignação, do medo, da falta de solidariedade, etc., e até mesmo da aceitação de que "o mundo enlouqueceu de tal forma que já não vale a pena refletir" (Ignatieff, 2004a, p.29). E esse último aspecto parece-nos muito preocupante, pois foi detectado em alguns estudantes e em cursos com o professorado. É, sem dúvida, o ponto mais alto da desesperança e do pessimismo que deve ser cuidadosamente desmontado. Também é verdade que em outras ocasiões pudemos observar que a proclamação autojustificatória da desesperança não é mais do que um pretexto grosseiro para justificar o injustificável: viver a vida em termos individualistas, levando a indiferença para com os demais à sua máxima expressão.

Igualmente é importante compreender os medos e as desesperanças que às vezes nos assaltam. Tanto um quanto o outro fazem parte da luta da vida, mas a esperança é o verdadeiro guia. Esperança *versus* medo e esperança *versus* desilusão serão desafios educativos necessários para encarar nossas vidas e a própria função educadora. Entender o porquê do desânimo e saber – como vimos nos dois primeiros capítulos – que a situação não é certamente fácil nem tão reveladora de mudanças que nos leve a uma cômoda conivência é um requisito educativo e de saúde psíquica importante. Sem dúvida que um otimismo ingênuo pode ser até irresponsável e frustrante. Porém, sabedores das grandes e tão diferentes circunstâncias que podem nos levar à desesperança, também não podemos negar que estão ocorrendo mudanças que nos convidam a uma razoável esperança. E, o que é mais importante, precisamos da esperança para viver, pois esta é uma qualidade inerente ao ser humano e tão necessária para a vida psíquica e social como é o alimento para o corpo. Tomar uma posição a partir dessas coordenadas parece-me essencial para todo educador.

A ESPERANÇA COMO NECESSIDADE

A esperança é uma necessidade vital, é o pão da vida, e, como tal, faz parte da mais pura essência da natureza dos seres humanos. Ela não é um complemento forçado ou uma banalidade prescindível; ao contrário, a esperança acompanha o ser humano desde que ele toma consciência da vida, transformando-se em uma das características que o define e diferencia. Somos os únicos seres vivos que almejam coisas, situações melhores – ou supostamente melhores –, que aspiram e acalentam processos de mudança para melhorarmos nossas condições de vida. Somos os únicos seres vivos que sonham e confiam em tempos melhores. Como disse Paulo Freire, "a esperança é uma espécie de ímpeto natural possível e necessário. A desesperança é o aborto desse ímpeto. A esperança é tempero indispensável para a experiência histórica. Sem ela, não haveria história, mas puro determinismo. Só há história onde há um tempo problematizado e não pré-dado. A inexorabilidade do futuro é a negação da história" (2002, p.80-81). Além disso, conforme escreveu María Zambrano, a esperança "é a última razão de ser da vida, a vida em si, (...) a vida que encerrada na forma de um indivíduo a extrapola, a transcende" (2004, p.100).

A partir do momento em que tomamos consciência das coisas e do mundo que nos rodeia vivemos com a necessidade de sonhar com pequenas ou grandes metas que, tanto no âmbito individual quanto no coletivo, nos propomos a atingir. De fato, quando se perde ou fica muito reduzida essa capacidade de sonhar, de imaginar uma módica esperança e confiança no futuro, não há dúvida de que estamos perdendo uma parte muito importante de nossa vida que certamente irá repercutir de maneira muito negativa tanto em nossas possibilidades de desfrute como em nosso trabalho profissional. Porque, como argumentava Ernst Bloch (1979 e 2004), o ser humano possui uma natureza de caráter utópico, como realidade inacabada sujeita a uma contínua transformação. A esperança, como diz Francisco Serra, no prólogo do tomo I do *Principio esperanza*, de Bloch (2004), é princípio porque o mundo ainda não está concluído, porque os seres humanos estão sempre a caminho e esperam que o melhor ainda esteja por vir. Nas palavras do próprio Bloch, "a existência, tanto privada como pública, está entrecruzada por sonhos que sonhamos acordados; por sonhos de uma vida melhor que a anterior. No âmbito do inautêntico, e ainda mais no do autêntico, toda intenção humana está apoiada nesse fundamento" (2004, p.28).

É evidente que a esperança, ou as diferentes esperanças de melhoria que podemos acolher, está entrecruzada por diferentes variáveis – ideológicas, culturais, pessoais, administrativas, etc. –, e entre elas estão os diferentes tipos de atividades profissionais, que também têm uma influência importante. Mas, em qualquer caso e situação, a esperança em maior ou menor grau não só está sempre presente, em alguns casos até para mudar de atividade profissional, como, além disso, é necessária para a vida. Essa condição de necessidade torna-se ainda mais patente nas atividades profissionais ligadas ao âmbito das relações humanas, e, entre elas, principalmente nas profissões ligadas à saúde e à educação. Ambas são concebidas e executadas no presente, mas orientadas para o futuro, ambas buscam as melhores condições saudáveis – físicas, psíquicas, relacionais e sociais –, ambas nascem da vida e para a vida e ambas nascem para melhorar o futuro.

Mas a esperança não surge de forma definitiva nem está condicionada geneticamente. De fato, a esperança é construída e desenvolvida no dia-a-dia, nos embates da vida com suas faces e seus reveses. Isso supõe uma inequívoca relação pedagógica, tal como manifestou há mais de 50 anos Ernst Bloch quando escreveu a chamada "enciclopédia da esperança" – *Principio esperanza* – ao destacar que "a questão é aprender a esperança" (2004, p.25), ao mesmo tempo em que destacava sua natureza transmissível (2004, p.26). Também ressaltava seu caráter ativo: "A esperança, estabelecida sobre o medo, não é passiva como este, nem, menos ainda, está encerrada em um aniquilamento. O efeito da esperança vem dela mesma, dá amplitude aos homens em vez de limitá-los, (...)" (2004, p.25). Nesse sentido, propunha trabalhar contra a angústia vital e contra aqueles que causam o medo, aspecto que, tal como vimos no capítulo anterior, está muito presente nos tempos em que vivemos.

Não há motivo para que esperança esteja associada somente a situações difíceis que podemos encaixar nos aspectos negativos da vida – diferindo nesse sentido da admirada pensadora espanhola María Zambrano: "É no negativo que a esperança encontra seu campo, seu lugar" (2004, p.102) –, como também nem todo conhecimento que o ser humano tem de si mesmo vem do negativo – diferindo novamente da citada autora (Zambrano, 2004, p.101 e 102). A esperança, assim como a aprendizagem, é construída em circunstâncias bem diferentes, sendo normalmente sempre mais generosa nas circunstâncias e contextos positivos da vida. Outra coisa diferente é que é nas circunstâncias muito negativas, como pudemos observar em determinadas realidades de exclusão social tanto no primeiro como no terceiro mundo, que as pessoas põem a esperança à prova com maior paixão ou ela aparece como escudo protetor diante do desespero. E tem mais: nessas circunstâncias penosas e que atentam contra os menores direitos da vida é que precisamos que a esperança aflore como um farol que guia nossos passos ou como trincheira intransponível diante da adversidade. A esperança transforma-se nesses casos, como dissemos, na única possibilidade de sobreviver, na única possibilidade de alimentar a vida. É precisamente quando entram em contato com essas realidades tão adversas que as pessoas acomodadas descobrem e aprendem a força da esperança com aquelas pessoas que não possuem nada materialmente, mas possuem uma grande confiança nas possibilidades da vida e na esperança de mudança.[1] Processos semelhantes podem ser experimentados quando recebemos a notícia inesperada de uma grave doença ou da morte repentina de um ente muito querido, situações que, infelizmente, já sentimos em nossa própria pele.

Também não podemos omitir o fato de que determinadas esperanças, tanto no plano individual quanto no coletivo, nem sempre têm um efeito positivo para todas as pessoas. Isto é, diferentes esperanças podem entrar em choque ao abrigar ou guiar interesses opostos. Essa idéia parece-nos importante porque, tal como vimos nas publicações consultadas, é como se a esperança fosse sempre e em si mesma um processo objetivo, universal e positivo para todas as pessoas. Contudo, na realidade, a esperança está limitada por suas finalidades (esperança para quê), que estão, por sua vez, fundamentalmente condicionadas pelos interesses ideológicos e econômicos e por seu âmbito (esperança para quem). Nesse sentido, deveríamos falar de esperanças positivas e negativas, sendo as primeiras as que se guiam por critérios de justiça e de respeito à dignidade e à igualdade das pessoas. De fato, a esperança pode nascer e se desenvolver em algumas pessoas ou grupos sociais não com uma clara e inequívoca vocação de melhora nem de respeito à dignidade humana, mas com um interesse de benefício próprio ou de domínio que caminha contrariamente ao benefício público.

Sem dúvida, Hitler tinha a esperança de dominar o mundo; um empresário mesquinho pode ter a esperança de acumular uma grande fortuna em pouco tempo à custa das condições de trabalho de seus funcionários; um grupo terrorista pode alimentar a esperança de que com seus atentados conseguirá determinados objetivos, apesar dos danos e das vítimas que sua ação possa ocasionar; Rafael L. Bardají, subdiretor do Real Instituto Elcano de Estudos Internacionais e Estratégicos, tinha "a esperança de que, desta vez, a tempestade do deserto seja decisiva" em referência ao desejo de que os Estados Unidos realizassem o que então era apenas uma ameaça de guerra ao Iraque e acabassem com Saddam;[2] José María Aznar em um artigo publicado no *The Wall Street Journal* em 4 de novembro de 2004 chamava a vitória de George Bush nas eleições norte-americanas dois dias antes como "um triunfo da esperança" (a guerra do Iraque, a situação dos presos em Guantânamo, as torturas de Abu Ghraib, a negação em assinar o protocolo de Kyoto, o conceito de guerra preventiva e o unilateralismo, a privatização da segurança social norte-americana, etc., são fatos que, sem dúvida, influenciaram o ex-presidente espanhol a fazer essa ode à esperança); etc. Para nós, essas esperanças são perversas ou negativas, mas todas elas nascem e se desenvolvem na vida de determinadas pessoas e grupos como processos que abrigam a ilusão ou a meta de conseguir determinados objetivos. Com isso queremos dizer que, embora a esperança seja uma necessidade vital, nem toda esperança é em si mesma positiva. As esperanças também devem ser avaliadas por códigos éticos que respeitem a dignidade da vida humana. E isso nos leva, infalivelmente, ao âmbito educativo: a esperança, enquanto construção humana, também deve ser educada.[3]

Depois de chegarmos a essa conclusão, não podemos omitir a evidência de que os processos educativos mais ou menos difusos, mais ou menos conscientes, começam, inexoravelmente, nos diferentes contextos sociais em que vivemos – a família, o meio ambiente social, os primeiros anos de escolaridade, etc. Portanto, a esperança é construída e moldada dialeticamente a partir desses mesmos contextos sociais. Nesse sentido, temos de nos referir novamente ao discurso dos ideólogos do conservadorismo, que, com todas as suas poderosíssimas redes midiáticas, estão difundindo tal discurso em todo o mundo com o propósito de nos convencer de que a esperança, assim como a história, chegou ao seu fim (Fukuyama *dixit*). Nesse sentido concordamos com María Zambrano quando afirma que "assassinar a esperança" (1989, p.194) é um dos piores "crimes". De fato, desde o final da década de 1980 e início dos anos de 1990 o capitalismo apresenta-se como a única sociedade possível, como sistema que triunfou frente a todos os demais, principalmente ao socialista, ao mesmo tempo em que nos fala da impossibilidade de mudança, do choque de civilizações, etc. A proposta pós-moderna neoliberal convida-nos à resignação, a viver o presente sem possibilidade de mudança. E por isso o fomento da desesperança é um de seus objetivos fundamentais, pois é um sentimento que inibe a ação e desmotiva qualquer tipo de iniciativa.

Tal como dissemos no Capítulo 1, a queda do muro de Berlim em 1989 serviu para encenar o triunfo absoluto do capitalismo, e com ele não só o fato de ter alcançado o suposto estágio mais elevado da evolução humana, mas, ao mesmo tempo, mostra a suposta constatação de que não há mais evolução possível, o fim da história, etc. Fazendo, inclusive, com que se chegue não só a questionar, mas a ridicularizar, o simples fato de pensar que outro mundo é possível. Samí Naïr assinalou que "o pensamento crítico, a esperança e a simples idéia de que outro mundo é possível foram tão duramente atacadas nos últimos anos que qualquer proposta é tachada de 'irrealizável' pelo conformismo do pensamento único" (2002a, p.12). Em outras palavras, não só se pretende fabricar um contexto em que não há lugar para as utopias, mas as alternativas de mudança são duramente atacadas como inoportunas, irreais, absurdas, impossíveis, irresponsáveis, etc. As utopias são declaradas incompatíveis com o pragmatismo reinante, anunciando-se em todos os cantos do mundo o fim das aventuras. Pensar em possibilidades de mudança passou a ser como um ar irrespirável, embora nos últimos anos foi possível constatar a chegada de ares mais amenos que iluminam nossa esperança. Esse contexto internacional dominante é o que forma a chamada "geocultura da desesperança e da ideologia do inevitável" (García Roca, 1994, p.263), que tanto do ponto de vista social e político quanto do educativo devemos combater.

Essa ideologia da desesperança, da submissão à ordem vigente, da não-crítica e contestação, etc. que vimos no Capítulo 1 deixou sua marca de forma visível e importante no discurso e nas práticas educativas. É como se na década de 1990 todas as propostas educativas transformadoras devessem dar lugar a discursos mais "técnicos", mais centrados nos ajustes de "qualidade" e menos nas práticas renovadoras e progressistas. É como se, inclusive, e em parte parece que continua assim, "as políticas educativas precisassem de ambição e os movimentos sociais dos interessados na educação (sindicatos, associações de pais, partidos políticos, etc.) apenas se limitassem a garantir o que conseguiram, sem compreender que isso perde o valor diante dos desafios do presente. A educação está deixando de ser considerada – se levarmos em conta não só as manifestações verbais, mas a congruência entre estas e as práticas reais – como um fator determinante da qualidade de vida, dos programas de reforma social e do porvir, como se também nesse sentido a história tivesse terminado" (Gimeno Sacristán, 2001, p.13). Por tudo isso, tanto pela própria natureza do ato de educar como a partir dos pressupostos da pedagogia crítica devemos combater abertamente essa ideologia da resignação e da desesperança para viver a história e a educação como cenários de possibilidades e não de determinação.

No entanto, diante do fim da história ou da impossibilidade de mudança,[4] uma simples análise da própria história é suficiente para rebater a inconsistência dessas posições: não só não existem leis históricas determinadas, fixas, inalteráveis ou previsíveis, mas a história seguiu diferentes caminhos, avanços e retrocessos, tanto por ações do ser humano como por contingências imprevisíveis. Conforme assinala Edgar Morin, "a história humana certamente sofre determinações sociais e econômicas muito fortes, mas pode ser desviada ou afastada por acontecimentos ou imprevistos. Não existem leis da história. Há, ao contrário, um fracasso de todos os esforços para congelar a história humana, para eliminar dela os acontecimentos e os imprevistos, fazê-la sofrer o jugo de um determinismo econômico social e/ou fazê-la obedecer a uma ascensão teledirigida" (2000, p.77). Portanto, toda mudança ou transformação tanto do meio natural e técnico quanto do social é possível e real, e é tarefa do conjunto da sociedade decidir em que direção quer que caminhe essa mudança.

Exemplos desse pensamento conservador podem ser encontrados em todas as áreas do saber. Assim, em uma entrevista publicada no diário *El País* (Madri) e em outros jornais europeus de 10 de fevereiro de 2002, o historiador britânico Paul Kennedy, professor na Universidade de Yale, defende que o mundo tem de aprender a conviver com os Estados Unidos imperial, e termina a entrevista com estas palavras esclarecedoras: "De certo modo, a questão reside mais na mera grandeza dos Estados Unidos do que em sua arbitrariedade. É como se fosse uma grande jaula de macacos, na qual convivem símios de diferentes tamanhos, e agachado em um canto está um gorila de 230 quilos. Os outros macacos menores têm de se conformar. Poderíamos tender para o conceito de que é preciso fazer com que o gorila se conscientize, ainda que seja sacrificando seu destino. Se um dia ele se levanta e vê que um macaco pequeno tem algumas bananas melhores, ele as pegará, e ninguém poderá impedi-lo". Sem entrar no mérito da infeliz comparação, não tanto por nos comparar com macacos, mas por equiparar o mundo a uma jaula, o pensamento desse historiador é um exemplo genuíno e atual da ideologia da resignação, da submissão ao poder, independentemente de como ele for exercido. Por isso, ele conclui que, devido ao poder dos Estados Unidos, sem precedentes na história – afirmação que do ponto de vista histórico não discutimos, embora não deixe de ser discutível – nada podemos fazer diante do gorila mesmo que ele pegue as bananas de nosso pomar.

Os ataques e o questionamento dos direitos humanos, principalmente os direitos de segunda geração (Jares, 1999b), é outro bom exemplo dessa posição de desesperança que querem transmitir. Na área educativa não podemos deixar de citar os ataques ao próprio direito à educação, à concepção da educação como um direito, tal como vimos no Capítulo 3. O pragmatismo e o utilitarismo vigentes, a imposição da racionalidade tecnocrática da eficiência, etc. são bons exemplos de iniciativas repletas de desesperança. Estão presentes, inclusive, os ataques ao próprio papel da educação, tal como abordamos no item seguinte.

Contra esse posicionamento ideológico conservador que evidencia e tenta impor a impossibilidade de mudança, a aceitação do *status quo*, a institucionalização da desigualdade, etc., pudemos ver o surgimento de diversas vozes alternativas, movimentos sociais, etc., que demandam que "outro mundo é possível", como indica o lema do Fórum Social Mundial (2002) realizado em Porto Alegre. Fórum que de forma tão frutífera como esperançosa inspira muitas experiências de gestão municipal participativa que estão sendo desenvolvidas em diferentes partes do mundo, assim como na Espanha. Mas, além desse movimento de alterglobalização ou globalização alternativa, continua em andamento a luta de outros movimentos anteriores, de onde surgiu o atual movimento alterglobalização, como a globalização dos direitos humanos para todas as pessoas, a defesa do meio ambiente, o movimento pacifista, o movimento feminista, etc. Todos eles são propostas e experiências que conseguem pintar espaços de esperança em meio às penumbras e tormentas ameaçadoras. Também não podemos esquecer dos inúmeros intelectuais de países bem diferentes, e entre eles os Estados Unidos, que sem dúvida contribuíram com uma parcela muito importante, cujo compromisso de seu pensamento é a favor dos valores da justiça, da paz, dos direitos humanos, da liberdade, etc. Um desses intelectuais que há muito tempo mantém de maneira ferrenha sua opinião crítica é o norte-americano Noam Chomsky. Sua tese fundamental em relação ao tema que estamos abordando tem uma inequívoca dimensão educativa: "Se você assumir que não existe esperança, você garante que não existirá esperança. Se assumir que existe um instinto para a liberdade, que existe oportunidades para mudar as coisas, então existe uma possibilidade de que você possa contribuir para fazer um mundo melhor. Essa é sua alternativa" (Chomsky e Dieterich, 1998, p.7).

Por isso, a esperança é necessária; a esperança em um mundo mais justo, mais igualitário, mais democrático, mais feliz, etc. A esperança nos guia em nossas metas de futuro e nos dá ânimo e energia para continuar. A esperança é como uma ponte, a construção mais genuinamente pacífica por seu caráter de união de duas margens, que mostra o caminho ao indicar a outra margem. É uma ponte, segundo María Zambrano, "entre a passividade, por mais extrema que seja, e a ação, entre a indiferença que limita pelo aniquilamento da pessoa e a plena atualização de sua finalidade. Uma ponte que também atravessa a corrente do tempo, segundo a metáfora de que o tempo é um rio que corre incessantemente. Mas também é uma ponte sobre o tempo, pois ao conseguir anulá-lo quase nos transformando desde a margem do passado até o futuro, realiza, assim, já nesta vida, uma espécie de ressurreição" (Zambrano, 2004, p.103-104). Assim, a esperança constrói e dá sentido e continuidade à vida.

Mas também não podemos omitir que a esperança se constrói com duas realidades presentes na vida e muito diretamente ligadas a ela. Uma é seu antônimo, a desesperança; a outra, é a luta. A primeira está ligada à esperança como sua face oposta, seu lado sempre possível, e, em determinadas circunstâncias, inevitável. Essa possibilidade é uma realidade que não podemos evitar, e muito menos ideologizar no aspecto pessoal. É a partir dessa possibilidade real de cair em determinados estados de ânimo de desesperança que devemos estruturar nosso projeto educativo para saber combatê-la e saber adequá-la às circunstâncias concretas que se apresentam. E, de qualquer modo, conforme Antonio Gramsci, continuar lutando apesar do pessimismo do intelecto. Então, a educação da esperança traz junto com ela a consideração e a análise dos estados de desesperança que no plano individual e coletivo podem ser gerados para, a partir daí, buscar alternativas positivas. Outra coisa bem diferente é considerar a desesperança como inevitável por ser a essência da natureza humana ou decretar o desencanto como modelo social, como pauta coletiva de atuação.

Em relação à *luta*, devemos dizer que, evitando posições místicas e idealistas, esta é inerente à vida e não é necessariamente negativa como habitualmente é apresentada. O valor positivo ou negativo que damos à luta dependerá da forma como a enfrentamos e, principalmente, como enfrentamos os conflitos (Jares, 2001). Para Paulo Freire, "os sonhos são projetos pelos quais se luta. Sua realização não pode ser facilmente verificada, sem obstáculos. Ao contrário, supõem avanços, retrocessos, passos às vezes atrasados. Supõe luta. Na realidade, a transformação do mundo que pretende o sonho é um ato político, e seria ingenuidade não reconhecer que os sonhos têm seus contra-sonhos" (2001, p.65). A esperança anima a luta do mesmo modo que esta mantém e aprofunda aquela. Sem luta não há esperança; ela mantém a luta. E isso acontece porque a esperança tem um componente proativo, contrário à passividade ou à resignação. Ernst Bloch em seu "otimismo militante" também deixava claro que a esperança no futuro não significa confiança ilusória nele, mas trabalho para esse futuro emancipador. Por isso as posições conservadoras tentam desmobilizar qualquer vestígio de luta social e de esperança nas possibilidades de luta cidadã. Nesse sentido, a esperança também está ligada ao compromisso.

O *compromisso* é outra das atitudes e dos valores humanos que foi brutalmente atacado e ridicularizado pelas ideologias conservadoras, principalmente a partir da queda do muro de Berlim em 1989, conforme assinalamos. A esperança, assim como a luta, projeta-se no compromisso, processos que se exigem mutuamente e que são de difícil separação. A esperança exige o compromisso da luta tal como esta se mantém em boa parte pela esperança. Diante das desgraças, das injustiças, das diferentes formas de violência, etc., não podemos nos colocar em uma mera posição de espectadores neutros ou no discurso hipócrita e cínico de argumentar que não é nossa responsabilidade ou que nada podemos fazer. "O discurso da acomodação ou de sua defesa, o discurso da exaltação do silêncio imposto do qual resulta a imobilidade dos silenciados, o discurso do elogio à adaptação tomado como destino ou sorte é um discurso que nega a humanização e de cuja responsabilidade não podemos nos eximir" (Freire, 2002, p.84). Essa falta de compromisso com os mais necessitados, seja do ponto de vista material e/ou escolar, é uma imoralidade que devemos descartar de nossas escolas e práticas educativas. O alunado e suas famílias devem perceber de forma clara nosso compromisso para facilitar seu progresso acadêmico e emocional. Do mesmo modo, a escola deve estar organizada para facilitar esse compromisso.[5] Devemos desfazer a percepção do estudante de que o professorado pouco ou nada está fazendo a respeito; é, sem dúvida, um desafio que devemos encarar, sabendo que a responsabilidade não recai unicamente em nós, os professores.

Junto com o compromisso, outra atitude e prática social formadora de esperança é a solidariedade. Como vimos no Capítulo 3, a solidariedade implica entre outras dimensões a luta para, se for possível, transformar as situações injustas. O compromisso solidário, o sentir e compartilhar com aquele que sofre, com o necessitado, é sem dúvida uma das melhores fontes que alimentam a esperança, e ao mesmo tempo é, como assinalamos, fonte de felicidade e de alegria.

Finalmente, a esperança traz junto com ela a *alegria*. As pessoas com esperança costumam ser mais alegres, mais otimistas. Como pôde constatar o psiquiatra Luis Rojas Marcos, "os indivíduos esperançosos que mantêm um sentido de futuro, quando se deparam com situações difíceis confiam que encontrarão um consolo, um refúgio ou uma saída. Diante dos problemas perseveram com mais energia do que as pessoas que perderam o sentido de futuro. E do ponto de vista prático é evidente que aqueles que persistem durante mais tempo na busca de um remédio para sua desgraça têm mais probabilidades de encontrá-lo, no caso desse existir" (2004, p.36). Nesse mesmo sentido coincidem as experiências dos profissionais sobre a resiliência ou capacidade de resistência ativa diante da vulnerabilidade psicológica (Cyrulnik et al., 2004). Em nosso caso, também foi outra das grandes descobertas que fizemos ao visitar e conhecer várias pessoas em situação de risco no sul do planeta: mesmo nessas realidades perversas e desfavorecidas a esperança e o sorriso estão presentes.

A alegria é igualmente necessária e imprescindível na vida e, portanto, também na educação. De fato, além de lugar para o esforço, a disciplina, a aprendizagem, etc., o sistema educativo também deve ser um espaço de alegria. De alegria pela descoberta, pelo conhecimento – de pessoas e conteúdos –, pelo estabelecimento de novas relações humanas, pela percepção dos avanços nos estudantes, pelo prazer do trabalho bem feito, etc. Sabemos que existem momentos no processo educativo que temos de dizer não, embora isso seja doloroso, outros muitos momentos que exigem sacrifícios, mas também não podemos negar que ao lado deles sempre deve estar presente a alegria como pano de fundo, como imprescindível companheira de viagem. Por isso a esperança do ato de educar traz junto com ela a alegria.

E a alegria também pelo humor, necessário nas relações humanas e como "situação de reanimação por excelência" (Vergely, 2004, p.62). Vários investigadores encontraram vínculos entre a resiliência e o humor (Vanistendael, 2004, p.121). Segundo Amos Oz (2002, p.32), o humor também é outro bom remédio para combater o fanatismo e o ódio. Um humor unido à ironia e à fantasia; um humor que tenha seu sentido e seu espaço como instrumento didático. A idéia não é cair na obsessão de divertir, nem que os professores tenham de ser palhaços, como algumas vezes escutei. A idéia é tornar as aulas atraentes, interessar, cativar para o saber e a cultura. Algo assim como o que acontecia na escola de Albert Camus, que faz parte de seu romance autobiográfico *El primer hombre*: "Na aula do senhor Bernard, pelo menos, a escola alimentava neles uma fome mais essencial ainda para o menino do que para o homem, que é a fome de descobrir. É claro que nas outras aulas ensinavam muitas coisas a eles, mas um pouco como se engorda um ganso. Apresentavam a eles um alimento já preparado implorando que fizessem o favor de engoli-lo. Na aula do senhor Germain[6] sentiam pela primeira vez que existiam e que eram objeto da mais alta consideração: ele os julgava dignos de descobrir o mundo" (1994, p.128).[7]

Como postulamos, o humor pode se transformar em um bom instrumento didático, como um recurso a mais, como um fator de êxito. Em nossas aulas, uma das formas em que está presente é pelo humorismo gráfico (as charges de Forges, Máximo, Peridis, El Roto, Xaquín Marín, Plantu, etc., são algumas que habitualmente utilizamos) e em alguns textos literários. Entre estes últimos, um que mais me emociona e que entrego todos os anos aos meus estudantes é *"Celebração da fantasia"* de Eduardo Galeano,[8] que reproduzo no Quadro 5.1.

Não podemos omitir um fato inquestionável: algumas vezes o sistema educativo é tão chato, tão monótono, tão pouco imaginativo, que setores consideráveis do alunado, e também do professorado, acabam perdendo toda

---

Quadro 5.1
Celebração da fantasia (Eduardo Galeano)

Foi na entrada do povoado de Ollantaytambo, perto de Cuzco. Eu havia me separado de um grupo de turistas e estava sozinho, olhando de longe as ruínas de pedra, quando um menino do lugar, frágil, esfarrapado, aproximou-se para pedir que desse a ele uma lapiseira de presente. Não podia dar a lapiseira que tinha, porque a estava usando não sei em que tipo de anotações chatas, mas me ofereci para desenhar um porquinho em sua mão.
Subitamente, correu a notícia. De repente me encontrei rodeado por uma multidão de crianças que exigia, a plenos pulmões, que eu desenhasse bichos em suas mãozinhas rachadas de sujeira e de frio, peles de couro queimado: havia aquele que queria um condor e outro uma serpente, outros preferiam papagainhos ou corujas, e não faltavam aqueles que pediam um fantasma ou um dragão. Então, no meio daquele alvoroço, um pequeno solitário que não chegava a mais de um metro do chão mostrou-me um relógio desenhado com tinta preta em seu pulso:

– *Quem mandou foi um tio meu, que mora em Lima* – disse.
– *E trabalha bem?* – eu perguntei.
– *Atrasa um pouco* – reconheceu.

esperança nele. Ir à escola transforma-se em um suplício, em uma obrigação muitas vezes insuportável. Há tempos George Snyders escreveu um livro magnífico, intitulado *La alegría en la escuela*, no qual anunciava a necessidade de repensar a escola principalmente por meio dos conteúdos culturais e na alegria de aprender. Tal como se anunciava em maio de 1968, a alegria deveria estar presente em todos os âmbitos da vida e, portanto, na escola. "Moralmente, a escola deveria ser um lugar de alegria, de alegria cultural" (Snyders, 1987, p.23), entendendo a alegria da cultura como "reforço da confiança em si mesmo, da confiança na vida; amar mais o mundo e senti-lo mais estimulante, mais acolhedor" (p.28). Como o próprio autor ressalta, essa idéia também deveria estar presente na formação dos futuros educadores, "que cheguem a um entusiasmo cultural, a confiar que a cultura que ensinam possa dar alegria a seus alunos; que está, em certo sentido, destinada a dar alegria, que ensinamos para dar alegria" (p.22).

Em suma, a esperança se constrói e se desenvolve em relação à luta, ao compromisso, à solidariedade e à alegria. Todos eles atuam de forma inter-relacionada como aspas de um moinho de vento de Cervantes. Como síntese final deste item, representamos no gráfico a seguir os diferentes âmbitos que, em nossa opinião, formam a esperança, aquilo que denominamos de pirâmide da esperança:

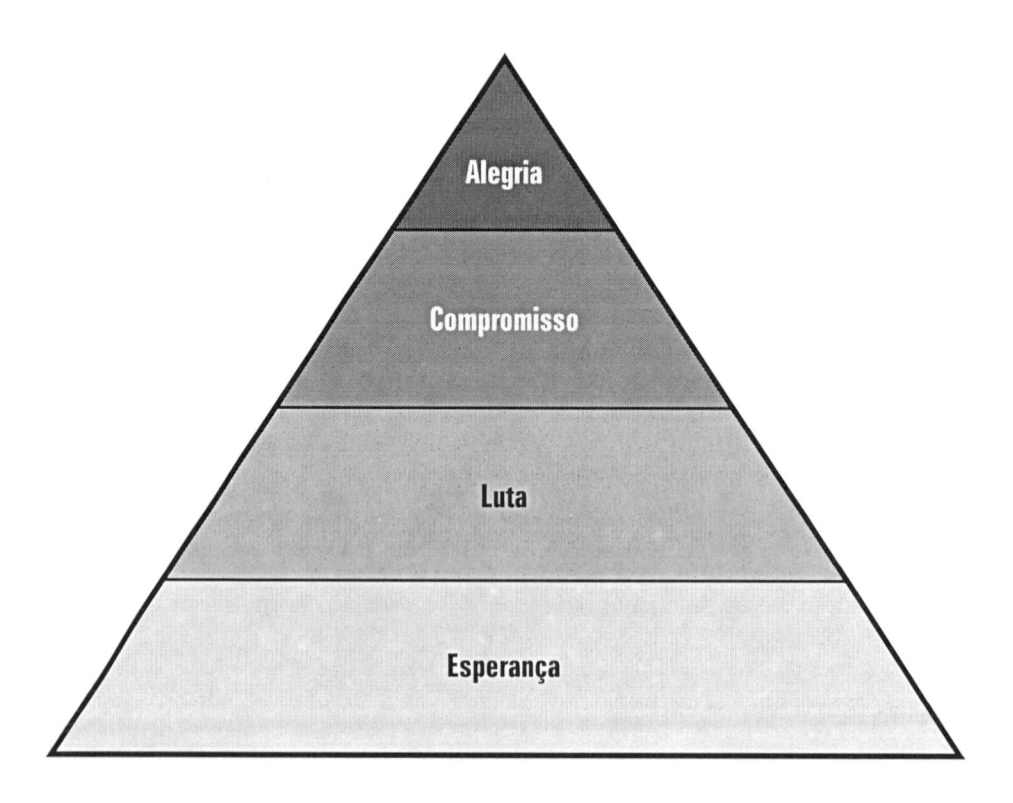

SEM ESPERANÇA NÃO HÁ EDUCAÇÃO

A educação, assim como a esperança, é, por definição, um projeto de futuro. Uma entrega aos demais para construir e reconstruir caminhos e possibilidades. A esperança de melhora que o educador tem para com seus educandos é, ou deveria ser, uma característica intrínseca ao ato de educar. Também é um requisito profissional: nós, professores, devemos ter confiança e esperança em nossos alunos, em suas possibilidades de aprendizagem, como uma condição inerente e presente em nosso trabalho. Entregamo-nos a eles com a esperança de que cresçam como pessoas, que se desenvolvam em todas as suas particularidades, que melhorem em todos os sentidos, que contemplem e descubram novos horizontes. Nesse processo crescemos como pessoas e como profissionais, e nesse processo e em seus resultados obtemos nossa melhor recompensa, nossa maior alegria. É por isso que a educação, a esperança e a alegria estão tão estreitamente unidas que separá-las ou compartimentá-las não deixa de ser um erro com conseqüências imprevisíveis. Um educador que não vibre com seus estudantes, que transforme sua profissão em um ato burocrático,[9] que não abrigue nenhuma esperança nem em seu trabalho nem nos estudantes é uma pessoa que, além de ser um profissional incompleto, está causando um prejuízo enorme a si mesma e àqueles que compartilham sua tarefa profissional – os colegas e os pais dos estudantes –, mas principalmente aos estudantes que, afinal, são nosso objeto de profissão e pelos quais recebemos um salário.

Portanto, "como educadores não nos resta outro remédio senão sermos otimistas, ai! É que a esperança pressupõe o otimismo tal como a natação exige um meio líquido para ser exercitada. Quem não quiser se molhar deve abandonar a natação; quem sentir repugnância diante do otimismo, que deixe o ensino e que não pretenda pensar em que consiste a educação. Porque educar é acreditar na perfectibilidade humana, na capacidade inata de aprender e no desejo de saber que a estimula, que existem coisas (símbolos, técnicas, valores, memórias, fatos,...) que podem ser sabidas e que merecem sê-lo, que os homens podem melhorar uns aos outros por meio do conhecimento. Uma pessoa pode não acreditar em todas essas crenças otimistas de maneira privada, mas enquanto tenta educar ou entender em que consiste a educação não tem outro remédio a não ser aceitá-las. Com verdadeiro pessimismo é possível escrever contra a educação, mas o otimismo é imprescindível para estudá-la (...) e para exercê-la. Os pessimistas podem ser bons domesticadores, mas não bons mestres" (Savater, 1997, p.18-19).

As referências à esperança estiveram presentes, em maior ou menor grau, nas propostas educativas comprometidas e renovadoras. Já no livro que dá início à concepção da didática como ciência, intitulado *Didáctica Magna*, escrito no século XVII por Juan Amós Comenius, a esperança que o autor confere à educação é de tal magnitude que era considerada como um dos caminhos para conseguir a paz no mundo. Por isso defendia diante dos príncipes e governantes que antes de qualquer coisa fundassem escolas. "Se quiserem ver organizados, verdes e florescidos os povos, as escolas e as casas, fundem antes de qualquer coisa as escolas" (cf. Jares, 1999a, p.15-18). A esperança também esteve presente nos escritos de outro grande antecessor da renovação pedagógica como foi Jean-Jacques Rousseau[10] no século XVIII, principalmente em suas crenças na bondade inata da natureza humana e na grande esperança depositada na educação: "Na ordem natural, os homens são todos iguais; logo sua vocação comum é a condição de homem, e quem tiver sido bem criado para isto não pode ter um mau desempenho com aqueles que se relacionam com ele" (Rousseau, 1972, p.71).

Immanuel Kant, como todos os ilustrados, dava uma grande importância à educação, em parte influenciado pelo pensamento rousseauniano. Em seu curto, porém fecundo, livro sobre pedagogia, Kant declara a preeminência da educação: "somente pela educação o homem pode chegar a ser homem" (2003, p.31), assim como a esperança que nela deposita para "a perspectiva de um futuro gênero humano mais feliz" por meio de uma educação adequada. Para isso propõe, entre outras coisas, "um princípio de arte da educação, que principalmente os homens que fazem seus planos deveriam considerar, que não se deve educar as crianças de acordo com o presente, mas de acordo com uma condição melhor, possível no futuro, da espécie humana; isto é, de acordo com a idéia de humanidade e de seu completo destino. Esse princípio é da maior importância" (Kant, 2003, p.36). Também relevante e pertinente continua sendo sua recomendação de que "só o adestramento não é suficiente; o que importa, sobretudo, é que a criança aprenda a pensar" (2003, p.39).

Maria Montessori também depositava uma enorme esperança na educação e nas possibilidades da infância educada com uma nova educação, chegando mesmo a dar à educação o privilégio e a esperança de ser a única possibilidade que o homem tem para fazer desaparecer as guerras do planeta e conseguir a paz, tendo nesse ponto a mesma opinião do utopismo pedagógico que caracteriza a Escola Nova (Jares, 1999a, p.27-30). O filósofo e pedagogo John Dewey também ressalta a importância da educação: "a educação como necessidade da vida" – "a nutrição e a reprodução são para a vida fisiológica o que a educação é para a vida social" (Dewey, 1995, p.19-20) –, principalmente porque, como ele dizia, a escola está prestes a se transformar em uma instituição universal. Assim, o próprio Dewey chamava a atenção sobre o papel dos educadores dentro da escola: esta pode ser transmissora de uma preocupação crítica e criativa com os problemas sociais, ou, ao contrário, pode servir de sustentação para outras ideologias disfarçadas de neutralidade. Celestín Freinet reivindicava a esperança no trabalho de todas as escolas: "(...) gostaríamos que não nos obrigassem a pôr na entrada das escolas, assim como se podia gravar na porta dos conventos ou das prisões, a inscrição que Dante lia nas portas do Inferno: 'Deixem aqui toda a esperança'" (Freinet, 1979, p.107).

Mas, sem dúvida, foi o pensamento pedagógico de Paulo Freire (1993; 1997; 2001) que mais influência teve na necessidade de considerar a esperança e a utopia como referentes sociais e educativos, pensamento que foi reunido e ampliado por boa parte da pedagogia crítica. De fato, a partir dessa orientação epistemológica é que se vem insistindo na necessidade de recuperar o valor da utopia como necessidade vital e bandeira de transformação social, diante da generalização da preguiça, da passividade, da indiferença, do fatalismo, do conformismo, da resignação, etc. Mas, sem dúvida, esse admirado pedagogo não só deu uma nova luz para a pedagogia da esperança, como seu pensamento foi fundamental para iluminar a esperança de mudança social e política tanto no Brasil[11] como no mundo. Fazemos nossas as suas palavras quando afirma que "não entendo a existência humana e a necessária luta para melhorá-la sem a esperança e sem o sonho. A esperança é uma necessidade ontológica" (Freire, 1993, p.8).[12] Além disso, conforme assinalou José Gimeno Sacristán "sem utopia não há educação" (1999b, p.30), e como afirmou dois anos depois: "a utopia continua dando sentido à vida e à educação, e a partir dela dotamos de sentido e valorizamos o mundo que nos rodeia" (2001, p.11). Em termos semelhantes se expressou Ángel I. Pérez Gómez, "os fenômenos educativos principalmente, quando perdem a dimensão alternativa ou utópica que vai além do estado atual das coisas, perdem sua especificidade e se transformam em um simples processo de socialização reprodutora" (1999, p.50).

Mas o que entendemos por utopia ou ser utópico? Em 1516 Thomas Morus publicou seu livro sobre a utopia com seu título original em latim *De optimo statu rei publicae deque nova insula Utopia*, e com ele uma obra que influenciou muitos pensadores marxistas e anarquistas posteriores. Como destacou Emilio Lledó: "Essa palavra entrou para definir uma estrutura importante da mente humana: aquele que projeta o sonho perfeito da razão em direção ao futuro, com base nos monstros da insensatez no presente" (1998, p.399). A base da utopia é precisamente pensar em ideais, espaços e realidades perfeitas aos quais ainda não se chegou ou aos quais talvez nunca se poderá chegar, mas que, de qualquer modo, indicam o caminho, a boa direção. Na linguagem precisa de Lledó, "da insatisfação que o desejo desperta brota a utopia. Olhando no espelho onde a realidade pousa, descobrindo a inquietante categoria do que ainda pode ser melhor, a consciência crítica limpa esse espelho de seu azougue e passa por meio de sua superfície livre de restrições rumo ao incontrastável bosque da utopia. A tradição de literatura utópica surgiu dessas situações em que a sociedade mostrava maior incoerência entre o que apresentava como totalidade e a marginalização à qual condenava a criatividade e a esperança. É exatamente essa homogeneização que requer a história para que possa se sustentar no perfil redondo de suas instituições, e ela a consegue sacrificando o real pelo possível, e evitando, freqüentemente, o advento do melhor" (1998, p.404).

Então, o fato de que a utopia mostre-nos uma realidade em contínua busca não significa que determinados sonhos não possam, necessariamente, tornar-se realidade. Se analisarmos a história é possível ver que em determinadas ocasiões, e na maioria dos casos após muitos anos de luta, eles se tornam realidade. Com isso quero distanciar-me da concepção da utopia como algo impossível, como algo quimérico, ou da confusão entre utopia e utopismo. Herbert Marcuse também se refere a esse debate ao afirmar que, "o conceito de utopia é um conceito histórico. Refere-se aos projetos de transformação social que se consideram impossíveis" (1981, p.8). No entanto, nesse texto, como em outras obras, faz uma exortação contra o derrotismo, contra "a repressão da necessidade de transformação" (1981, p.22) e a favor da utopia: "E exatamente porque as possibilidades chamadas de utópicas não são de forma alguma utópicas, e sim a negação histórico-social determinada do existente, é que a tomada de consciência dessas possibilidades e a tomada de consciência das forças que as impedem e as negam exigem de nós uma oposição muito realista, muito pragmática. Uma oposição livre de toda ilusão, mas também de todo derrotismo, que por sua mera existência já trai as possibilidades da liberdade em benefício dos existentes" (Marcuse, 1981, p.17-18). Não podemos esquecer que, já que a utopia é um conceito histórico, ela é suscetível de transformação e de mudança. Assim, outra coisa diferente é que, depois de conquistar determinados sonhos, o pensamento utópico nos leve, inexoravelmente, a propor novos desafios, novas exigências, novas descobertas, novos sonhos.

Nesse sentido, fazemos nossas as palavras de Paulo Freire quando afirma: "Ser utópico não é ser só idealista ou pouco prático, mas, sim, iniciar a denúncia e a anunciação. Por isso, o caráter utópico de nossa teoria e prática educativa é tão permanente como a própria educação, que para nós constitui uma ação cultural. Sua tendência para a denúncia e a anunciação não pode se esgotar quando a realidade denunciada hoje cede, amanhã, seu lugar para a realidade previamente anunciada na denúncia. Quando a educação já não é utópica, isto é, quando já não encarna a unidade dramática da denúncia e da anunciação, ou o futuro não significa nada para os homens ou estes têm medo de se arriscar a viver o futuro como superação criativa do presente, é porque já envelheceu. No entanto, segundo uma visão autenticamente utópica, a esperança não significa cruzar os braços e esperar. A espera só é possível quando, cheios de esperança, procuramos alcançar o futuro anunciado que nasce no âmbito da denúncia por meio da ação reflexiva (...) a esperança utópica é um compromisso cheio de risco" (Freire, 1997).

Em uma linha semelhante expressa-se Henry Giroux quando apresenta a esperança como um valor e um ato de imaginação moral que permite ao professor e a outros trabalhadores culturais pensar e agir a favor da justiça social: "A esperança exige estar presente nas práticas transformadoras, e uma das tarefas da educação progressista é descobrir oportunidades para que a esperança faça parte de um projeto pedagógico e político mais amplo. Destacar essa forma de política cultural da esperança é um ponto de vista da pedagogia radical que se encontra entre as linhas divisórias, na qual as relações entre dominação, opressão, poder e impotência continuam sendo produzidas e se reproduzindo. Como elemento definidor da política e da pedagogia, a esperança para muitos trabalhadores culturais sempre significou escutar e trabalhar com os pobres e com outros grupos excluídos para que pudessem ter voz e voto e mudar as relações opressivas do poder. No entanto, a relegitimação profissional em tempos difíceis parece ser a ordem do dia, já que um número crescente de acadêmicos nega-se a reconhecer a universidade ou a escola pública como esferas críticas, e oferece pouca ou nenhuma resistência diante da profissionalização escolar, da duplicação contínua da força de trabalho intelectual e dos ataques atuais contra os pobres, pessoas idosas, meninos e meninas, pessoas negras e classe trabalhadora neste país" (1999, p.55-56).

Do mesmo modo, a partir do modelo crítico/conflitual/não-violento da educação para a paz (Jares, 1999a; 2004c) insistiu-se, tal como vimos nos capítulos anteriores, no papel da educação, junto com o compromisso social e a ação política, como recurso do ser humano para transformar as situações injustas e perversas, por mais difíceis que sejam. Por isso, o papel outorgado à *ação* e à sensibilização a favor da luta pela justiça. Tanto no plano educativo quanto no social insistimos no dever ético de não ficar indiferente diante daquelas situações que significam violação dos direitos humanos, por mais que se tenha pela frente os poderes políticos, midiáticos, econômicos, etc. Parafraseando o poeta palestino Mahmud Darwish (2001), devemos seguir a direção do canto embora escasseiem as rosas, ao mesmo tempo em que desmantelamos com nossos estudantes o discurso de que não é possível fazer nada por causa das conseqüências da globalização neoliberal, do poderio militar norte-americano ou das decisões das grandes multinacionais. Aceitar a inexorabilidade do que acontece é uma excelente forma de ajudar as forças dominantes em sua luta desigual contra os desfavorecidos. Ao contrário, como nos propunha entre outros, a inesquecível Petra Kelly (1984), devemos lutar pela esperança, ao que também acrescentamos, educar na luta pela esperança.

A análise da relação entre o pessimismo e a esperança é uma "antiga" indagação na área da educação para a paz e o desenvolvimento. No entanto, como já foi dito, "a atitude mais perigosa, e que devemos afastar como uma tentação, é o pessimismo. Não diga que contra os colossos da terra não se pode fazer nada, e que a dimensão mundial do problema é muito grande para poder ser administrado de baixo. É sobre os sentimentos de impotência que os patrões e os governantes constroem seus impérios. Olhem a história e irão perceber que, quando as pessoas quiseram, elas conseguiram demolir as mais poderosas estruturas de poder. É claro que nem todos tiveram a satisfação de ver chegar o dia da libertação. As grandes conquistas exigem longos períodos de tempo, e só se as pessoas forem perseverantes e tenazes a luta pode dar seus frutos" (Centro Nuevo Modelo de Desarollo, 1995, p.114-115). Portanto, devemos educar a partir da e para a esperança, embora não seja fácil, e não é pelos tempos difíceis e de incerteza que vivemos (Jares, 2004c). Não é fácil transmitir esperança para alguns estudantes que, como é o meu caso em uma Faculdade de Ciências da Educação, sabem (e vocês também sabem) que a maioria não irá trabalhar naquilo para o que estão estudando, que a maioria irá sentir em sua própria pele as conseqüências da precariedade e da instabilidade do mercado de trabalho, que a maioria deverá adiar o processo de independência econômica de seus pais ao terminar sua formação, que vários deles irão decidir continuar com determinados estudos universitários não tanto por escolha, mas também como forma de atenuar o desemprego.[13] Apesar dessas circunstâncias, sem omitir inutilmente que vivemos na sociedade em que vivemos, injusta, desigual e violenta, tento transmitir a eles otimismo e esperança. E isso sempre. É como escreveu Mahmud Darwish, devemos transmitir-lhes que "sofremos de um mal incurável: a esperança" (Darwish, 2003, p.65-66).

Contudo, passamos muitos anos suportando no âmbito educativo a pressão da desesperança e da desilusão, que em nossa profissão tem efeitos devastadores. Compreendemos a desesperança de uma parte do grupo docente que tem de enfrentar experiências educativas muito difíceis. Mas "por isso dizer que os professores são profissionais em pior situação e com maiores taxas de depressão e de conflito, existe um abismo" (Santos Guerra, 2004, p.86). Esse setor apresenta a função docente como uma atividade de pouca importância social e pessoal pelos discursos negativistas e derrotistas que dizem que tudo está ruim no sistema educativo (público, é claro): a difusão da representação generalizada do professor irritado, desmotivado, subvalorizado socialmente, perseguido pelos alunos, etc.[14] São vários os exemplos que podemos utilizar desse discurso e que, curiosamente, com o triunfo eleitoral do Partido Socialista Operário Espanhol e sua disposição de paralisar as medidas segregantes no ensino médio, voltam a surgir. Em outro lugar (Jares, 2001) já abordamos com mais detalhes essa questão, expondo diversos casos e posições. Mas sua incidência em relação à propagação da desesperança é de tal importância que consideramos necessário abordá-la novamente, sem que isso signifique, como disse, que tenhamos de ocultar aquelas situações de falta de respeito ou as falhas com as quais se está escolarizando determinados grupos sociais.

Pouco antes da finalização deste livro surgiram dois casos que representam, até certo ponto, esse pensamento que estamos questionando. São dois exemplos concretos que ilustram claramente essas posições desesperançadas. O primeiro é uma "carta ao diretor", que com o título de "perdão" foi enviada por Emilio Garoz Bejarano ao *El País*, e publicada no dia 13 de junho de 2004. Considero que, com todo o respeito ao autor e sem questionar a situação particular que ele descreve por desconhecê-la completamente, essa carta, tal como está redigida em termos gerais, é um exemplo paradigmático de desesperança e até mesmo de vitimização que, em minha opinião, não favorece em nada a imagem do grupo docente. Imagem que ele coloca como a de "um pária, um cidadão de segunda, um lixo social". Deixando de lado as questões pessoais sobre seus estudos e os possíveis aproveitamentos ou desperdícios em sua vida, não consigo entender aonde ele quer nos levar, porque considero que foi uma opção pessoal que fez livremente e que, naturalmente, conseguir uma vaga de professor de ensino médio não é exatamente perder tempo nos tempos em que vivemos, assim como enfatizar que para ser professor de instituto* não é preciso ter o título de doutor – portanto, foi outra decisão livre e pessoal sua –, devemos ressaltar o seguinte:

1º O subscritor pressupõe que ser aprovado em concurso público dá-lhe automaticamente a capacidade de realizar bem o seu trabalho. É importante ressaltar que estamos há anos tentando racionalizar a formação profissional do professorado de ensino médio, claramente insuficiente (que esperamos que, finalmente, comece a melhorar com a nova regulação do Título de Especialização Didática [TED] que foi anunciado).

2º Toda a carta está repleta de generalizações e, como tais, de inexatidões e mentiras, independentemente de que ele tenha sofrido ou suportado tudo o que descreve – que, se for verdade, não só reprovamos categoricamente como tem todo o nosso apoio e solidariedade –, mas de modo algum se pode generalizar ao conjunto do ensino médio. Assim, segundo ele:

  a) Os institutos são descritos como lugares aos quais não se vai para aprender. É óbvio que isso não só não se ajusta à maioria dos institutos, como, além disso, dentro de institutos com dificuldades de convivência existem classes que funcionam razoavelmente bem, e dentro das classes que são muito complicadas existem estudantes que conseguem progredir, tal como pudemos observar em algumas dessas situações.

  b) Na carta, os professores são apresentados como cuidadores, em vez de ensinadores, e como vítimas dos abusos, do desprezo, dos insultos e da humilhação diária. Ele destaca, inclusive, a agressão, mas não sabemos se também de forma diária. É evidente, e os estudos que realizamos assim o comprovam, que de forma alguma se pode dizer que essa é a situação da imensa maioria do professorado de ensino médio, independentemente de que existam casos em que realmente tenham sofrido o tipo de violências que ele denuncia, mas, de qualquer modo, são casos estatisticamente desprezíveis. Nas duas pesquisas que dirigimos, "Conflicto y Convivencia en los Centros Educativos de Secundaria", realizada na Galícia nos anos de 1998 a 2002, e "La Convivencia en los Centros Educativos de Secundaria de la Comunidad Autónoma Canaria", nos anos 2002 e 2003 (Jares, 2004a), os resultados mostram que as ações violentas do alunado em suas relações com os docentes são, na opinião dos professores, praticamente minoritárias ou inexistentes. *O único tipo de violência que preocupa a*

---

* N. de R.T. Instituto é uma unidade de ensino médio.

maioria dos professores em relação ao alunado é, do mesmo modo que entre os alunos, a falta de vontade ou indiferença, tendo a maioria do professorado (67,4%) uma percepção bastante boa ou boa da convivência entre o professorado e o alunado, enquanto que, de forma preocupante, essa avaliação é menor no alunado (chegando a apenas 47,5%). Assim, tanto a maioria dos professores como dos alunos coincidem em ter uma percepção muito negativa tanto da indisciplina quanto da violência dos alunos nas escolas, percepção elevada que logo diminui visivelmente em ambos os grupos quando vamos aos fatos. Em todo caso, quando perguntamos ao professorado sobre as possíveis ações violentas das quais foi objeto durante os três últimos anos no exercício de sua profissão, tanto do alunado como das famílias desses, na tendência preocupante de ter sofrido violências inúmeras ou muitas vezes, as percentagens são estatisticamente desprezíveis. Somente nos insultos, 5,7% do professorado se situa nessa tendência.

De qualquer modo, é óbvio que um instituto não pode tolerar o insulto, o desprezo e a humilhação diários, nem tampouco, obviamente, a agressão. Tal como ele expõe na carta parece que esses atos repudiáveis e intoleráveis ocorrem diariamente com total impunidade. À margem de serem possíveis atos delituosos, a escola como tal deve ter uma resposta punitiva e educativa, pois são instituições educativas.

c) As famílias são consideradas as causadoras da situação por sua excessiva permissividade e até irresponsabilidade com seus filhos ao permitir que brinquem com seus jogos eletrônicos e vejam televisão. Situação que também se reflete nas duas pesquisas anteriores. Nas pesquisas destacadas é possível constatar essa disposição que apresenta o subscritor da carta: a grande maioria do professorado coloca fora de sua intervenção as causas da violência do alunado nas escolas, que intuímos que também podemos transferir para o caso da indisciplina no conteúdo dos resultados obtidos, dando uma prioridade destacada para o ambiente e as condições negativas das famílias.[15]

d) Os estudantes são caracterizados de uma forma, digamos, bem pouco atraente: "não sabem nada", ao chegar em casa "jogam Playstation e vêem televisão com a aquiescência dos genitores" e, como já assinalamos, desprezam, humilham, insultam e agridem o professor (não diz se também fazem isso entre eles, talvez porque não saiba ou talvez porque não se interessa ou talvez porque pressuponha).

3º Também é muito significativa a recriação que ele faz sobre o suposto desprestígio social do professor e seu autodiagnóstico como "pária", "cidadão de segunda" e até mesmo "lixo social". Toda a minha vida profissional fui professor, e nos 25 anos de profissão nunca senti essa imagem que ele descreve, nem a percebi na maioria dos colegas com quem trabalhei.[16] Reproduzir essa imagem social que ele descreve ajuda bem pouco a dignificar nossa profissão. Ao contrário, precisamos de um professor entusiasmado com seu trabalho, além de sabedor e transmissor da importância da profissão, comprometido com ela, com a democracia e com os valores da cultura de paz e que saiba transmitir, explícita ou implicitamente, esse entusiasmo e alegria pelo fato mágico e extremamente prazeroso da aprendizagem; que saiba educar a partir da e para a esperança para um mundo mais justo e pacífico.[17]

O segundo exemplo recente, que por vir de um cargo institucional e do âmbito educativo parece-me ainda mais preocupante, foram as declarações de Carmen Gonzáles, vice-conselheira de Educação da Comunidade de Madri, governada pelo conservador Partido Popular, que declarou sem nenhum rubor – embora depois, diante do escândalo provocado pela mídia, tenha dito que suas palavras haviam sido mal-interpretadas –, que os filhos dos imigrantes não vêm para a Espanha para estudar e que, além disso, criam conflitos, por isso propõe inseri-los no mercado de trabalho o mais rápido possível.[18] E tem mais: ela reivindicou nada mais nada menos do que o "direito à ignorância" (sic), aplicado, é claro, aos filhos dos imigrantes e de ciganos. Desconfio que ela jamais reivindicaria esse suposto direito para seus filhos, se é que os tem. As perguntas que na forma de denúncia nos ocorrem são várias: como pode uma vice-conselheira de Educação reivindicar tal direito para um setor da população? O que se pode esperar de um Conselho de Educação cuja segunda titular na escala hierárquica reivindica tal direito? Que esperança se deposita nesses meninos e meninas? É dessa maneira que se quer lutar contra a possível transformação dos dois grupos mencionados em guetos? Que recursos econômicos e pessoais ela está disposta a utilizar quando parte desse apriorismo? É legítimo reivindicar ou ao menos aceitar esse suposto direito para a população de menos idade da escolarização obrigatória? A ignorância é um direito? Faz parte da natureza dos direitos?[19]

Em suma, *esperança e educação estão lado a lado porque ambas têm a mesma natureza*: tanto no que se refere ao conhecimento das coisas, no progresso daquele que aprende e do que irá ser, e, principalmente, porque ambos os conceitos são projetos de futuro. E nesse sentido ambas coincidem com a idéia de utopia e isso significa que "atrás de cada realidade existem outras possibilidades que precisam ser libertadas da prisão do existente" (Magris, 2001, p.15). Fazemos nossas as palavras de Donaldo Macedo e Lilia Bartolomé quando dizem: "Queremos terminar este capítulo propondo uma pedagogia de esperança que está inspirada na tolerância, no respeito e na solidariedade. Uma pedagogia que rejeita a construção social de imagens que desumanizam o 'diferente'; uma pedagogia de esperança que ensine que em nossa construção do 'diferente' podemos nos unir intimamente aos 'diferentes'; uma pedagogia que nos ensine que desumanizando os outros estamos desumanizando a nós mesmos. Em síntese, precisamos de uma pedagogia de esperança que nos guie na direção do crítico caminho da verdade, sem mitos, sem mentiras, na direção da reapropriação de nossa comprometida dignidade, na direção da recuperação de nossa humanidade. Uma pedagogia de esperança irá nos orientar na direção de um mundo mais harmonioso, menos discriminatório, mais justo, menos desumanizado e mais humano" (1999, p.98-99).

Educar para a esperança nestes tempos de globalização neoliberal, guerra preventiva e terrorismos de diferentes tipos tornou-se mais necessário, mas também mais difícil. No entanto, como já escrevemos (Jares, 2003b), quando, apesar do controle da maior parte dos meios de comunicação públicos e privados, da distribuição em massa de publicidade, da tentativa contínua de querer amedrontar a população com a iminência de um ataque terrorista em grande escala ou de contemplar atônitos o processo de institucionalização da mentira como prática rotineira e perversa da política, quando, insisto, apesar desse tipo de estratégias ocorre a espetacular e histórica resposta cidadã contra a guerra do Iraque, tanto na Espanha quanto no resto do mundo, é óbvio que existem razões seguras para a esperança, mesmo que a paisagem esteja tingida de tonalidades turbulentas e ameaçadoras. Mas esperança, afinal. Esperança que reivindicamos como necessidade vital e como valor e, portanto, como guia de vida diante do discurso dos ideólogos do conservadorismo que falam da impossibilidade de mudança, do fim da história, do choque de civilização, da inevitabilidade da guerra, etc. Esperança que ilumina nossa vida e nosso futuro, mesmo que incerto.

ESTRATÉGIAS EDUCATIVAS PARA CONSTRUIR E DESENVOLVER A ESPERANÇA

Uma vez estabelecida a necessidade de educar a partir da e para a esperança, e saber que essa é parte genuína da mesma natureza do processo de educar, o passo seguinte que devemos dar como pedagogos é o de pensar as estratégias mais adequadas para favorecê-la. A pergunta metodológica, então, torna-se pertinente: como podemos educar e nos educar a partir da e para a esperança? É evidente que a questão não é encontrar uma panacéia ou um conjunto de receitas que possam ser aplicadas sem distinção para qualquer caso e situação. Se as aprendizagens nunca são lineares, as aprendizagens de atitudes e valores são menos ainda. No entanto, sabemos que a diversificação metodológica e a introdução de determinados conteúdos têm uma influência maior na probabilidade de êxito em sua aprendizagem. A seguir, apresentamos as estratégias e os conteúdos que consideramos mais importantes.

Em primeiro lugar, a esperança se constrói por meio da *busca da verdade*. Questão que desenvolvemos amplamente no capítulo anterior e que, por isso, não a retomaremos. Apenas gostaríamos de destacar a conexão entre verdade e esperança, tal como, por exemplo, foi feito em vários países com o estabelecimento de comissões da verdade.[20] A verdade é um passo necessário para a esperança e, em muitos casos, a segunda tem seu único sentido na busca da primeira. A esperança, segundo María Zambrano, "requer e busca conhecimento" (1989, p.82). Para Michel Quint, "sem verdade, como pode haver esperança...?" (2002, p.13). A já citada María Zambrano também declarou a necessidade de olhar a realidade por meio da luz da verdade como fonte de esperança (2004, p.108). Portanto, essa estreita relação entre verdade e esperança deve ter seu correlato na área educativa.

Em segundo lugar está *a estratégia ligada à alfabetização afetiva,* a educação das emoções como mecanismo para facilitar a segurança e a confiança em si mesmo como passo prévio para desenvolver a esperança e a confiança nos demais. Como já dissemos (Jares, 2004b), a dimensão afetiva, de um jeito ou de outro, está sempre presente em toda relação educativa deixando seu rastro, em maior ou menor grau, nas possibilidades de aprendizagem. Mesmo naquelas salas de aula em que a afetividade e a ternura foram supostamente afastadas aparece uma determinada relação afetiva que em muitos casos pode ser de rejeição, temor ou ódio. A falsa separação entre racionalidade e afetividade a partir da qual se construiu a modernidade foi claramente revista e questionada. De fato, a modernidade considerava a racionalidade como o instrumento pelo qual as pessoas seriam mais autônomas e teriam mais capacidade "racional" para tomar decisões e avançar no progresso científico e social, enquanto que a afetividade, as emoções seriam construídas como um campo de subjetividade e imperfeição, portanto, incompatível com a racionalidade. Na área educativa, o domínio do positivismo removeu toda possibilidade de considerar a dimensão afetiva como uma esfera educável e com capacidade de influência na educação. Essa posição, que chega até nossos dias, fez com que a educação fosse entendida exclusivamente em termos "técnico" e "científico", oposta a toda "veleidade" afetiva e até mesmo do senso comum.

A partir dessa ótica é que temos insistido nos últimos anos na necessidade da criação de grupo. Na formação do professorado, *seja qual for seu nível educativo ou a matéria que irá ministrar, é imprescindível elaborar uma estratégia com tendência a gerar tanto na sala de aula como na escola um clima de segurança, de confiança, de apoio mútuo,* etc. (Jares, 1999a, 1999b, 2001, 2002a) que facilitem o trabalho educativo, um contexto mais apropriado para encarar os conflitos, uma melhor segurança em si mesmo e nos demais e uma maior capacidade de ver a vida com maior otimismo e esperança. Por isso o professorado deve ser formado nas estratégias e recursos que facilitam a criação de grupo. E isso não só por motivos éticos ou morais, que, por si só, são razões mais que suficientes, mas também porque o trabalho didático nessas situações é mais agradável para todos e costuma produzir melhores resultados acadêmicos. Desse enfoque, educar para a esperança e a liberdade significa "combinar o exercício da autoridade com uma grande disposição afetiva, abertura emocional que nada tem a ver com a inconsistência das normas" (Restrepo, 1999, p.94).

Nossa prática docente na universidade, como anteriormente no ensino fundamental e no médio, mostra-nos que dada a socialização dominante os estudantes têm muitas dificuldades para participar, para expressar seus sentimentos e emoções, etc. Por isso, devemos dedicar tempo para *melhorar a comunicação* dentro da sala de aula, acabando com os medos, as resistências e a timidez, favorecendo a participação, fomentando a sociabilidade, organizando atividades de ajuda e colaboração entre os alunos, praticando jogos cooperativos, dedicando tempo para escutar os estudantes, etc.

Se, como dissemos, a esperança se constrói na luta que significa vida, longe das ilusões frustrantes de conceber a vida sem luta e conflitos, a esperança também se constrói e fortalece, em terceiro lugar, *a partir da alfabetização nos processos de luta social não-violenta e no enfrentamento não-violento dos conflitos* (Jares, 2001). Essa aprendizagem e treino desde crianças nos farão ser mais resistentes às adversidades da vida e ter menor capacidade de frustração. Então é necessário "recuperar o lutador que habita em cada um de nós" (Vergely, 2004, p.58). Por outro lado, a visão natural do conflito nos faz ver essa realidade social sem o halo negativo e empobrecedor que habitualmente acompanha as pessoas que não foram alfabetizadas na inevitabilidade do conflito, circunstância que favorece uma maior segurança em si mesmo e uma maior esperança nos demais.

Em quarto lugar devemos destacar *o papel essencial do docente em um duplo sentido. Por um lado, em relação ao próprio compromisso do docente em projetos de mudança e melhoria* (participação em ONGs, associações, posição diante de determinados conflitos sociais, etc.) e sua *coerência entre os valores que defende e sua prática profissional e social.* Diferentes autores ressaltaram o cumprimento dessa condição como fator essencial para gerar esperança e compromisso. É claro que historicamente foi priorizada a partir da educação para a paz e o desenvolvimento (Jares, 1999a, p.203).[21] Não há dúvida de que esse duplo aspecto de compromisso e coerência pessoal e profissional é chave, como referente educativo e prática geradora de entusiasmo e esperança. E por outro lado, tal como afirmamos aqui, em relação à *forma como se vive a profissão.* Viver a profissão com amor, na entrega aos demais, etc., é um requisito e talvez uma das estratégias mais eficazes e necessárias para dar e construir esperança. Da mesma forma, o exemplo do professor em sua busca cotidiana do saber, da verdade, da justiça, etc. é uma atitude inerente à esperança e, ao mesmo tempo, estratégia muito importante para gerá-la. Em suma, educar e viver a profissão como um exercício contínuo de esperança.

Em quinto lugar, a partir da *aceitação da diferença e do compromisso com os mais necessitados.* Aprender a conviver significa conjugar a relação igualdade e diferença. Como afirma a Declaração Universal dos Direitos Humanos, somos iguais em dignidade e direitos, mas as pessoas também são diferentes por motivos e circunstâncias diferentes; diferenças que podem ser positivas e fomentadas e, em outros casos, diferenças que são negativas e, portanto, devem ser eliminadas. Conforme assinala José Gimeno Sacristán (2001, p.54), "os seres humanos são desiguais ou diferentes em muitas coisas que os hierarquizam entre si. Isso é indiferente em certos casos, positivo em alguns e, em outros, inaceitável do ponto de vista ético". Em qualquer caso a diferença ou diversidade faz parte da vida e pode ser um fator de conflituosidade: "Conviver em um ecossistema humano implica uma disposição sensível para reconhecer a diferença, assumindo com ternura as ocasiões oferecidas pelo conflito para alimentar o crescimento mútuo" (Restrepo, 1999, p.142). É evidente que hoje um dos grandes conflitos é precisamente essa relação igualdade-diferença. A partir dos pressupostos de uma educação democrática e comprometida com os valores da justiça, da paz e dos direitos humanos temos de enfrentar essa diversidade pedindo o apoio necessário, mas de modo algum favorecendo políticas de segregação dentro das próprias escolas. Nesse sentido não escondemos nossa preocupação com a Lei Orgânica da Qualidade Educativa (LOCE) com sua proposta de medidas segregadoras (entre outros motivos de preocupação), mas que, felizmente, teve sua implantação paralisada pelo novo governo espanhol.

Em sexto lugar, *estruturando o trabalho educativo de sala de aula e da escola em projetos comunitários e de melhoria*. A escola como unidade de intervenção educativa em um espaço determinado deve exercer seu papel de liderança na comunidade, impulsionando a participação de todos os setores e aproveitando de forma educativa todo tipo de recursos presentes nesse espaço. Assim, a escola deve se organizar de maneira permeável ao seu entorno, integrando os estudantes e o restante da comunidade educativa em projetos de melhoria, comunitários e solidários. Para tanto, deve iniciar este projeto educativo de organização democrática e comunitária nas salas de aula e na escola para depois integrar e integrar-se em sua comunidade. É fundamental – reiteramos – estruturar nosso projeto educativo a partir do entusiasmo e da alegria pela descoberta, pela aventura intelectual e pelo compromisso social. Nesse sentido, é importante que a própria escola gere práticas solidárias de compromisso social por meio do contato com outras escolas, organização cooperativa dos recursos, campanhas de sensibilização, apoio a determinados grupos, etc. Como pudemos viver e constatar, a participação de toda a comunidade educativa em tarefas educativas comuns da escola não só estrutura comunitária e democraticamente a escola, mas também gera confiança mútua e esperança em seu projeto educativo.

Em sétimo lugar, é de vital importância *facilitar o conhecimento das conquistas sociais*. Uma estratégia necessária tanto por rigor histórico quanto pela necessidade de favorecer a esperança é mostrar aos estudantes as conquistas sociais que foram realizadas ao longo do processo de humanização da humanidade. Diante das diferentes violações dos direitos humanos,[22] também devemos mostrar os avanços e as conquistas sociais. Por exemplo, ainda que a prática da escravidão continue no século XXI,[23] não podemos deixar de mostrar o enorme avanço que a humanidade realizou nesse terreno; ainda que exista sexismo e violência contra as mulheres, também não podemos omitir a história e os avanços da luta feminista; ainda que exista violência e intolerância, também é verdade que existem espaços de liberdade e de ternura. Outro exemplo bem recente de conquista social na Espanha é a legalização do casamento de homossexuais e seus direitos de adotar crianças – apesar da forte resistência da Igreja Católica – sabendo que há 25 anos nesse mesmo país ser homossexual era delito. A intervenção didática deve redobrar seus esforços para deixar claro para os estudantes as possibilidades de intervenção e de transformação que tem o ser humano, por mais difíceis que sejam as circunstâncias a serem mudadas. Como já foi dito, "um currículo democrático, entre outras características, deve dar a chance de que os adolescentes conheçam como os diferentes grupos de trabalhadores, de jovens e de homens e mulheres resistem, defendem e reivindicam seus direitos; deve tornar possível que o alunado conheça a história das conquistas, dos aspectos positivos que tais grupos em situações injustas foram capazes de promover e obter. Se o sistema escolar tem de capacitar os alunos para poder participar na sociedade, para assumir responsabilidades, não pode negar-lhes informações de grande valor educativo como é a história das conquistas sociais, culturais, científicas, tecnológicas e políticas com as quais aqueles que sofriam situações de injustiça e violência organizavam sua luta de resistência. Se os diferentes grupos sociais e povos foram e são capazes de enfrentar uma grande variedade de formas de opressão e dominação, isso indica que podemos ser otimistas sobre o futuro de nossas sociedades e da humanidade em geral" (Torres Santomé, 2001a, p.208).

Entre as conquistas sociais mais recentes que podemos utilizar nas aulas está a luta do povo sul-africano contra o *apartheid* e pela democracia, destacando o exemplo de luta e perseverança do Prêmio Nobel da Paz Nelson Mandela; a conquista da independência do Timor Leste, a primeira nação do século XXI; a construção européia, que com todas as suas imperfeições e aspectos ainda muito distantes do que gostaríamos que fosse não deixa de ser um bom exemplo diante da história belicosa do continente; a consecução do Tribunal Penal Internacional, todo um avanço na história da luta pelos direitos humanos e contra a impunidade; a igualdade das mulheres em boa parte do mundo; a luta das mães e avós da Plaza de Mayo na Argentina; os orçamentos municipais participativos; a luta pela reforma agrária do Movimento dos Sem-Terra (MST); os avanços conseguidos na Espanha, assim como em outros países, em relação à igualdade de direitos dos homossexuais; a luta das mães e avós galegas contra as redes de narcotráfico, etc. Outro bom exemplo bem recente é a análise da resposta do povo espanhol em relação aos atentados de 11-M, a manipulação midiática do governo em relação à autoria desses atentados e o comportamento dos cidadãos indo votar em massa em 14-M, tal como vimos no capítulo anterior. Igualmente merecem ser destacadas e analisadas as grandes manifestações que ocorrem na Espanha e em inúmeros países do planeta contra a guerra do Iraque que, embora não tenham conseguido pará-la, ao menos conseguiram adiá-la, e, no caso da Espanha, isso significou um dos ingredientes fundamentais para retirar democraticamente do governo o partido conservador que havia colocado os espanhóis na primeira frente de apoio à guerra do Iraque. Outra conquista social também foi a retirada das tropas espanholas do Iraque poucos dias depois da posse do novo governo de Zapatero, cumprindo uma de suas promessas eleitorais avalizada pelas pesquisas de opinião. Também cabe ressaltar, conforme faz Hans Blix (2004, p.254-255), o fato de que os Estados Unidos, com seus aliados como a Grã-Bretanha e a Espanha, não tenham conseguido o sim do Conselho de Segurança das Nações Unidas para fazer a guerra. E essa posição firme dos governos contrários no Conselho de Segurança estava, por sua vez, respaldada pela forte mobilização dos cidadãos.

Em oitavo lugar, também é imprescindível *oferecer alternativas*. Ao mesmo tempo em que mostramos os dados que provam a inequívoca afirmação de que vivemos em um mundo desigual, injusto e violento – tal como vimos nos dois primeiros capítulos – também precisamos oferecer alternativas. É uma estratégia que consideramos imprescindível tanto para gerar esperança como para lutar contra o pessimismo e o ceticismo. Tanto na fase de professor de ensino fundamental e médio e hoje como professor universitário como também em cursos para o professorado, foi possível constatar a reação de impotência que surge em várias ocasiões quando se conhecem as terríveis cifras ou situações semelhantes à que mostramos nos dois primeiros capítulos. Ademais, também é oportuna a reflexão de Jurjo Torres Santomé quando comenta o conflito que ocorre nas salas de aula entre a educação das novas gerações no otimismo e o pessimismo em relação ao futuro da humanidade: "Do meu ponto de vista, acho que podemos dizer que nesses momentos há um confronto entre as avaliações e as atitudes e o mundo que se constrói em sala de aula. Assim, enquanto geramos um grande otimismo, até mesmo excessivo, diante das possibilidades do conhecimento científico e tecnológico, fomentamos um grande pessimismo em relação às possibilidades que têm os seres humanos para transformar as sociedades atuais, seu modo de vida; para superar as injustiças atuais que são fruto dos modos de organização e distribuição das oportunidades e recursos existentes na sociedade" (Torres Santomé, 2001b, p.49). Além isso, o sistema educativo deve se atualizar para poder apresentar as diferentes propostas realizadas para solucionar os problemas apontados, para que possam ser minuciosamente analisadas pelos estudantes, dando, ao mesmo tempo, oportunidade para que eles mesmos sejam protagonistas de possíveis novas alternativas.

Entre as propostas que estão sendo lançadas por diferentes fóruns e que devemos trabalhar nas aulas do ensino médio e da universidade destacamos as seguintes:

a) *A aplicação da taxa Tobin*

Se aplicássemos a taxa proposta nos anos de 1970 por James Tobin, prêmio Nobel de Economia em 1981, que taxasse com um imposto internacional de 0,1% as transações em divisas, com a quantidade arrecada segundo o Programa das Nações Unidas para o Desenvolvimento (PNUD) no ano de 1995, obteríamos (Casals, 2001, p.56-57):

– Uma soma superior à necessária para desenvolver um programa planetário de erradicação da pobreza.
– Da soma arrecadada, 10% bastariam para acabar com os problemas de saúde de todos os habitantes do planeta, suprimir as formas de má nutrição e fornecer água potável para todo o mundo.
– Com 5% seria possível estabelecer uma rede de planejamento familiar para estabilizar a população mundial no ano de 2015.
– Com 3% se conseguiria reduzir à metade a taxa de analfabetismo na população adulta e universalizar o ensino fundamental.

Estudos mais recentes, como o realizado pelo catedrático de Finanças Públicas da Universidade de Frankfurt, Paul Bernd Spahn (*El País*, 22/3/02), podem revalidar a viabilidade dessa taxa se houver vontade política, calculando que só na Europa seriam geradas rendas anuais de 17 a 20 bilhões de euros que poderiam ser utilizadas para ajuda ao desenvolvimento.

b) *A extinção da dívida externa*

A extinção da dívida significaria para os credores – FMI e Banco Mundial, Estados e bancos privados – uma perda de somente 5% em suas carteiras, mas para os países em vias de desenvolvimento é uma necessidade vital, que, junto com as mudanças que o sistema internacional impõe a esses países, com as reformas internas e com a luta contra a corrupção, poderiam vislumbrar um futuro de progresso para todos, tornando possível o direito ao desenvolvimento.

c) *O fortalecimento da democracia e a sujeição da economia à política*
Isso implica revitalizar a sociedade civil por meio das estruturas de participação social e a aquisição de seu papel central nas tomadas de decisões.[24] Nesse sentido, como vimos no Capítulo 1, é preciso deter os processos de globalização neoliberal e apoiar os processos de globalização dos direitos humanos.

d) *A redução dos gastos militares em benefício dos gastos sociais*
Essa antiga reivindicação do movimento pacifista desde a década de 1970 continua tendo pleno sentido hoje. Os exercícios didáticos sobre gastos militares e o uso alternativo dos mesmos em gastos sociais continuam sendo um exercício necessário.[25]

e) *O cumprimento do 0,7% para ajuda ao desenvolvimento*

Conforme destacamos no Capítulo 1, somente cinco países cumprem a porcentagem de 0,7% do PIB fixada pelas Nações Unidas em 1970 para ajuda ao desenvolvimento. Segundo um Relatório da OCDE, no ano de 2000 a Espanha destinou 0,22%, mas depois das importantes mobilizações dos cidadãos a favor do 0,7% em 1994, o chamado Pacto pela Solidariedade foi assinado em 1995, com o qual a ajuda ao desenvolvimento seria elevada a 0,5% em 1996 e ao ansiado 0,7% no ano de 2000. Infelizmente, esse pacto ficou apenas no papel. A distribuição dessa ajuda por países, segundo dados da OCDE no ano de 2000, é a seguinte: Dinamarca: 1,06%; Holanda: 0,84%; Suécia: 0,80%; Noruega: 0,80%; Luxemburgo: 0,71%; Bélgica: 0,36%; França: 0,32%; Reino Unido: 0,32%; Finlândia: 0,31%; Japão: 0,27%; Alemanha: 0,27%; Portugal: 0,26%; Espanha: 0,22%; Grécia: 0,19%; Estados Unidos: 0,10%.

f) *A eliminação dos paraísos fiscais*

Os chamados paraísos fiscais são pequenos territórios ou Estados que não têm legislações, ou, se as tiverem, são muito permissivas em matéria de controles e impostos para os capitais. Susan Strange (1999) destacou que as funções dos paraísos fiscais são três: esconder as rendas procedentes da fraude privada e do crime financeiro, iludir as normas fiscais dos Estados e facilitar a malversação cometida por políticos e funcionários corruptos. A desregulamentação e a falta de controles sobre o capital impostos pelo neoliberalismo facilita a proliferação desses territórios que estão estimados entre 60 e 90 no mundo (Taibo, 2002a, p.70).

g) *O fortalecimento de uma organização democrática das Nações Unidas*

Segundo afirmamos no Capítulo 2, diante do unilateralismo reinante da administração norte-americana e seus acólitos, é preciso fortalecer algumas Nações Unidas plenamente democráticas e com capacidade de decisão nos assuntos internacionais.

h) *O conhecimento dos movimentos sociais alternativos e por outra globalização alternativa*

Os estudantes devem conhecer as chaves econômicas e políticas que explicam a realidade em que vivemos, mas, simultaneamente, também devem conhecer as propostas e as lutas dos movimentos sociais alternativos, evitando transformá-los em guetos ou dando-lhes um caráter violento, tal como pretendem determinadas instâncias ideologicamente conservadoras. Não podemos esquecer que as atuais lutas por outra globalização surgiram, de algum modo, dos movimentos sociais alternativos que nos foram deixados no último quarto do século XX.[26] Esses movimentos são, sem dúvida, uma das esperanças para o futuro da humanidade.

Infelizmente, esse tipo de análises e de propostas ainda é muito pequeno nos conteúdos das escolas. Também não costumam aparecer nos materiais curriculares e, principalmente, nos livros didáticos. Dessa forma, os conteúdos mais atuais que explicam nossa realidade e suas complexas relações ficam fora da atividade escolar, o que provoca uma certa dissociação e incapacidade para cumprir o objetivo de educar para compreender o mundo em que vivemos. A ausência desses conteúdos está ligada tanto aos interesses ideológicos dos governos e grupos editoriais que escondem e silenciam essas propostas e lutas, como também à *incerteza do conhecimento e do futuro*. Nas sociedades ocidentais o discurso conservador fala-nos do progresso e da eficiência como um futuro estável, previsto e até mesmo certo.[27] Nas sociedades do Terceiro Mundo, em contrapartida, a ideologia da desesperança, da impossibilidade de mudança está tremendamente arraigada. Então, é necessário questionar ambas as posições: nem o Norte tem garantido um futuro de progresso e nem está escrito que não possa haver mudanças no Sul.

Como disse Edgar Morin (2001, p.95-96), "seria uma grande conquista da inteligência poder, finalmente, desfazer-se da ilusão de ser capaz de prever o destino do homem. O futuro é aberto e imprevisível. Claro que ao longo da história houve determinações econômicas, sociológicas, entre outras, mas estas mantêm uma relação instável e incerta com imprevistos e infortúnios incontáveis que podem provocar uma bifurcação de seu curso ou seu desvio. Tomar consciência da incerteza histórica está no mesmo nível do desmoronamento do mito do Progresso. Não há dúvida de que o progresso é possível, mas ele é incerto". E mais adiante acrescenta "a possibilidade de progresso antropológico, sociológico, cultural e mental recupera o princípio de esperança, mas sem certeza 'científica' nem promessa 'histórica'. É uma possibilidade incerta que depende muito de uma forma de consciência, das vontades, do ânimo, da sorte (...) Por isso, é urgente e primordial tomar consciência disso" (Morin, 2001, p.90).[28] Nesse mesmo sentido pronuncia-se Claudio Magris (2001, p.9): "Acreditar cegamente no progresso, como os positivistas do século XIX, hoje em dia é ridículo, mas a idealização nostálgica do passado e a grandiloqüente ênfase catastrófica são igualmente obtusas". Talvez, como diz este autor, devamos aprender a conviver a partir da relação utopia-desencanto: "Utopia e desencanto, antes de se contrapor devem se apoiar e se corrigir reciprocamente. O fim das utopias totalitárias só é libertador se vier acompanhado da consciência de que a redenção, prometida e desperdiçada por essas utopias, deve ser buscada com mais paciência e modéstia, sabendo que não possuímos nenhuma receita definitiva, mas também sem zombar delas" (Magris, 2001, p.13).

Em nono lugar, a esperança se constrói no *desenvolvimento da autonomia*, individual e coletiva das pessoas. Como já manifestamos (Jares, 1999a), o desenvolvimento da autonomia é uma constante educativa tanto no pensamento não-violento quanto em muitas das propostas pedagógicas reformadoras e democráticas. Formar pessoas autônomas, com capacidade de análise e reflexão própria, com capacidade de decisão, que saibam resistir às tentativas de manipulação e às propagandas tão instaladas em nossas sociedades midiáticas é uma garantia para desenvolver a esperança, além de uma garantia para ter esperança em um futuro mais justo, pacífico e livre. Fomento da autonomia e da capacidade de resistência que também era reivindicada por Theodor W. Adorno para evitar a repetição de processos como os vividos na Alemanha nazista: "A única força verdadeira contra o princípio de Auschwitz seria a autonomia, se me permitem usar a expressão kantiana; a força de refletir, de se autodeterminar, de não entrar no jogo" (1998, p.83).

Finalmente, a décima estratégia para construir a esperança é o uso de determinados recursos para *favorecer a sensibilidade, principalmente por meio da poesia*. A poesia como recurso didático para facilitar o descobrir e o compartilhar, para sensibilizar e conhecer, para desfrutar e cultivar. Segundo María Zambrano, a poesia quer "compartilhar o sonho, tornar a inocência inicial comunicável; compartilhar a solidão, desfazendo a vida, percorrendo o tempo em sentido inverso, desfazendo os passos; desvivendo-se" (1993, p.98). Há muito tempo esse gênero literário é um meio didático habitual em minhas aulas, tanto na fase de professor não-universitário quanto na atual, na Universidade de La Coruña. Especificamente nesta última os estudantes da matéria optativa "Modelos de Educação para a Paz e o Desenvolvimento", que ministro na cadeira de Educação Social, recebem em cada tema vários presentes.[29] Um deles é um poema relacionado em seu conteúdo com o tema correspondente. O último tema da disciplina corresponde ao poema que reproduzimos no Quadro 5.2, e que, para nós, é um dos cantos mais sublimes que já se fez para a esperança. É nossa maneira de finalizar a disciplina – e também este livro –, depois de termos feito, é claro, a avaliação coletiva correspondente.

Um desejo final. Tomara, querido leitor ou leitora, que as páginas deste livro tenham servido, entre outros possíveis benefícios, para que você se abasteça efetivamente de razões, de esperança e de capacidade de luta pela verdade, pela justiça, pela igualdade, pela democracia, pela não-violência e pela paz, diante dos difíceis e incertos desafios que o futuro nos traz. Porque, de acordo com o admirado Albert Camus (2002, p.158), "não basta criticar nosso tempo, é necessário também tentar dar a ele uma forma e um futuro". E se, por acaso, você tiver a felicidade de ter como profissão o belo e nobre ofício de educar, esse desejo cheio de esperança adquire maior força ainda, porque, embora não sejamos os únicos com coragem para encarar o futuro, temos um papel fundamental nessa tarefa.

Quadro 5.2
ÍTACA – Constantinos P. Cavafis[30]

Quando fores de viagem a Ítaca,
pede que o caminho seja longo,
cheio de aventuras, cheio de experiências.
Não temas os lestrigões e os cíclopes,
nem o irascível Posêidon,
pois nunca terás tais encontros em teu caminho,
se o teu pensamento se mantiver elevado, se uma delicada
emoção toca teu corpo e tua alma.
Não encontrarás os lestrigões e os cíclopes,
nem o feroz Posêidon,
a não ser que os leve já em tua alma,
a não ser que tua alma os ponha de pé diante de ti.

Pede que o caminho seja longo.
Que sejam muitas as manhãs estivais
em que – com que prazer e alegria! –
entres em portos antes nunca vistos.
Detém-te nos mercados fenícios
para adquirir suas belas mercadorias,
madrepérolas e coral, ébanos e âmbares,
e voluptuosos perfumes de todas as espécies,
todos os voluptuosos perfumes que puderes conseguir.
E vai a muitas cidades do Egito
e aprende, aprende com seus sábios.

Tem sempre Ítaca em teu pensamento.
Chegar lá é teu destino.
Mas não tenhas a menor pressa em tua viagem.
É melhor que dure muitos anos
e no final, já velho, atraques na ilha,
rico por tudo que ganhaste de tua viagem,
sem esperar que Ítaca vá te oferecer riquezas.

Ítaca te ofereceu uma bonita viagem.
Sem ela não terias começado a caminhar.
Mas já não tem mais o que te dar.

Ainda que a encontre pobre, Ítaca não te enganou.
Transformado em tão sábio, e com tanta experiência,
já terás compreendido o significado das Ítacas.

NOTAS

1. Conforme veremos no item seguinte, vale a pena ressaltar que o grande pedagogo da esperança, Paulo Freire, nasce e se forma em um país da América do Sul.
2. Nada menos do que com o título "A Hora da Responsabilidade" ele defendia a inevitabilidade da guerra, contava as mentiras já mostradas no capítulo anterior para atacar o Iraque e terminava seu artigo (*El País*, 26/01/03) de forma contundente: "o problema mais grave de uma guerra para derrubar Saddam é não haver a guerra".
3. E, como toda educação, também tem seus limites.
4. Em 1967, Herbert Marcuse já nos alertava sobre o uso das ideologias antiutópicas como "final da história" (Marcuse, 1981).
5. Assim, entre outros aspectos, a escola deve mostrar uma especial sensibilidade com os alunos que vêm de famílias desfavorecidas e de imigrantes pobres para facilitar aqueles aspectos materiais que, por suas condições econômicas, não possam ser custeados pela família, ou ao menos colocá-los em contato com os serviços sociais municipais e/ou autônomos para que se encarreguem da situação. Nesse sentido, as administrações educativas deveriam institucionalizar um plano de atuação de discriminação positiva para com esses grupos para evitar ou ao menos atenuar o fracasso escolar.
6. Nome verdadeiro de seu mestre.
7. O próprio autor responde o porquê dessa situação: "Depois vinha a aula. Com o senhor Bernard era sempre interessante pela simples razão de que ele tinha paixão por seu trabalho" (p.126).
8. GALEANO, Eduardo (1997): *El libro de los abrazos*. Barcelona, Siglo XXI.
9. Levamos anos denunciando a progressiva tentação de burocratizar e desqualificar a função docente. E tem mais: afirmamos e continuamos afirmando que transformar essa função em um ato burocrático a mais não deixa de ser uma forma de violência. Por isso, continuamente suscitamos esse conflito em nossas atividades de formação do professorado, conflito entre "educadores" e "professores", que não deixa de ser a atualização do velho conflito entre educar e instruir. Devemos acabar com as práticas e os programas de formação do professorado rotinizados e burocratizados.
10. Embora abrigasse diferentes e desiguais esperanças para a educação dos meninos e das meninas.
11. Em parte, o Partido dos Trabalhadores de Lula é fruto do pensamento e da obra de Paulo Freire.
12. Nesse mesmo sentido pronunciou-se Luis Rojas Marcos em relação aos atentados de 11-S: "todos os seres humanos precisam sentir esperança, especialmente em circunstâncias adversas ou perigosas. A esperança é uma força que nos impulsiona a viver e nos ajuda a nos mantermos seguros e confiantes" (2002, p.125).
13. "Pessimismo universitário" que não é exclusivo de nossa faculdade nem de nossa universidade. Assim, por exemplo, seis de cada 10 universitários vêm perspectivas ruins para seu futuro de trabalho, segundo uma pesquisa realizada pela Escola de

Estatística da Universidade Complutense de Madri (UCM) que publica em seu último número o jornal *Menos 25* (março de 2004). Dos 2.000 alunos consultados de universidades públicas e privadas madrilenas 60,6% vêem seu futuro no trabalho "ruim" ou "muito ruim"; 31,5% "regular" e somente 7,7% "bom" ou "muito bom".

14. No mesmo momento em que entregava o original do livro à editora eram publicados, no jornal *Faro de Vigo*, os resultados de um estudo do Consello de Colexios Médicos de Galicia, realizado para analisar o ambiente social e de trabalho em que se encontram. A pesquisa foi enviada a 10.400 médicos galegos colegiados, obtendo 2.296 respostas. Pois bem: 56% mudariam de profissão ou de posto de trabalho, sendo que a quarta parte deles deixaria a medicina se pudesse; 48% dizem sofrer da Síndrome de *Burn Out* e um terço de pressão no trabalho; 88% acham que a administração não considera suas opiniões médicas, percentagem que chega a 100% nos profissionais jovens. Três de cada quatro colegiados afirmam que não são reconhecidos, nem social nem profissionalmente; dizem que não são mais considerados como antes e denunciam o aumento da agressividade dos pacientes. Dados, pois, que se assemelham ao que muitos estudos disseram sobre a síndrome do irritado entre o professorado, e que contestam a opinião de que o grupo docente é a classe profissional mais irritada e a de menor consideração social. Vocês podem imaginar os resultados que obteríamos se aplicássemos a mesma pesquisa aos marinheiros, aos mineiros, aos motoristas de ônibus urbanos, aos taxistas, etc.?

15. Acredito que, como venho insistindo há anos, essa dialética de acusações mútuas é exatamente o tipo de procedimento e forma que devemos evitar ao enfrentar o problema: nem toda a culpa é das famílias, nem toda a culpa é dos alunos, nem toda a culpa é do professor, nem toda culpa é da administração educativa. É claro que existem responsabilidades compartilhadas, e em cada caso uns serão mais culpados que os outros e, às vezes, alguns não terão culpa alguma. Mas acredito que não é um bom sistema aquele que, de início, joga a culpa nos demais sem nenhum tipo de autocrítica.

16. Na verdade, percebi outra coisa diferente desde o primeiro ano em que trabalhei, que é um certo complexo de inferioridade em um setor minoritário do professorado de ensino fundamental, mas, sem dúvida, não no de ensino médio.

17. Cinco dias depois de publicada a carta que analisamos, o admirado Juan José Millás fez uma tira na contracapa do jornal *El País* (18/6/04), em que reproduzia os tópicos centrais da carta e sem nenhum tipo de análise nem de confrontação ele a conclui pela parte mais fácil – provavelmente sabedor de que essa é a opinião da maioria dos professores –, aquela que reconhece que a depressão é a doença mais propagada entre os educadores, e ele imagina o professorado em um território hostil abandonado por todos. E depois, para deleite de um setor do professorado – não precisamente o mais progressista e ativo pedagogicamente –, Millás entra rapidamente nas representações ou percepções desse discurso – que não são fatos –, sem deixar nenhuma de lado: além de abandonados, imagina os professores "desautorizados pelas famílias, malpagos pelo Estado, desprezados ou odiados pelos estudantes, pede a eles que não chateiem, que finjam que tudo caminha bem, para não alterar as rotinas dos pais, dos subsecretários ou dos pró-

prios alunos, ocupados com coisas mais sérias do que atender as demandas desse bando de idiotas" (Millás). Enfim, seria melhor que Millás confrontasse todas essas afirmações que, tal como foi dito, não posso compartilhar, e até mesmo que comparasse os salários do professorado na Europa com o que se ganha na Espanha. Em primeiro lugar pode começar pela leitura do capítulo do livro escrito por Ángel I. Pérez Gómez e outros (2003), que apresentamos na bibliografia, em que se informa que o professorado espanhol, tanto do ensino fundamental como do ensino médio, é um dos mais bem-pagos da Europa.

18. Todo um alarde de sinceridade e coerência ideológica. A consigna é clara: descompromisso e defesa de posições segregantes diante de determinados grupos sociais, precisamente os mais necessitados.
19. É evidente que, para nós, a ignorância nunca pode ser um direito. Além disso, diante de sua complacência, ela é o âmbito de ação a ser combatido tanto pelo grupo docente como pela administração educativa competente.
20. Um exemplo disso foi a Comissão da Verdade criada pelo Movimento Cidadão estruturado em torno da plataforma "Nunca mais" na Galícia como resposta para a catástrofe ambiental do petroleiro Prestige e a ineficácia e inicial desconsideração das autoridades autônomas e estatais.
21. Além dos autores que menciono na citação anterior, cabe ressaltar que uma pessoa não ligada ao âmbito educativo nem às ciências em geral destaca esse aspecto. Estou me referindo a Albert Einstein que sempre acreditou "que o único meio racional de educar é dar exemplo, e nos momentos ruins, quando não há outro remédio, ao menos um exemplo que deixe em estado de alerta" (Fernández Buey, 2004, p.74).
22. Um catálogo dos mesmos pode ser encontrado nos relatórios anuais da Anistia Internacional ou da Human Rights Watch.
23. O estudioso sobre escravidão Kevin Bales (2000) assinala que existem 27 milhões de escravos no mundo. A escravidão é praticada abertamente no estilo tradicional em países como a Mauritânia e o Sudão. Também devemos ressaltar a nova escravidão para milhões de mulheres e meninas no mundo, utilizadas, vendidas e compradas como escravas do sexo.
24. Um caso paradigmático nesse sentido é a experiência da cidade de Porto Alegre/RS com o chamado Orçamento Participativo.
25. Um exemplo disso é a unidade didática que realizamos no Seminário de Educação para a Paz da Associação Pró-Direitos Humanos (APDH) da Espanha (1990).
26. Cf. Dalton, R. J. e Kueclert, M. (orgs.) (1992); Houtart e Polet (2001); Pastor (1996); Riechmann, J. e Fernández Buey, F. (1994).
27. Sem dúvida, a visualização da vulnerabilidade dos norte-americanos foi um dos efeitos mais trágicos do 11-S. Essa ideologia da segurança, dos escudos antimísseis, etc. recebeu um duro golpe com esses acontecimentos.
28. Para isso, Edgar Morin dá um papel preferencial à educação: "Podemos vislumbrar para o terceiro milênio a possibilidade de uma nova criação: a de uma cidadania cujos germes e embriões vieram do século XX. E a educação, que é ao mesmo tempo transmissão do antigo e abertura da mente para acolher o novo, encontra-se no coração dessa nova missão" (2001, p.86).

29. São quatro presentes em cada um dos temas: um poema, uma letra de música, um desenho de algum humorista gráfico e um artigo ou recorte de imprensa. Esses presentes querem alcançar três finalidades: por um lado, pretendem servir como materiais de motivação; por outro, complementar a formação nas aulas; em terceiro lugar, são ferramentas concretas de intervenção pedagógica que, ao mesmo tempo, realimentam a motivação para com a matéria, dada a maioria das críticas que habitualmente fazem contra a excessiva teorização da carreira. Esses presentes devem ser integrados e comentados no diário de aulas, no caso daqueles estudantes que escolhem essa modalidade de trabalho e de avaliação. Modalidade que, obviamente, exige a presença nas aulas.
30. CAVAFIS, Constantinos P. (1996): *Poemas*. Barcelona, Seix Barral.

Referências

AA.VV. (1991): *Las mentiras de una guerra*. Barcelona, Deriva Editorial.
AA.VV. (2004): "Terror global. Del 11-S al 11-M". *La Vanguardia Dossier*, nº 10, Barcelona.
ADORNO, T. W. (1998): *Educación para la emancipación*. Madrid, Morata.
AGUIRRE, M. (2002): "Guerra contra Irak". *Papeles de cuestiones internacionales*, nº 79, p.23-28.
AGUIRRE, M. e PUREZA, J.M. (2003): "¿Quién rompe la unidad europea?". *El País*, 08/02/03, p.8.
ALÍ, T. (2002): *El choque de los fundamentalismos. Cruzadas, yihads y modernidad*. Madrid, Alianza Editorial.
ALÍ, T. (2004): *Bush en Babilonia. La recolonización de Irak*. Madrid, Alianza Editorial.
ALONSO, J.A. (2002): "Sin respuestas de Monterrey". *El País*, 22/03/02.
ALONSO ZARZA, M. (2000): "Universales del odio: resortes intelectuales del fanatismo y la barbarie". *Cuadernos Bakeaz*, nº 40, Bilbao, Bakeaz.
ALONSO ZARZA, M. (2004): *Universales del odio. Creencias, emociones y violencia*. Bilbao, Bakeaz.
AMNISTÍA INTERNACIONAL (1995): *Educación en derechos humanos. Propuestas didácticas*. Madrid, La Catarata.
AMNISTÍA INTERNACIONAL (2002a): *Informe 2002. Ahora que es la hora de saber*. Madrid, EDAI.
AMNISTÍA INTERNACIONAL (2002b): "Insistimos: justicia, no venganza". *Amnistía internacional*, nº 53, fevereiro-março.
AMNISTÍA INTERNACIONAL (2004): *Informe 2004. Resonaron las voces de los jamás escuchados*. Madrid, Editorial Amnistía Internacional.
ANDERSON, M.B. (1998): "Entender la diferencia y construir solidaridad: Un reto para las iniciativas de desarrollo". Em AA.VV. *Desarrollo y diversidad social*. Madrid, CIP-Icaria, p.9-17.
ANGULO RASCO, J.F. (1999): "El neoliberalismo o el surgimiento del mercado educativo". En AA. VV.: *Escuela pública y sociedad neoliberal*. Madrid, Miño y Dávila Editores, 2ª ed., p.17-37.
ANTÓN, A. (2000): "Introducción". Em ANTÓN, A. (org.): *Trabajo, derechos sociales y globalización. Algunos retos para el siglo XXI*. Madrid, Talasa, p.5-31.
AÑON, Mª J. (2000): "El test de la inclusión: los derechos sociales". Em ANTÓN, A. (org.): *Trabajo, derechos sociales y globalización*. Madrid, Talasa.
APPLE, M.W. e BEANE, J.A. (1997): *Escuelas democráticas*. Madrid, Morata.
ARCHIBUGI, D. e YOUNG, I.M. (2002): "Hacia un estado de derecho global". *Papeles de cuestiones internacionales*, nº 79, p.9-19.

ARENDT, H. (1993): *La condición humana*. Barcelona, Paidós.
ARRANZ, J.L. (2001): "Claves para situar un conflicto". *Inetemas*, nº 22, dezembro, p.8-12.
ARTAL, R. Mª. (2004): *11-M-14-M. Onda expansiva*. Madrid, Espejo de tinta.
ARTETA, A. (1998): "La gran infección". Em ARTETA, A. e VELASCO, D. e ZUBERO, I.: *Razones contra la violencia. Por la convivencia democrática en el País Vasco*. Vol. II, Bilbao, Bakeaz, p.13-94.
AYALA CAÑÓN, L. e MARTÍNEZ LÓPEZ, R. (1999): "La pobreza en España: evolución y factores explicativos". En GARDE, J.A. (Edic.): *Políticas sociales y estado de bienestar en España. Informe 1999*. Madrid, FUHEM-Trotta.
BÁEZ, F. (2004): *La destrucción cultural de Jack*. Um testimonio de postguerra. Barcelona, Flor del Viento – Octaedro.
BALL, S. J. (1989): *La micropolítica de la escuela*. Hacia una teoría de la organización escolar. Barcelona, Paidós-MEC.
BALL, S. J. (2001): "Estudios educativos, empresa política y teoría social". Em SLEE, R. e WEINER, G. (2001): *¿Eficacia para quién? Crítica de los movimientos de las escuelas eficaces y de la mejora escolar*. Madrid, Akal, p.95-112.
BARCELÓ, M. (2004): "Al Qaeda, una criatura moderna". *El país*, 29/01/2004.
BAUDRILLARD, J. (2002): *O espírito do terrorismo*. Porto (Portugal), Campo das letras.
BAUMAN, Z. (2000): *Trabajo, consumismo y nuevos pobres*. Barcelona, Gedisa.
BAUMAN, Z. (2001): *La sociedad individualizada*. Madrid, Cátedra.
BECK, U. (2000): *Un nuevo mundo feliz. La precariedad del trabajo en la era de la globalización*. Barcelona, Paidós.
BECK, U. (2001): *¿Qué es la globalización? Falacias del globalismo, respuestas a la globalización*. Barcelona, Paidós.
BECK, U. (2002): *La sociedad del riesgo global*. Madrid, Siglo XXI.
BENEDETTI, M. (2004): *Memoria e esperanza*. Un mensaje a los jóvenes. Barcelona, Destino.
BENITO, P. et al. (2004): *11-M. Homenaje a las víctimas. Testimonios de vida*. Madrid, Martínez Roca.
BENNÍS, Ph. (2002): "La guerra contra Irak será ilegal y equivocada". *Papeles de cuestiones internacionales*, nº 79, p.29-36.
BERNSTEIN, B. (1990): *Poder, educación y conciencia*. Barcelona, El Roure.
BIMBI, L. (Ed.): *No en mi nombre. Guerra y derecho*. Madrid, Trotta.
BLIX, H. (2004): *¿Desarmando a Iraq? En busca de las armas de destrucción masiva*. Barcelona, Planeta.
BLOCH, E. (1979): *El principio esperanza*. Tomo II. Madrid, Aguilar.
BLOCH, E. (2004): *El principio esperanza (1)*. Madrid, Trotta.
BOFF, L. (2003): *Fundamentalismo. La globalización y el futuro de la humanidad*. Santander, Sal Terrae.
BOURDIEU, P. (1991): *El sentido práctico*. Madrid, Taurus.
BOURDIEU, P. (Dtor.) (1999): *La miseria del mundo*. Madrid, Akal.
BOURDIEU, P. (2001): *Contrafuegos 2*. Barcelona, Anagrama.
BRUNE, F. (1998): "Mitologías contemporáneas: sobre la ideología hoy". Em AA.VV. (1998): *Pensamiento crítico vs. Pensamiento único. Le monde diplomatique edición española*. Madrid, Debate, p.19-25.
BURGAT, F. (2004): "¿Locos por Dios?. De la retórica religiosa a la reivindicación política". *La Vanguardia Dossier*, nº 10, p.50-53.
CAMUS, A. (1994): *El primer hombre*. Barcelona, Tusquets.
CAMUS, A. (2002): *Crónicas (1944-1953)*. Madrid, Alianza, "Biblioteca Camus".

CASALS, C. (2001): *Globalización. Apuntes de un proceso que está transformando nuestras vidas*. Barcelona, Intermón-Oxfam.
CASTELL, R. (1992): *Marginación e inserción*. Madrid, Endimión.
CASTELLS, M. (2002): "¿Por qué Irak?". *El País*, 02/10/2002.
CASTILLA DEL PINO, C. (1997): "Miedo y ambigüedad". *El País*, 21 de julho.
CASTILLA DEL PINO, C. et al. (2002): *El odio*. Barcelona, Tusquets.
CASTORIADIS, C. (1999): *El ascenso de la insignificancia*. Madrid, Cátedra.
CAVAFIS, C. P. (1996): *Poemas*. Barcelona, Seix Barral.
CENTRO NUEVO MODELO DE DESARROLLO (1995): *Carta a un consumidor del Norte*. Madrid, Acción Cultural Cristiana.
CHALVIDANT, J. (2004): *11-M. La manipulación*. Madrid, Ediciones Jaguar.
CHOMSKY, N. (1973): *El pacifismo revolucionario*. Madrid, Siglo XXI.
CHOMSKY, N. (1984): *La segunda guerra fría. Crítica de la política exterior norteamericana, sus mitos y su propaganda*. Barcelona, Crítica.
CHOMSKY, N. (2001a): *Estados canallas. El imperio de la fuerza en los asuntos mundiales*. Barcelona, Paidós.
CHOMSKY, N. (2001b): *La (Des)educación*. Barcelona. Crítica.
CHOMSKY, N. (2002a): *11/09/2001*. Barcelona, RBA.
CHOMSKY, N. (2002b): "Los mercados y la sustancia de la sociedad". Em CHOMSKY, N. et al.: *Los límites de la globalización*. Barcelona, Ariel, p.21-46.
CHOMSKY, N. (2004): *Hegemonía o supervivencia. La estrategia imperialista de Estados Unidos*. Barcelona, Ediciones B.
CHOMSKY, N. e DIETERICH, H. (1998): *Hablemos de terrorismo*. Tafalla (Navarra), Txalaparta.
CLARKE, R.A. (2004): *Contra todos los enemigos. La lucha antiterrorista de Estados Unidos vista desde dentro*. Madrid, Taurus.
COHEN, D. (1997): *Richese du moinde, pauvretés des nations*. París, Flammation.
COLLINS, E.D. e GLOVER, R. (2003): *Lenguaje colateral. Claves para justificar una guerra*. Madrid, Páginas de espuma.
COLLINS, E.D. (2003): "Terrorismo". Em COLLINS, E.D. e GLOVER, R. (2003): *Lenguaje colateral. Claves para justificar una guerra*. Madrid, Páginas de espuma, p.237-261.
CYRULNIK, B. et al. (2004): *El realismo de la esperanza. Testimonios de esperanzas profesionales entorno a la resiliencia*. Barcelona, Gedisa.
DALTON, R.J. e KUECLERT, M. (orgs.) (1992): *Los nuevos movimientos sociales*. Valencia, Alfons el Magnánim.
DARWISH, M. (2001): *Menos rosas*. Madrid, Hiperión.
DARWISH, M. (2003): "Sufrimos un mal incurable: la esperanza". *Autodefé*, nº 3-4, p.65-67.
DARWISH, M. et al. (2001): "No hay absolutamente nada que justifique el terrorismo". *El País*, 04/10/01.
DAVIS, M. (2002): "Las llamas de Nueva York". *New Left Review*, nº 12, janeiro-fevereiro, p.27-45.
DEL PINO, M. (2000): "Política educacional, emprego e exclusão social". Em GENTILI, P. e FRIGOTTO, G. (orgs.): *A cidadania negada. Políticas de exclusão na educação e no trabalho*. CLACSO, Buenos Aires, p.65-88.
DERRIDA, J. (2004): "Qué es el terrorismo?. Entrevista". *Le Monde Diplomatique*, nº 100, fevereiro, 2004, p.16-17.
DE SEBASTIÁN, L. (1996): *La solidaridad*. Barcelona, Ariel.

DESRUES, T. (2001): "El Islam y los árabes. Algunos elementos para comprender su unidad y diversidad". *Inetemas*, nº 22, dezembro, p.4-7.
DEWEY, J. (1995): *Democracia y educación. Una introducción a la filosofía de la educación*. Madrid, Morata.
DI BLASE, A. (2003): "Guerra al terrorismo y guerra preventiva en el derecho internacional". Em BIMBI, L. (Ed.): *No en mi nombre. Guerra y derecho*. Madrid, Trotta, p.125-146.
DOMINGUEZ, G. (2003): *Arredor da verdade*. Vigo, Xerais.
EGAN, R.D. (2003): "Ántrax". Em COLLINS, E.D. e GLOVER, R. (2003): *Lenguaje colateral. Claves para justificar una guerra*. Madrid, Páginas de espuma, p.29-43.
ESTEFANÍA, J. (2002): *Hija, ¿qué es la globalización?*. Madrid, Aguilar.
ETXEBERRIA, X. (2003): *La educación para la paz ante la violencia de ETA*. Bilbao, Bakeaz.
FALK, R. (2003): "El eclipse de los derechos humanos". Em BIMBI, L. (Ed.): *No en mi nombre. Guerra y derecho*. Madrid, Trotta, p.73-87.
FANJUL, G. (2001): "La ayuda oficial al desarrollo en España en 2000 y 2001". Em INTERMÓN-OXFAM (2001): *La realidad de la ayuda 2001-2002*. Barcelona, Intermón-Oxfam, p.7-41.
FERNÁNDEZ BUEY, F. (2004): "Sobre el pacifismo de Albert Einstein". Em PRAT. E. (Ed.): *Pensamiento pacifista*. Barcelona, Icaria.
FERRAJOLI, L. (2003a): "La guerra contra Irak y el futuro el orden internacional". Em BIMBI, L. (Ed.): *No en mi nombre. Guerra y derecho*. Madrid, Trotta, p.225-236.
FERRAJOLI, L. (2003b): "La guerra y el futuro del derecho internacional". Em BIMBI, L. (Ed.): *No en mi nombre. Guerra y derecho*. Madrid, Trotta, p.213-224.
FISAS, V. (2003): "Propuestas para hacer posible la paz". *El País*, 24/02/03, p.7.
FLORES, D'ARCAIS, P. (1996): *Hannah Arendt. Existencia y libertad*. Madrid, Tecnos.
FLORES D'ARCAIS, P. (2003): "Entrevista por Sol Alameda. Paolo Flores A'Arcais la nueva izquierda italiana". *El País semanal*, nº 1.378, 23 de fevereiro, p.10-15.
FORRESTER, V. (2001): *Una extraña dictadura*. Barcelona, Anagrama.
FRAIJÓ, M. (1994): "Walter Benjamín: las reflexiones de una víctima de la violencia". Em BIBABURO, J.A. e ETXEBERRIA, X. (Eds.): *Pensando en la violencia*. Bilbao, Bakeaz-La Catarata.
FREINET, C. (1974): *Por una escuela del pueblo*. Barcelona, Laia (3ª ed.).
FREINET, C. (1978): *Técnicas Freinet de la escuela moderna*. México, Siglo XXI, 10ª ed.
FREINET, C. (1979): *Parábolas para una pedagogía popular (Los dichos de Mateo)*. Barcelona, Laia, 5ª ed.
FREINET, C. (1996): *La escuela moderna francesa. Una pedagogía moderna de sentido común. Las invariantes pedagógicas*. Madrid, Morata.
FREIRE, P. (1993): *Pedagogía de la esperanza*. México DF, Siglo XXI.
FREIRE, P. (1997): *A la sombra de este árbol*. Barcelona, El Roure.
FREIRE, P. (2001): *Pedagogía de la indignación*. Madrid, Morata.
FREIRE, P. (2002): *Pedagogía da autonomia. Saberes necessários à prática educativa*. São Paulo (Brasil), Paz e Terra, 23ª ed.
FUENTES, C. (2002): *En esto creo*. Barcelona, Seix Barral, 2ª ed.
FUKUYAMA, F. (1992): *El fin de la Historia y el último hombre*. Barcelona, Planeta.
FUNDACIÓN RAIS (2004): *Memoria 2003. Un viaje hacia la integración*. Madrid, Fundación RAIS.
GALEANO, E. (1997): *El libro de los abrazos*. Barcelona, Siglo XXI.
GALTUNG, J. (2002): "Conflicto, guerra y paz, a vista de pájaro. Y como los aborda el grueso de los políticos y periodistas". *Cuadernos Bakeaz*, nº 54.

GANDHI, M. (1988): *Todos los hombres son hermanos*. Salamanca, Sígueme.
GARAUDY, R. (1992): *Los integrismos. Ensayo sobre los fundamentalismos en el mundo*. Barcelona, Gedisa.
GARCÍA ROCA, J. (1993): *La inserción social a debate. ¿Del paro a la exclusión?*. Madrid, Popular.
GARCÍA ROCA, J. (1994): *Solidaridad y voluntariado*. Santander, Sal Terrae.
GARCÍA ROCA, J. (1995): *Contra la exclusión*. Santander, Sal Terrae.
GARCÍA ROCA, J. (1996): "Pobreza, vulnerabilidade e exclusión social". Em JARES, X.R. (coord.): *Construír a paz. Cultura para a paz*. Vigo, Xerais, p.92-102.
GARZÓN, B. (2001): "La respuesta". *El País*, 02/10/01.
GARZÓN, B. (2003): "El ataque de los clones". *El País*, 27/01/03.
GENTILI, P. e ALENCAR, C. (2003): *Educar na esperança em tempos de desencanto*. Petrópolis (Brasil), Vozes, 3ª ed.
GIL CALVO, E. (2003): *El miedo es el mensaje. Riesgo, incertidumbre y medios de comunicación*. Madrid, Alianza.
GIMENO SACRISTÁN, J. (1998): *Poderes inestables en educación*. Madrid, Morata.
GIMENO SACRISTÁN, J. (2001): *Educar y convivir en la cultura global*. Madrid: Morata.
GIMENO SENDRA, V. (2002): "EE.UU: lucha contra el terrorismo y derechos humanos". *El País*, 06/2/02.
GIRARD, R. (1983): *De la violencia y lo sagrado*. Barcelona, Anagrama.
GIROUX, H. A. (1990): *Los profesores como intelectuales. Hacia una pedagogía crítica del aprendizaje*. Barcelona, Paidós-MEC.
GIROUX, H. A. (1999): "Pedagogía crítica como proyecto de profecía ejemplar: cultura y política en el nuevo milenio". Em IMBERNÓN, F. (coord.): *La educación en el siglo XXI. Los retos del futuro inmediato*. Barcelona, Graó, p.53-62.
GONZÁLEZ AVIÓN, S. (2000): "A pobreza en Galicia". *Encrucillada*, nº 116, janeiro-febreiro, p.5-21.
GRAS, G. e GOYTISOLO, J. (1998): "Frente a la catástrofe programada". Em AA.VV. (1998): *Pensamiento crítico vs. Pensamiento único. Le monde diplomatique edición española*. Madrid, Debate, p.81-95.
GRIFFIN, K. (2001): "Desarrollo humano: origen, evolución e impacto". Em IBARRA, P. e UNCETA, K.: *Ensayos sobre el desarrollo humano*. Barcelona, Icaria, p.25-40.
HABERMAS, J. (2004): "Qué es el terrorismo?. Entrevista". *Le Monde Diplomatique*, nº 100, fevereiro, 2004, p.16-17.
HALLIDAY, F. (2004): "Terrorismo y perspectivas históricas: comprender y evitar el pasado". *La Vanguardia Dossier*, nº10, p.14-32.
HAMILTON, D. (2001): "Los ídolos del mercado". Em SLEE, R. e WEINER, G. (2001): *¿Eficacia para quién? Crítica de los movimientos de las escuelas eficaces y de la mejora escolar*. Madrid, Akal, p.21-30.
HARGREAVES, A. (1996): *Profesorado, cultura y postmodernidad. (Cambian los tiempos, cambia el profesorado)*. Madrid, Morata.
HÄSLER, A.A. (1973): *El odio en el mundo actual*. Madrid, Alianza.
HOUTART, F. (2001): *La tiranía del mercado y sus alternativas*. Madrid, Popular.
HOUTART, F. e POLET, F. (2001): *El otro Davos. Globalización de resistencias y de luchas*. Madrid, Popular.
HUNTINGTON, S.P. (1997): *El choque de civilizaciones y la reconfiguración del orden mundial*. Barcelona, Paidós.
IGNATIEFF, M. (2004a): *El honor del guerrero. Guerra étnica y conciencia moderna*. Madrid, Taurus, 2ª edición.

IGNATIEFF, M. (2004b): "Males menores". *Claves de Razón Práctica.* nº 144, julho-agosto, p. 4-11.
JARES, X.R. (1999a): *Educación para la paz. Su teoría y su práctica.* Madrid, Popular, 2ª ed.
JARES, X.R. (1999b): *Educación y derechos humanos. Estrategias didácticas y organizativas.* Madrid, Popular.
JARES, X.R. (2001): *Educación y conflicto. Guía de educación para la convivencia.* Madrid, Popular.
JARES, X.R. (2002a): *Aprender a convivir.* Vigo, Xerais, 2ª ed.
JARES, X.R. (2002b): "Educar para la paz después del 11/9/01". *Cuadernos Bakeaz,* nº 49, fevereiro.
JARES, X.R. (2003a): "A educação diante do processo de globalização neoliberal". *Pátio. Revista Pedagógica,* Porto Alegre: Artmed, nº 28, p.13-15.
JARES, X.R. (2003b): "A guerra contra o Iraque, o unilateralismo norte-americano e o seguidismo do Sr. Aznar". *Tempos Novos,* nº 70, março, p.54-57.
JARES, X.R. (2003c): "Transversalidad y educación en valores en la LOCE". *TE. Trabajadores de la Enseñanza,* nº 242, abril, p.18-28.
JARES, X.R. (2004a): "Conflicto y convivencia en los centros educativos de secundaria". *Revista de Educación,* (aceito para a próxima edição).
JARES, X.R. (2004b): "La educación para la convivencia como proceso de alfabetización en conflictos. propuestas de formación". *Cuadernos Escuela de Paz,* nº 1, Bilbao, Bakeaz.
JARES, X.R. (2004c): *Educar para la paz en tiempos difíciles.* Bilbao, Bakeaz.
KAGAN, R. (2003): *Poder y debilidad. Europa y Estados Unidos en el nuevo orden mundial.* Madrid, Taurus.
KALDOR, M. (2003): "Terrorismo global". *Papeles de cuestiones internacionales,* nº 84, inverno, 2003-2004, p.11-29.
KANT, I. (2003): *Pedagogía.* Madrid, Akal.
KELLY, P. (1984): *Luchar por la esperanza.* Madrid, Debate-Círculo.
KLARE, R. (2003): "Los verdaderos planos de Goerge W. Bush". Em BIMBI, L. (Ed.): *No en mi nombre. Guerra y derecho.* Madrid, Trotta, p.63-72.
LAQUEUR, W. (2004): "Reflexiones sobre el terrorismo después de Madrid". *La Vanguardia Dossier,* nº 10, Barcelona, p.6-12.
LASCH, Ch. (1999): *La cultura del narcisismo.* Barcelona, Andrés Bello.
LAVAL , C. (2004): *La escuela no és una empresa.* Barelona, Paidós.
LIPOVETSKY, G. (1998): *La era del vacío. Ensayos sobre el individualismo contemporáneo.* Barcelona, Anagrama, 10ª ed.
LLEDÓ, E. (1998): *Imágenes y palabras.* Madrid, Taurus.
LOPES, D. e SÁ, L. (1997): *Com Alá ou com Satã. O fundamentalismo en questão.* Oporto (Portugal), Campo das letras.
LÓRING, J. (2001): "Reflexiones sobre la guerra de Afeganistán". *Inetemas,* nº 22, dezembro, p.13-18.
MACEDO, D. e BARTOLOMÉ, L. (1999): "El racismo en la era de la globalización". Em IMBERNÓN, F. (coord.): *La educación en el siglo XXI. Los retos del futuro inmediato.* Barcelona, Graó, p.81-100.
MAcEWAN, A. (2001): *¿Neoliberalismo o democracia?. Estrategias y alternativas económicas para el siglo XXI.* Barcelona, Intermón-Oxfam.
MAC LIMAN, A. (2002): *El caos que viene. Enemigo sin rostro, guerra sin nombre.* Madrid, Popular.

MAGRIS, C. (2001): *Utopía y desencanto. Historias, esperanzas e ilusiones de la modernidad.* Barcelona, Anagrama.
MAILER, N. (2003a): "EE.UU: El imperio romano del siglo XXI". *El País*, 03/03/2003, p.6 e 7.
MAILER, N. (2003b): *¿Por qué estamos en guerra?*. Barcelona, Anagrama.
MARCUSE, H. (1981): *El final de la utopía.* Barcelona, Ariel.
MARCUSE, H. (1985): *El hombre unidimensional.* Barcelona, Planeta-Agostini.
MARTÍN, H.P. e SCHUMANN, H. (1998): *La trampa de la globalización.* Madrid, Taurus.
MARTÍN BERISTAIN, C. (2003): "El papel de la memoria colectiva en la reconstrucción de sociedades fracturadas por la violencia". Em AA.VV.: *XII Jornadas internacionales de cultura de paz de Gernika.* Bilbao, Gernika Gogoratuz, p.55-68.
MARTÍNEZ ROMÁN, Mª.A. (2001): "Género, pobreza y exclusión social: diferentes conceptualizaciones y políticas públicas". Em TORTOSA, J.Mª (coord.): *Pobreza y perspectiva de género.* Barcelona, Icaria, p.65-83.
MILLER, A. (2000): *El origen del odio.* Barcelona, Ediciones B.
MORIN, E. (2000): *La mente bien ordenada.* Barcelona, Seix Barral.
MORIN, E. (2001): *Los siete saberes necesarios para la educación del futuro.* Barcelona, Paidós.
MUGUERZA, J. (1990): *Desde la perplejidad.* México, FCE.
NAÏR, S. (1995): *En el nombre de Dios.* Barcelona, Icaria.
NAÏR, S. (2002a): "Después de Porto Alegre". *El País*, 12/02/02, p.12-13.
NAÏR, S. (2002b): "Mundialización, interés general y civilización". *Claves de razón práctica*, nº 124, julho-agosto, p.12-18.
NAREDO, J.M. (1998): "Sobre el pensamiento único". Em AA.VV. (1998): *Pensamiento crítico vs. Pensamiento único. Le monde diplomatique edición española.* Madrid, Debate, p.32-38.
NAVARRO, J.M. (Ed.) (1997): *El Islam en las aulas.* Barcelona, Icaria.
NEGRI, A. (2003): "Armas y petróleo: política de poder y guerra por la energía". Em BIMBI, L. (Ed.): *No en mi nombre. Guerra y derecho.* Madrid, Trotta, p.49-53.
ORWELL, G. (1984): *1984.* Barcelona, Destino libro, 6ª ed.
OZ, A. (2002): *Contra el fanatismo.* Madrid, Siruela.
PASSET, R. (2001): *La ilusión neoliberal.* Madrid, Debate.
PASTOR, J. (1996): "¿É posible un futuro de paz verde? Reflexións sobre o futuro dos movementos sociais e a esquerda alternativa". En JARES, X.R. (coord.): *Construir a paz. Cultura para a paz.* Vigo, Xerais, p.216-219.
PÉREZ GÓMEZ, A.I. (1992): "Enseñanza para la comprensión". Em GIMENO SACRISTAN, J. e PEREZ GOMEZ, A.I.: *Comprender y transformar la enseñanza.* Madrid, Morata, p.78-114.
PÉREZ GÓMEZ, A.I. (1999): "La socialización postmoderna y la función educativa de la escuela". Em AA. VV.: *Escuela pública y sociedad neoliberal.* Madrid, Miño y Dávila Editores, 2ª ed. p.39-64.
PÉREZ GÓMEZ, A.I. et al. (2003): "Luces y sombras en a situación profesional de los docentes españoles". Em GIMENO SACRISTÁN, J. e CARBONELL SEBARROJA, J. (coords.): *El sistema educativo. Una mirada crítica.* Barcelona, Cisspraxis.
PERLE, R. (2003): "La caída de Naciones Unidas". *El País*, 13 de abril.
PETRAS, J. (2000): *La estrategia del imperio: Los EE.UU y América latina.* San Sebastián, Haudabirria Hiru.
PETRAS, J. (2002): *El imperialismo en el siglo XXI: La globalización desenmascarada.* Madrid, Popular.
PIAGET, J. (1957): *La actualidad de Comenio.* París, Unesco.

PNUD (2000): *Informe sobre desarrollo humano 2000. Derechos humanos y desarrollo humano*. México DF, Mundi-Prensa.
PNUD (2001): *Informe sobre desarrollo humano 2001. Poner el adelanto tecnológico al servicio del desarrollo humano*. México DF, Mundi-Prensa.
PNUD (2002): *Informe sobre desarrollo humano 2002. Profundizar la democracia en un mundo fragmentado*. Madrid, Mundi-Prensa.
PNUD (2004): *Informe sobre desarrollo humano 2004. La libertad cultural en el mundo diverso de hoy*. Madrid, Mundi-Prensa.
POPKEWITZ, T. S. (1994): *Sociología política de las reformas educativas*. Madrid, Morata-Paideia.
QUINT, M. (2002): *Los jardines de la memoria*. Salamandra, Barcelona.
RAGOZZINO, G. (2003): "La industria del petróleo y el mundo político republicano". Em BIMBI, L. (Ed.): *No en mi nombre. Guerra y derecho*. Madrid, Trotta. p.55-59.
RAMONET, I. (1995): "Pensamiento único y nuevos amos del mundo". Em CHOMSKY, N. e RAMONET, I.: *Cómo nos venden la moto*. Barcelona, Icaria, p.55-98.
RAMONET, I. (1998): "Introducción: El pensamiento único". Em AA.VV. (1998): *Pensamiento crítico vs. Pensamiento único. Le monde diplomatique edición española*. Madrid, Debate, p.15-17.
RAMONET, I. (2002): "El eje del mal". *Le monde diplomatique*, edição espanhola, nº 77, março.
REA, J. e WEINER, G. (2001): "Las culturas de culpa y redención". Em SLEE, R. e WEINER, G. (2001): *¿Eficacia para quién? Crítica de los movimientos de las escuelas eficaces y de la mejora escolar*. Madrid, Akal, p.31-46.
REINARES, F. (2004): "España, Al Qaeda y el terrorismo global". *Claves de razón práctica*, nº 141, p.24-29.
REINARES, F. e ELORZA, A. (2004): *El nuevo terrorismo islamista. Del 11-S al 11-M*. Madrid, Temas de Hoy.
REMIRO BROTÓNS, A. (2002): "Estados Unidos no se pregunta en qué se equivoca". *Política exterior*, vol. XVI, nº 85, janeiro-fevereiro, p.111-124.
RENES, V. (1997): "Sobre diversidad, desigualdad y desarrollo social". Em AA.VV.: *Ensayos de Pedagogía crítica*. Madrid, Popular, p.153-160.
RESTREPO, L. C. (1999): *El derecho a la ternura*. Santafé de Bogotá, Arango Editores, 15ª ed.
RIECHMANN, J. e FERNÁNDEZ BUEY, F. (1994): *Redes que dan libertad*. Barcelona, Paidós.
ROBINSON, M. (2002): "Los derechos humanos, ensombrecidos por el 11-S". *El País*, 04/7/2002.
RODRÍGUEZ, P. (2004): *11-M. Mentira de estado*. Barcelona, Ediciones B.
ROJAS ARAVENA, F. (2002): "La política de Bush y el unilateralismo radical". *Papeles de cuestiones internacionales*, nº 80, p.63-70.
ROJAS MARCOS, L. (2002): *Más allá del 11 de septiembre. La superación del trauma*. Madrid, Espasa Calpe.
ROJAS MARCOS, L. (2004): *Nuestra incierta vida normal*. Madrid, Aguilar.
RORTY, R. (2004): "Fundamentalismo: enemigo a la vista". *El País*, 29/03/2004.
ROSANVALLON, J. (1981): *La crise de l'État providence*. París, Edic. du Seuil.
ROSANVALLON, J. (1996): "La revolución del derecho a la inserción", *Debats,* nº 54.
ROUSSEAU, J. J. (1972): *Emilio o de la educación*. Barcelona, Bruguera.
RUSSELL, B. (1985): *Escritos básicos*. Vol. I e II. Barcelona, Planeta-Agostini.
SAÉZ, P. (2002): *Guerra y paz en el comienzo del siglo XXI. Una guía de emergencia para comprender los conflictos del presente*. Madrid, CIP.

SAID, E. (1990): *Orientalismo*. Madrid, Libertarias.
SAID, E. (1996): *Cultura e imperialismo*. Barcelona, Anagrama.
SAID, E. (2001a): "El choque de las ignorancias". *El País*, 10/10/01.
SAID, E. (2001b): "Pasión colectiva". *El País*, 19/09/01.
SAID, E. (2001c): "Reacción y marcha atrás". *El País*, 03/10/01.
SAID, E. (2002): "Israel, Irak y Estados Unidos". *Claves de razón práctica*, nº 127, novembro, p.4-9.
SAMPEDRO, J.L. (2002): *El mercado y la globalización*. Barcelona, Destino.
SAMPEDRO, J.L. (2003): *Los mongoles en Bagdad*. Barcelona, Destino.
SANTOS GUERRA, M.A. (1994): *Entre bastidores. El lado oculto de la organización escolar*. Archidona (Málaga), Aljibe.
SANTOS GUERRA, M.A. (1999): "Crítica de la eficacia y eficacia de la crítica: lo verdadero, lo verosímil y lo verificable en el análisis de las instituciones educativas". Em AA. VV.: *Escuela pública y sociedad neoliberal*. Madrid, Miño y Dávila Editores, 2ª ed. p.83-111.
SANTOS GUERRA, M.A. (2004): "Invitación al optimismo". *Cuadernos de Pedagogía*, nº 334, abril, p.86-90.
SARAMAGO, J. (2002): "Este mundo de la injusticia globalizada". *El País*, 06/02/02. (Também publicado na edição de março do *Le monde diplomatique*).
SARDAR, Z.; WYN DAVIES, M. (2003): *¿Por qué la gente odia a Estados unidos?*. Barcelona, Gedisa.
SAVATER, F. (1997): *El valor de educar*. Barcelona, Ariel, 2ª ed.
SCHLESINGER, A. Jr. (2003): "Cegados en Irak". *Papeles de cuestiones internacionales*, nº 84, p.55-65.
SEMINARIO DE EP DE LA APDH (1990): *Amemos la paz. Unidad didáctica*. Madrid, APDH.
SEN, A. (2000): *Desarrollo y Libertad*. Barcelona, Planeta.
SLEE, R. y WEINER, G. (2001): *¿Eficacia para quién? Crítica de los movimientos de las escuelas eficaces y de la mejora escolar*. Madrid, Akal.
SLIM. H. (1998): "Qué es el desarrollo". Em AA.VV. *Desarrollo y diversidad social*. Madrid, CIP-Icaria, p.65-70.
SNYDERS, G. (1987): *La alegría en la escuela*. Barcelona, Paidotribo.
SOBRINO, J. (2002a): "Redención del terrorismo". *Política exterior*, vol. XVI, nº 85, janeiro-fevereiro, p.127-137.
SOBRINO, J. (2002b): *Terremoto, terrorismo, barbarie y utopía*. Madrid, Trotta.
SOROS, G. (2004): *La burbuja de la supremacía norteamericana. Cómo corregir el abuso de poder de Estados Unidos*. Barcelona, Debate.
SOS RACISMO (2002): *Informe anual 2002. Sobre el racismo en el Estado español*. Barcelona, Icaria.
SOS RACISMO (2004): *Informe anual 2004. Sobre el racismo en el Estado español*. Barcelona, Icaria.
STEINER, G. (2001): *Nostalgia del absoluto*. Madrid, Siruela.
STRANGE, S. (1999): *Dinero loco*. Barcelona, Paidós.
STRANGE, S. (2001): *La retirada del estado*. Barcelona, Icaria-Intermón/Oxfam.
TADEUS DA SILVA, T. (coord.) (2000): *Las pedagogía psicológicas y el gobierno del yo en tiempos neoliberales*. Morón (Sevilla), MCEP.
TAIBO, C. (2002a): *Cien preguntas sobre el nuevo desorden*. Madrid, Punto de Lectura.
TAIBO, C. (2002b): *Guerra entre barbaries. Hegemonía norteamericana, terrorismo de estado y resistencias*. Madrid, Suma de Letras.
TAIBO, C. (2004): *¿Hacia dónde nos leva Estados Unidos? Arrebato imperial y rapiña global en la política exterior norteamericana*. Barcelona, Ediciones B.

TERZANI, T. (2002): *Cartas contra la guerra*. Barcelona, Integral.
TODOROV, T. (2003): *El nuevo desorden mundial*. Barcelona, Península-Atalaya.
TORRES SANTOMÉ, J. (1991): "La Reforma educativa y la psicologización de los problemas sociales". Em AA.VV.: *Sociedad, cultura y educación*. Madrid, CIDE-MEC y Universidad Complutense, p.481-503.
TORRES SANTOMÉ, J. (1999): "Sistema escolar y atención a la diversidad: la lucha contra la exclusión". Em AA. VV.: *Escuela pública y sociedad neoliberal*. Madrid, Miño y Dávila Editores, 2ª ed. p.113-132.
TORRES SANTOMÉ, J. (2001a): *Educación en tiempos de neoliberalismo*. Madrid, Morata.
TORRES SANTOMÉ, J. (2001b): *Un currículo optimista frente a desmemoria e o fatalismo. Lección inaugural na solemne apertura do curso 2001-2002*. A Coruña, Universidade da Coruña.
TORTOSA, J.M. (1995): *Corrupción*. Barcelona, Icaria.
TORTOSA, J.M. (2001a): "Del diagnóstico a la terapia". *Inetemas*, nº 22, dezembro, p.34-38.
TORTOSA, J.Mª (2001b): *El juego global*. Barcelona, Icaria.
TORTOSA, J.Mª (2003): *La agenda hegemónica*. Barcelona, Icaria.
TOURAINE, A. (2001): "El fin de la ola liberal". Em CASTEL, R. et al.: *Desigualdad y globalización*. Buenos Aires, Facultad de Ciencias Sociales.
TOURAINE, A. (2004): "Estados Unidos: entre la barbarie y el derecho". *El País*, 20 de maio, p.13.
UNESCO (1969): *Algunas sugestiones sobre la enseñanza acerca de los Derechos Humanos*. París, Unesco.
VANISTENDAEL, S. (2004): "Humor y resiliencia: la sonrisa que da vida". Em CYRULNIK, B. et al. (2004): *El realismo de la esperanza. Testimonios de esperanzas profesionales entorno a la resiliencia*. Barcelona, Gedisa, p.119-148.
VAQUERO, C. (2000): "Globalización, empleo y desigualdad salarial. La utopía de los mercados libres globales". Em ANTÓN, A. (coord.): *Trabajo, derechos sociales y globalización*. Madrid, Talasa, p.32-86.
VARELA, J. (1991): "El triunfo de las pedagogías psicológicas". *Cuadernos de Pedagogía*, nº 198, dezembro, p.56-59.
VÁZQUEZ, J. e SÁNCHEZ TORRADO, S. (coord.). (1998): *La Cultura de la solidaridad. Proyecto. Y tú... ¿Cómo lo ves?*. Madrid, ACSUR- Las Segovias
VERGELY, B. (2004): "Enfoque filosófico de la resiliencia". Em CYRULNIK, B. et al. (2004): *El realismo de la esperanza. Testimonios de esperanzas profesionales entorno a la resiliencia*. Barcelona, Gedisa, p.51-67.
VIDAL, G. (2002): *El último imperio*. Madrid, Síntesis.
VIDAL-BENEYTO, J. (2002): "El desarrollo como negocio". *El País*, 23/03/02.
ZAMBRANO, Mª. (1986): *Claros del bosque*. Barcelona, Seix Barral.
ZAMBRANO, Mª. (1989): *Delirio y destino*. Madrid, Mondadori.
ZAMBRANO, Mª. (1993): *Filosofía y poesia*. Madrid, FCE.
ZAMBRANO, Mª. (2004): *Los bienaventurados*. Madrid, Siruela.
ZOLO, D. (2003): "De la guerra moderna a la guerra global". Em BIMBI, L. (Ed.): *No en mi nombre. Guerra y derecho*. Madrid, Trotta, p.187-198.